社会学概論
何をどのように考えてきたのか

武川正吾・佐藤健二・常松 淳・
武岡 暢・米澤 旦［著］

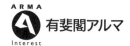

はじめに

　この「社会学概論」は，現代に至る社会学の基本的な考え方や基礎となる知識を，さまざまな分野の全体にわたって鳥瞰し，簡潔に説明したものである。社会学は，家族，都市，農村，地域などの調査対象となる事象の形態や，法，宗教，教育，経済，犯罪，文化，知識などの研究主題の領域を表現する単語を被せて「○○社会学」として専門的に展開してきたという歴史をもつ。しかしながら，そうした諸領域を貫いて「社会とは何か」「人は社会的なるものをどう論じてきたのか」という問いが，学ぼうとする者の想像力の原点にある。この書物は，その基礎をあらためて概説するものである。

　日本の社会学において『社会学概論』の名を冠した本は，1922年に岩波書店から刊行された高田保馬の書物が最初かもしれない。それ以降，さまざまな社会学者がこの名のもとでの要説を試みてきた。「大学双書」の一冊としてまとめられた本間康平ほか編『社会学概論──社会・文化・人間の総合理論』（有斐閣，1976年）は，1970〜80年代に社会学を学ぶ者には必携の一冊で，本書の執筆者のなかにもまた，この本に学んで学部の講義内容を理解し，大学院受験の勉強をした思い出をもつ者がある。

　しかしながら，社会の現代的な変貌とともに，社会学の理論や実践もまた多様に拡がり，私たちは新たな「鳥の目」（全体を広範囲に見わたすこと）の地図と見知らぬ「地を歩く経験」（現実を知ること）のガイドとを必要としている。

　この書物はコンパクトだが，新しい社会学の入門書であり，それぞれの論者の個性を活かした概説の試みである。

　2025年1月

佐藤　健二

執筆者紹介

武川　正吾（たけがわ　しょうご）　　　　　　序章・第6章・第8章
東京大学名誉教授
　主著：『現代社会福祉分析の再構築』（分担執筆）中央法規出版，2022年，『ポストコロナの社会学へ』（分担執筆）新曜社，2022年，「社会政策とソーシャルワーク」『明治学院大学社会学・社会福祉学研究』163，2024年。

佐藤　健二（さとう　けんじ）　　　　　　　　第3章・第9章・終章
東京大学特任教授，執行役・副学長
　主著：『柳田国男の歴史社会学』せりか書房，2015年，『浅草公園凌雲閣十二階』弘文堂，2016年，『真木悠介の誕生』弘文堂，2020年。

常松　淳（つねまつ　じゅん）　　　　　　　第1章・第10章・第13章
慶應義塾大学文学部教授
　主著：『責任と社会——不法行為責任の意味をめぐる争い』勁草書房，2009年，『計算社会科学入門』（分担執筆）丸善出版，2021年，『現代日本の紛争過程と司法政策——民事紛争全国調査2016-2020』（分担執筆）東京大学出版会，2023年。

武岡　暢（たけおか　とおる）　　　　　　　第2章・第7章・第12章
立命館大学産業社会学部准教授
　主著：『歌舞伎町はなぜ〈ぼったくり〉がなくならないのか』イースト・プレス，2016年，『生き延びる都市——新宿歌舞伎町の社会学』新曜社，2017年，"Sex Work," *The Routledge Companion to Gender and Japanese Culture*, Routledge, 2020年。

米澤　旦（よねざわ　あきら）　　　　　　　第4章・第5章・第11章
東京大学大学院人文社会系研究科准教授
　主著：『社会的企業への新しい見方——社会政策のなかのサードセクター』ミネルヴァ書房，2017年，『福祉社会学のフロンティア——福祉国家・社会政策・ケアをめぐる想像力』（共編）ミネルヴァ書房，2021年，『社会的企業の日韓比較——政策・ネットワーク・キャリア形成』（共編）明石書店，2024年。

目　次

はじめに　i

序章　社会学の誕生と展開　1

オーギュスト・コント（1）　デュルケムとヴェーバー（2）
社会調査の伝統とアメリカ社会学（3）　社会学的想像力と社
会調査（5）　一杯のコーヒー（6）　何のための社会学か（8）
社会学は何を明らかにするのか（9）　社会学は何の役に立つか
（10）

第1章　個人と社会　13

出発点としての個人と行為（13）　行為の意味を理解する：理解
社会学（14）　行為における合理性（16）　合理的選択と効用
（17）　合理的な意思決定者は利己主義者か？（18）　秩序の問
題（20）　社会化と社会統制（21）　ミクロな行為からマクロ
な社会現象へ（22）　社会現象とモデル（25）　合理的な行為
はよい社会をもたらすか？（28）　個人から社会へ，社会から個
人へ（30）

第2章　自己と他者　35

親密圏と役割取得（36）　現象学的社会学とシンボリック相互作
用論（39）　印象管理（42）　さまざまな「アイデンティティ」
（44）　社会的パーソナリティ（46）　物語としての自己とライ

iii

フヒストリー（48）

第3章　家族と親密圏　51

「想像の共同体」と「想像の親密圏」（51）　　家族の歴史性もしく
は親密圏の構造転換（52）　　「親密圏」という集まりの事実（53）
近代家族論と「家族の戦後体制」（55）　　近代家族論以降の多様
化（57）　　家族生活の周期の複線性（59）　　生命再生産の問題
系（60）　　人間社会における身体の再生産（62）　　コミューン
論の補助線：相剋性と相乗性（64）　　交響圏とルール圏（66）
親密なる他者のあらわれ方の差異（67）　　「交響圏」を要素とす
る「ルール圏」（69）

第4章　仕事と産業　73

社会学における仕事（73）　　科学的管理法と人間関係論（74）
生産様式の変化：フォーディズムとポストフォーディズム（77）
消費と労働（79）　　社会に埋め込まれる仕事（80）　　働くこと
の多様性と仕事の外部（82）　　日本的雇用慣行の成立とその特徴
（83）　　日本的雇用慣行への批判（85）

第5章　病と医療　91

病・医療・社会（91）　　役割としての病人（92）　　病の経験と
相互作用（94）　　医療専門職が果たす役割（96）　　病や健康を
めぐる認識の変化（100）　　病や健康の社会的決定（101）　　社
会のなかの身体（103）

第6章　福祉と貧困　　107

福祉とは何か（107）　　福祉と生存権（108）　　福祉に反する状態（109）　　絶対貧困と相対貧困（111）　　相対的剥奪としての貧困（112）　　相対貧困率の国際比較（113）　　障害とフレイル（114）　　ケアの社会学（116）　　福祉のための社会政策（118）　　所得保障（119）　　社会サービス（120）　　市民権の発達（122）　　福祉レジーム（123）　　福祉の社会的分業と社会的包摂（124）

第7章　犯罪と逸脱　　127

犯罪学以前（128）　　デュルケムと『自殺論』（129）　　マートンの緊張理論（130）　　学習理論（132）　　社会的コントロール理論（134）　　レイベリングという視点（135）　　社会問題の構築主義（137）　　犯罪化と医療化（139）　　全制的施設と生権力（141）　　ライフコース犯罪学（144）　　地域レベルで犯罪をとらえる（145）

第8章　グローバル化と開発　　149

国民国家と国際化（149）　　国際化からグローバル化へ（151）　　グローバル化の進展（152）　　グローバル化と開発途上国（153）　　グローバル資本主義（155）　　グローバル文化（157）　　自由貿易と環境問題（159）　　グローバル化と労働問題（161）　　労働条件の規制緩和（162）　　脱グローバル化？（163）

第9章　メディアと文化　　167

目　次　v

概念としての「メディア」「文化」（167）　　マスコミュニケーションの歴史的な発見（168）　　一方向性・直線性の超克（169）内容分析とコーディング（172）　　データの質を活かす（173）「疑似空間」と第一次世界大戦（175）　　「メディア」への注目（177）　　人間の拡張／社会の構築（180）　　「文化とはなにか」という問いかけの罠（181）　　価値ある高さ／残余の領域／科学と哲学（182）　　自文化中心主義と文化相対主義（183）　　文化の公共性（184）　　文化の身体性（185）

第10章　社会階層と不平等　　189

均質でない社会（189）　　結果の不平等：所得格差とジニ係数（190）　　機会の不平等と社会移動（192）　　社会移動と教育：OED トライアングル（193）　　階級と社会階層をめぐって(1)マルクス（194）　　階級と社会階層をめぐって(2)ヴェーバー（195）階級と社会階層をめぐって(3)ブルデュー（195）　　「能力」による支配？（197）　　現代日本における学歴と収入（198）　　背景としての教育拡大（198）　　出身階層による“教育格差”（200）文化資本と“再生産”（201）　　教育における階層差をどう説明するか（203）　　社会階層をどう切り分けるか（203）　　職業による階層分類の限界と課題（204）　　社会移動は活発か？（207）“移動のしやすさ”は平等か？（209）　　社会移動と機会の平等（209）　　階層研究の広がり（210）

第11章　ジェンダー　　213

社会によって構築される性（213）　　ジェンダーとセックス（215）　　セクシュアリティ（218）　　仕事とジェンダー（220）家事・育児・介護とジェンダー（224）　　フェミニズムが提示したこと（226）

第12章 都市・地域　　　231

空間と社会の関係：スラムとシカゴ学派（232）　　アーバニズム（233）　　コミュニティ（235）　　町内会，コミュニティ，ソーシャル・キャピタル（237）　　都市と農村（239）　　政治経済学的視点：新都市社会学（240）　　都市を動かす権力と開発（242）資本による空間変容（243）　　ハウジング：「住む」ことの見えづらさ（245）　　都市と社会的排除（247）　　近隣効果：都市空間の「真の」効果？（249）

第13章 権力と自由　　　253

行為は制約されている（253）　　権力と自発性（254）　　正当性への信念と支配形態（255）　　合法的支配の究極としての官僚制（256）　　現代社会と法の役割（258）　　社会と刑罰（259）　　日本人は裁判嫌いか？（261）　　法・道徳・社会規範（262）　　アドルフ・アイヒマン（263）　　権威への服従：ミルグラムの実験（264）　　服従と不服従との間（266）　　社会における行為と自由主義（266）　　私たちはどこまで自由か（268）

終　章 方法としての社会学　　　271

観察・調査と社会学の方法（271）　　社会の観察と社会学の誕生（274）　　日本における社会調査法の展開（276）　　「方法」を問うという課題（277）　　「代表性」概念の濫用（278）　　質問紙調査の「革命」（280）　　質問紙調査の「弱点」（282）　　質問紙調査以外の手法について（283）　　「理論的対象」と認識生産のプロセス（285）　　対象としての社会と方法としての社会（287）

あとがき　291

索　　引　294

| 序　章 | *社会学の誕生と展開* |

オーギュスト・コント

　　　　　　　　　ブラジルは世界有数のサッカー強豪国とし
　　　　　　　　　て広く知られる。そのため FIFA（国際サッ
カー連盟）ワールドカップなどの国際舞台で，ブラジル国旗を目に
することが多い。その国旗は，緑色の背景に黄色の菱形，そして中
央には青い天球儀を配した独特のデザインである。その青い天球儀
を横切る白い横断幕にはポルトガル語で「ORDEM E PROGRES-
SO」と緑色の文字が刻まれている。この言葉は「秩序と進歩」を
意味し，フランスの哲学者 A. コントの思想に由来する。コントは
フランス革命後の混乱を背景に秩序ある進歩を求めたのであるが，
ブラジル共和国の建国者たちも帝政から共和制への平和的な移行を
望み，コントのこの思想に共鳴したのである。

　社会学概論の冒頭がサッカーの強豪ブラジルから始まるのは，ほ
かでもない，ブラジル国旗に遺言を遺したコントその人が，社会学
という言葉を広めた人でもあったからである。社会学はフランス語
では sociologie。socio はラテン語のソキウス（socius）に由来し，
logie はギリシャ語のロゴス（λόγος）に由来する。ソキウスは仲間
や友のことを意味し，ロゴスは理性を意味する。コントはソキウス，
さらには人間社会全般に関する学という意味で，社会学という言葉
を使った。このため日本でも社会学は，当初，世態学と呼ばれた。
世態とは世間という意味であり，国家権力に拠らない人びとの集ま
りのことを指している。

　コントは大著『実証哲学講義』（1830～42 年）を著し，三状態の法

1

則（三段階の法則ともいう）を提唱した。彼によると，人間の知識は神学的段階，形而上学的段階，実証的段階という3つの段階を経て進化する。世界のできごとは，神学的段階では霊魂や神の意志によって説明され，形而上学的段階では抽象的な概念によって説明されるが，実証的段階に至ると実験や観察に基づいて説明される，とコントは考えた。また彼は，学問の最も基礎的な部分を数学とし，研究の対象が複雑さを増すにつれて，それを扱う学問が天文学，物理学，化学，生物学と積み重なり，最終的には，人間社会の法則を探求する学問としての社会学に到達すると主張した。

　社会学という言葉を考案したという意味で，コントは社会学の創始者であったのだが，その後の歴史のなかで，コントの著作が社会学の古典として読み継がれることは少なかった。社会学者の清水幾太郎が指摘しているように，「（コントは）社会学という学問では，経済学でアダム・スミスが占めているのと同じ地位を占めている」。しかし経済学の方法および内容が著しく変化しているにもかかわらず，「アダム・スミスの地位が依然として不動である」のと，コントの地位は対照的である（清水幾太郎，1995，『オーギュスト・コント　社会学とは何か』岩波新書，2頁，128頁）。

| デュルケムと
ヴェーバー |

社会学の「創始者」コントに代わって，社会学の歴史のなかで大きな理論的影響を及ぼし続けたのは，E. デュルケムと M. ヴェーバーである。彼らの著作は，現在でも社会学の学びを始める学生にとっての必読書となっている。また専門的な社会学者のなかにも，ヴェーバーやデュルケムの学説研究を専攻している者が現在でも少なくない。

　デュルケムは，社会学の研究方法として「社会的事実を物のごとく扱う」というアプローチを提唱し，それに基づいて多くの研究を行った。彼の代表作『自殺論』（1897年）は，自殺という現象を自

殺率の比較という観点から分析した研究として知られる。デュルケムは，集団ごとの自殺率の違いが，個人の生理的または心理的な状態の差異によって生じるのではなく，個人が所属する集団がもっている「個人の自殺を抑制する力」の強さの違いによって生じることを明らかにした。この結論に，個人を超えた社会的要因を探求する学問としての社会学の特徴が表れている。今日，日常語としても使われるようになった**アノミー**（無規範状態）という概念は，デュルケムの研究活動から生まれた。

　ヴェーバーは，社会現象における人間の「主観的に思念された意味」に注目する独自の方法論を用いて，多大な研究業績を残した。現在でも広く読まれている『プロテスタンティズムの倫理と資本主義の精神』（1904～05年）で，ヴェーバーは資本主義の成立と発展のためには，勤勉による富の形成を重視する「資本主義の精神」を人びとが内面化する必要があることを指摘し，この「精神」がプロテスタンティズムの宗教的倫理，とりわけカルヴァン派の禁欲倫理と深く結びついていることを明らかにした。今日，日常語としても使われる**カリスマ**の概念は，ヴェーバーの政治的支配に関する研究から生まれた。また，**理念型**や**価値自由**（没価値性）といった研究方法も，ヴェーバーの社会学的探求から生まれた。

社会調査の伝統とアメリカ社会学

　デュルケムとヴェーバーが，今日の社会学理論にとっての古典であることは多くの社会学者の間で合意されている。他方，社会学には理論的な研究と並んで，**社会調査**と呼ばれる，経験的（empirical）な研究（理論ではなく，経験したり観察したりしたものに基づく研究）の伝統もある。

　社会学史のなかで指摘されることは少ないが，イギリスにおけるブルーブック・ソシオロジーの伝統も，社会調査の源流の1つと言ってよいだろう。ブルーブック（表紙が青かった）とはイギリスの議

序章　社会学の誕生と展開　3

会における社会問題に関する報告書であり，**貧困**，労働環境，教育といった当時の社会問題を取り上げていた。K. マルクスも『資本論』（1867〜94 年）を執筆するにあたり，これらの報告書を参照している。

20 世紀初頭のアメリカで活躍した**シカゴ学派**と呼ばれる都市社会学者たちの研究方法も，社会調査の歴史のなかで重要な役割を果たした（経済学の分野にもシカゴ学派と呼ばれる新自由主義的な経済学者たちがいるが，これとは別である）。当時のシカゴは急速な工業化と移民の流入によって，文化的摩擦をはじめ，貧困，犯罪，住宅問題などさまざまな社会問題が発生していた。主としてシカゴ大学に拠点をもつ社会学者たちが，そうした都市問題（都市の社会問題）の調査と研究に従事し，その解決を求めた。彼らが用いた**エスノグラフィー，ケーススタディ，インタビュー**などは，後の社会調査の方法に大きな足跡を残した。

社会学の源流はデュルケムやヴェーバーなど 19 世紀の**産業革命**後のヨーロッパにあったと言えるが，他方で，学問としての社会学が現在のような形になるうえで重要な役割を果たしたのは，20 世紀のアメリカであった。移民社会アメリカは，日々，社会問題と格闘しなければならなかったため，ヨーロッパや日本に比べて社会学者の数が圧倒的に多かった。これが 1 つの理由である。

また，デュルケムやヴェーバーの社会学理論と経験的研究との総合をはかる動きが 20 世紀のアメリカで見られた。T. パーソンズは，一見反するように見えるデュルケムとヴェーバーの理論が，じつは 2 人とも社会的行為の**主意主義**（人間の行為を意図や目的と規範とのかかわりのなかでとらえようとする考え方）の立場に立ち，共通していると主張した。また R. K. マートンは（コントのようなグランドセオリーではなく）**中範囲の理論**の確立を提唱して，理論的研究と経験的研究を架橋した。

20世紀アメリカのパーソンズやマートンらによって，19世紀ヨーロッパのデュルケムとヴェーバーの仕事に改めて社会学の古典としての地位が与えられ，これらと経験的社会学（社会調査の伝統）とを結びつけることで，現在の社会学の原型がつくりあげられた．

　日本の場合，近代化や産業化が欧米諸国より遅れたこともあり，社会学が現実的な学問となるには時間がかかった．社会学は，輸入学問として，大学での講義が明治時代に始まっていたが，コントやスペンサーの学説を紹介することをもって，社会学とされる時代が続いた．そうしたなかで有賀喜左衛門や鈴木榮太郎による農村研究，戸田貞三による家族研究など日本社会に対する経験的研究も現れるようになった．とはいえ，日本の社会学が現在のようなかたちをとるようになるのは，第二次世界大戦後の米軍占領下において，アメリカ社会学が導入されたことの影響が大きい．日本で，アメリカ社会学が定着するうえでは，清水幾太郎・日高六郎・福武直・高橋徹などの影響が大きかった．

社会学的想像力と社会調査

法律学を学ぶということは，六法全書の法律の条文を暗記することではなく，リーガルマインド（法学的な思考法や応用力）を身につけることだと，よく言われる．この言い方を参考にすると，社会学を学ぶということは，社会現象について博覧強記になることではなく，**社会学的想像力**を身につけることだといえる．

　社会学的想像力とは，純粋に個人的だと思われる事柄と社会的な出来事とのつながりについて想像を働かせる力であり，アメリカの社会学者 C. W. ミルズによって提唱された思考法である．彼は，同名の著書のなかで，この概念を次のように説明している．

　　「人々は普通，……自分たちひとりひとりの生活パターンと世界史の流れとの間に複雑なつながりがあることにほとんど気

づかない。両者のつながりは，人々がどんな人間になってゆくか，そしてどんな歴史形成に参加することになるかということに対して何かしらの意味をもっている。……個人的なトラブルにうまく対処するには，その背後でひそかに進行している構造的転換をコントロールする必要がある。」（ミルズ，C. W., 2017，『社会学的想像力』伊奈正人・中村好孝訳，ちくま学芸文庫，1章）

「人々が必要としているもの，あるいは必要だと感じているものとは，一方で，世界でいま何が起こっているのかを，他方で，彼ら自身のなかで何が起こりうるのかを，わかりやすく概観できるように情報を使いこなし，判断力を磨く手助けをしてくれるような思考力である。こうした力こそが，……社会学的想像力とでも呼ぶべきものである。」（同前）

純粋に個人的だと思われる受験，就職，恋愛，結婚，出産，育児，養育……などのライフイベントも，じつは深いところで歴史のうねりとつながっている。たとえば高度経済成長期の就職と就職氷河期の就職とでは，就職のあり方が根本的に異なっている。失恋や離婚も個人的な選択の結果と思われて，じつはマクロの社会変動のジグソーパズルのなかの1つのピースであるかもしれない。

一杯のコーヒー　現代人は，朝起きて眠気を覚ますために，あるいは，ランチやディナーの食後にコーヒーや紅茶を嗜むことを習慣としている。コーヒーを飲むことによって，気持ちを引き締めたり，気分転換をすることができる。この何気ない行為に社会学的想像力を働かせると，何が明らかになるだろうか。社会学者の A. ギデンズは，ある社会学の教科書のなかで，「コーヒーを飲むという単純な行為」に社会学的想像力を働かすと次のようなことがわかると説明している（ギデンズ，A., 2009，『社会学〔第五版〕』松尾精文ほか訳，而立書房，4-6頁）。

6

（1）コーヒーには，日々の社会活動を構成する象徴的な価値がある。コーヒーを飲むという儀式は，単にコーヒーを消費するという以上に重要な意味を持ちうる。日本語でも「お茶をする」というとき，それは単にコーヒーや紅茶を飲むためではなく，相手とおしゃべりをするためであろう。

（2）コーヒーにはカフェインが含まれている。カフェインは頭をスッキリさせることのできる**ドラッグ**であり，多くの人は気分を高揚させるために，コーヒーを飲む。多くの社会でコカインやヘロインが禁止されているのとは異なり（→第7章），カフェインはアルコールと同様に社会的に受け入れられている。

（3）コーヒーを飲むことによって，私たちは好むと好まざるとにかかわらず，この惑星に広がる複雑な社会経済的関係のなかに巻き込まれる。コーヒーの消費の多くは先進国でなされるが，コーヒー豆の生産の大部分は劣悪な労働条件の下，**グローバルサウス**（→第8章）で行われる。児童労働や奴隷労働が用いられる例もある。

（4）コーヒーを飲むということは「自然な」行為ではなく，過去の社会的・政治的・経済的な歴史を前提としている（→**第8章**）。中東が原産地であるコーヒーが世界中に広まったのは，西欧の植民地拡大の結果であり，現在のコーヒーの生産も南米やアフリカなどかつての西欧植民地で行われている。

（5）国際的な**フェアトレード**，人権，環境危機に関する論争のなかで，コーヒーは**ブランディング**され，政治化される。フェアトレードのコーヒーを飲むことは，ライフスタイルの選択だけでなく，政治的な意味を持つ。

このように，普段何気なく飲んでいる一杯のコーヒーの背後には，地球的（グローバルな）規模の歴史と地理が横たわっている。

序章　社会学の誕生と展開　7

社会学的想像力を駆使して，いかに重要な事柄が示されたとして
も，それが根拠（**エビデンス**）のないものであったら意味がない。
他者からは単なる妄想と思われてしまうかもしれない。自然科学で
は，主として，実験や観察の結果によって，仮説が検証されたり反
証されたりする（現在ではコンピュータによるシミュレーション〔→**第1
章**〕という方法もある）。これに対して社会学でエビデンスとなるの
は，多くの場合，社会調査である（もちろん実験が行われることもあ
る。シミュレーションも有望な方法ではある）。社会学を学ぶというこ
とは，社会学的想像力を身につけるということに加えて，社会調査
の方法を身につけることでもある。

社会調査の方法を身につけるというのは，調査を設計して実施す
るということもさることながら，調査の結果得られたデータを正し
く読み取る方法を身につけるということでもある。なお社会調査の
意義や歴史については終章で取り上げる。

何のための社会学か

学問は何のためにあるのか，というのはそ
れぞれの学問に共通する重要な問いである。
古くからその答えとして指摘されてきたのは，真理の探究である。
人間には生まれながらにして知的好奇心が備わっており，未知の事
柄に出会うと，それを詳しく知り，理解したいと願う性質がある。
知るという営みは，英語の5W1Hという表現に要約することがで
きるだろう。すなわち「いつ」「どこで」「誰が」「何を」「なぜ」
「どのように」という問いに答えを見出すことが，何かを「知る」
ということである。社会学もまた社会に関することがらを「知る」
ための学問であると言えるだろう。

学問の存在理由の説明として，もう1つ重要な方法は，その学問
が何の役に立つのか，すなわち学問の効用を明らかにすることであ
る。ただし，この視点は「知る」という営みに比べると従属的なも
のと言える。なぜなら，人間社会にとって一見役に立たないと考え

られていたものが，後になって思いがけない形で役に立つことが，科学の歴史においてしばしば見られてきたからである。「役に立つから正しい」というわけではなく，「正しいから役に立つ」とも言えるのであるが，他方で，後世から見て正しくないとされるものが一時的に役に立った例も歴史のなかには存在する。そのため，これらの点には慎重な姿勢が求められる。

それでは，社会学は，社会に関することがらを知るために，何を明らかにするのであろうか。

社会学は何を明らかにするのか

1つは，人びとが自明であって疑いようもないと考えているものが，実はそうではないということを明らかにすることである。日常性の批判と言ってよいかもしれない。現象学的社会学では**エポケー**ともいう。

たとえば，日本人は，日本社会のなかで生きているから，日本社会のことは知っていると考えがちである。しかし，日本社会の外で育った人から見ると，不思議に見えることが多々ある。『WHY JAPANESE PEOPLE!』というテレビの人気番組のなかで，アメリカ人のタレント厚切りジェイソンは，日本人がいかに不可解であるかを強調する。しかし社会学は，日本人が当たり前だと思っていることだけでなく，日米両国人が共通して当たり前に思っていることをも相対化する。

さらに，日米両国に限らず，人間社会に共通することがらについても，それが錯覚である可能性を問い直す。社会の外側に出て，社会を突き放してみる「メタの視点」に立つことによって，現代人にとっての**自明性**を突き崩すのである。人びとは自由に振る舞っているように見えて，実は個人を超えた構造によって支配されているかもしれない。おそらく，ヴェーバーによって研究されるまで，プロテスタントは，自分たちの職業倫理が資本主義の精神と親和的であ

序章　社会学の誕生と展開　　9

ることには気づいていなかったであろう。

社会学が明らかにするもう1つは，専門家の知識が人びとの日常生活から遊離していることもありうるということである。たとえば，法社会学や医療社会学は，法律が，人びとの日常生活からかけ離れていることや，医療が患者の日常生活の質を改善しないこともありうるということを示唆する（→第5章）。社会学は，専門家に対する素人の視点を，専門家にも理解可能なかたちで提示する役割を果たす。ただし，そうなってくると，社会学も特権的な地位にとどまることはできず，社会学を批判的に検討する「自己反省の社会学」（A. グールドナー）や「社会学の社会学」（P. ブルデュー）が必要となってくる。

哲学者 F. ベーコンも指摘したように，知ることは，力の源である（knowing is power）。知識は，権力にもつながるが，反対に，抑圧からの解放にもつながる。

社会学は何の役に立つか

最後に，社会学は何の役に立つのだろうか。個人的な水準でいえば，それまで知らなかったことを知ることによって，日常生活における意思決定，またライフコースの岐路における重大な選択に役立てることができるだろう。たとえば，雇用慣行の変化（→第4章）についての知識は，就職活動の役に立つはずだ。

また，マクロの水準でみると，社会学は社会の**再帰性**の一環として機能することで，社会の役に立っている。英語の授業で再帰代名詞を習ったことを思い出してほしい。I に対する myself, you に対する yourself などである。日本語で「私は楽しい」は，英語では，I enjoy myself となる。I という主語に対して自分が目的語になるときに再帰代名詞の myself を使う。要するに，行為の主体が自分を行為の対象とすることで，再び主体に帰ってくることが再帰的ということである。

これを社会に当てはめると，社会がみずからの情報を大量に入手し，これらをもとに，社会の制度や構造を変えていくことが再帰的ということである。たとえば，日本の 1970 年代では 55 歳定年制が一般的であったが，社会科学や自然科学の知識（そのなかにはライフコース，家族，労働などに関する社会学の知識も含まれる）の増大によって（→**第 3 章**，**第 4 章**，**第 5 章**），21 世紀の現在では 65 歳までの雇用保障が法律によって義務化されている（70 歳までの雇用保障も努力義務となっている）。この変化は，社会が自身の構造や制度を観察・評価し，それに基づいて自己を変革した結果であると言えるが，社会学もこのプロセスのなかで重要な役割を果たしているのである。

社会学部や社会学科を設置している日本の大学は少なくない。ところが，高等学校では社会学で扱う内容が，「公共」をはじめとする公民科の科目のなかで分散的に扱われるものの，社会学という名称の科目は置かれていない（アメリカやイギリスでは高校の科目のなかに社会学が存在する）。このため大学進学や入学後の一般教育科目の選択において，社会学とはどのような学問か戸惑うことがあるかもしれない。本書によって，そのような疑問が払拭されることを期待したい。また社会学について漠然としたイメージを抱いていたひとにとっては，そのイメージを具体化し，社会学への理解を深めるきっかけとなることを望む。

E. デュルケーム『自殺論』（宮島喬訳）中公文庫，2018 年（原著 1987）。
　　社会現象としての自殺を社会的要因によって，自己本位的自殺，集団本位的自殺，アノミー的自殺などに類型化した社会学の古典的名著。

M. ヴェーバー『プロテスタンティズムの倫理と資本主義の精神』（大塚久雄訳）岩波文庫，1989 年（原著 1904〜05）。

　営利の追求を敵視するプロテスタントの禁欲倫理が，逆説的なことに近代資本主義の成立と発展に寄与したことを明らかにした社会学の古典的名著。

第1章 個人と社会

出発点としての個人と行為

社会学が複雑な社会の成り立ちや仕組みについて知ろうとするとき，どこから始めるのがよいだろうか。ひとつの有望な出発点が**個人**（individual）である。社会における個人はおおむね容易に識別することができ，何より，私たちの日常生活でも個人を基盤に社会的な世界を理解していることが多い。雨降りや地震のような現象が生じるモノの世界としての自然ではなく，人びとの関わり合いとしての社会を理解しようとするとき，まさにいま"人びとの"と書いたように，自己を含めた個人が基本的な単位になっていると言えるだろう。

ここでいう個人は，単に個体として存在する人間というだけの意味ではない。社会を構成しているのは，多様な仕方で**行為する**個人，すなわち**行為者・行為主体**（actor/agent）としての個人である。言い換えると，社会学は行為者たちの**行為**をひとつの基点として社会をとらえようとするのだ。私たちは電車に乗り，コンビニで飲み物を買い，友人と話し，会議をする。大学を卒業し，誰かと結婚し，投票したりする。自分や他の人（他者→**第2章**）が何をする／したのかは，社会的な世界を生きるうえで重要な意味をもっている。この背後には，何かをする主体として行為者の**人格**が時間を通じて存在しているという想定がある。社会的世界においては，継続して存在している同一の人格が複数の行為を行っているのであって，行為ごとに別の人格がいるわけではないと私たちは考える。要するに，

13

"何かが起こる"だけでなく，時間を通じて存在する誰かが"何かをする"ことで社会的な世界は成立しているのだ。

ところで，行為は個人だけがなしうるものだろうか。単位としての個人が社会的世界の中心であることは疑いない。一方で，私たちは**集団**（group）や**組織**（organization）の行為について語ることがある。「A 社が B 社に買収を仕掛けた」「衆議院は法案を否決した」ということに理解不能なところは何もない。ただ企業や国会がどこにどのようなかたちで存在しているのかは個人の場合ほど自明ではない。行為主体としての集合的存在をどう考えればよいかは難しい問題だが，ここでは，いずれの例でも集団による行為に関わっている個人が存在しており，その行為が企業買収や議決を支えているという点に注意しておこう。企業買収の意思決定に関わる役員，議決に参加した国会議員などがさまざまな行為をしなければ，集団としての行為はいずれも実現しなかっただろう。

行為の意味を理解
する：理解社会学

社会学では行為と**行動**（behavior）とを区別して考えることが少なくない。この場合，行動は主として外側から観察されうる限りでの振る舞いとして把握されるものを指す。多くの行為は何らかの身体的な運動を伴うがそうでないケースもあり，また身体的運動は行為とは限らない。単なる反射運動，たとえば医師に膝頭の下を叩かれたときに脚が前方に動くのは行為ではない。しかし，もし医師を蹴ろうとして脚を前に振ったのならそれは行為である。行為と行動との使い分けは必ずしも厳密ではないが，行為者の意図や理由を考慮に入れる際には行為，個人の内面はひとまず措いて振る舞いに注目する場合は行動と呼ぶことが多い。

では単なる身体運動と行為とで，いったい何が違うのだろうか。重要なのは，反射的運動とは異なり行為には行為者の意図や理由・動機が伴っているという点である。ここでいう意図や動機とは，

「なぜその行為を行ったのか」と問われたときに行為者が引き合いに出すようなものを指す。膝下を叩かれて反射で脚が動いても，その人には脚を動かす意図も理由もない。だが，もし「医師を蹴飛ばそう」という意図のもとで脚が動かされていたなら，それは紛れもなく行為である。行為には，行為者が（事前ないし事後に）意識できるような意図や理由といった**主観的**（subjective）な要素が伴っているのだ。

　行為者によって思念された意味の理解を特に重視したのがドイツの社会学者 M. ヴェーバーである。ヴェーバーによれば，行為のなかでも行為者のもつ主観的意味が他者の行為と関連をもちそれに左右されるようなもの，すなわち**社会的行為**（social action）が社会学にとっての主要な関心対象である。社会的行為の解釈を通じてその主観的な意味のつながりを理解することにより，社会的行為が連なる過程を**因果的**に説明することが社会学の目的だとヴェーバーは論じた。ここで因果的にというのは，どのような出来事・過程（**原因**〔cause〕）にどのような出来事・過程（**結果**〔effect〕）が続いて起こるかを確認するという意味である。

　人は行為するときその意図や動機のすべてを意識しているわけではないし，自分の動機について錯覚していることもありうる。必ずしも当人に意識されていない意味や絡み合った動機を解釈によって明らかにするのも社会学の役目だが，一方で，社会学の与えた意味解釈も結果として実際にどのような行為が生じたかによって仮説としてテストされる。ヴェーバーによれば科学としての社会学は，「いかなる自然科学——現象および対象の因果規則をつくり，それによって個々の現象を説明するという意味の——も永遠に行い得ないこと」（ヴェーバー，M., 1972，『社会学の根本概念』清水幾太郎訳，岩波文庫，25頁），すなわち意味解釈を通じた行為理解を可能にする。社会学の1つの目標は，社会を構成する人びと自身の**視点**（point of

第 1 章　個人と社会　　**15**

view）からその社会的世界を描き出すことにある。

行為における合理性　では，主観的意味を伴った行為の理解はどのように行われるべきだろうか。行為の意味が最も明白なのは，行為の目的から見てその手段として合理的であるような場合であろう。それゆえ，行為を何らかの目的に対して合理的なものとして解釈することが，社会学的な理解の出発点となりえる。もちろん，私たちの行為は常にはっきりした目的のために行われるわけでも，そのために最も合理的な手段が選ばれるわけでもない。行為はしばしば感情などに影響されてしまう。ヴェーバーの方法は，まず目的に対し純粋に合理的な行為を想定しておいて，現実の行為が感情などの非合理的要素によってそこからどのように逸脱しているかを測るというものである。"純粋に目的合理的な行為"のような，理論的に仮想された類型のことを**理念型**（ideal type）という。つまり，目的にとって合理的な行為の理念型を基準点として現実の行為を位置づけるということである。

　ヴェーバーは社会的行為を 4 つに分類している。**伝統的行為**は行為と呼べるものの限界に近いタイプで，馴染みの環境に対する無意識的な反応として行われるような行為である。多くの日常的な行為はこのタイプに含まれよう。同様に，**感情的行為**，すなわちそのときの感情や気分によって引き起こされる行為も意図や目的による方向づけは希薄である。一方，その人の信ずる価値を意識的に追求する**価値合理的行為**は，行為がもたらす結果よりもその行為自体が目的になっているようなタイプである。ここには，ひたすら命令に従うような行為が含まれる。そして**目的合理的行為**とは，自らの目的そのものを比較衡量し，選ばれた目的に向けてふさわしい手段を選ぶようなタイプの行為である。このタイプから見れば，行為自体の価値を絶対化する価値合理的行為は非合理なものとなる。これらの類型も理念型であって，現実の行為は多くの側面を含んでおり純粋

16

に1つのタイプであることは稀である。

合理的選択と効用

前項ではヴェーバー流の合理主義的な行為論を紹介した。同じく「合理的」という用語を用いつつ，経済学を中心として社会科学において広く用いられている行為者のモデルに**合理的選択理論**（rational choice theory）がある。ここでいわれている"合理的選択"には，ヴェーバーとはやや異なる，独特の仕方で切り詰められた意味があるので取り上げておこう。

私たちの日常的な行為を単純化していけば，"複数の選択肢からひとつを選ぶ"というシンプルな**意思決定**にまで切り詰めることも可能だろう。置かれた状況のもとで可能な選択肢からの合理的な選択をどのように考えればよいだろうか。

この理論では，意思決定者はそれぞれの**選好**（preference）をもっていると想定する。選好とは〈選択肢Aよりも選択肢Bを好む[prefer]〉というかたちで表されるような，その人が種々の選択肢（あるいはそれがもたらす結果）についてもっているランキングのことであり，行為者の選択行動（AではなくBを選ぶ）を反映したものである。このとき，ある行為者がすべての選択肢の組み合わせに関して"首尾一貫"した——たとえば選択肢A，B，CにおいてAよりBを好み，BよりCを好むなら，AよりCを好んでいるという関係（推移性）が保たれているような——選好をもっており，その選好関係において最も上位にランクされる選択肢を選ぶなら，その行為者は合理的選択を行っているとみなすのである。もちろん実際の人間の選好は首尾一貫してないこともあり，最もランキングの高い選択肢が選ばれないこともありうる。合理的な意思決定者はあくまで理論的な仮想であり，「もし人びとが合理的選択を行うとすれば結果として何が起こるか」という観点から社会現象を分析しようとするのである。

第1章　個人と社会　17

数学的には，選択肢 A と B との間の選好関係を反映するように
——言い換えると，より上位にランクされる選択肢に大きな値が割
り当てられるように——A と B に数値を与えることができ，これ
が**効用**（utility）と呼ばれる。ここでは要するに，人の選択行動から
選好関係へ，さらには効用へと，数理的な取り扱いがしやすいかた
ちへと変換されているわけである。数値化された効用概念を導入し
てしまえば，最も選好される選択肢を選ぶという合理的な意思決定
を「人は効用を最大化するように行動する」と表現することが可能
になる。ただ，人は「A の効用より B の効用のほうが大きいから B
を選ぶ」のではない。「人が A より B を選好しているから B に対し
て A より大きな数値（＝効用）を割り当てよう」というのがこの理
論であり，その結果，人があたかも（as if）効用を最大化するよう
行動しているかのように見ることができるわけだ。

　では，なぜ合理的な選択行動を効用の最大化と言い換える必要が
あるのだろうか。数量の世界に移して考えることで，たとえばより
入り組んだ状況でも，行為者の合理的な意思決定がどのようなもの
になるか，全体としてどのような結果が生じるかを数理的に予測・
分析することが容易になる。複数の行為者が関わる相互依存的な
（相手の選択次第で自分の得るものが変化してしまうような）状況は**ゲー
ム理論**（game theory）によって研究されている。

> 合理的な意思決定者は
> 利己主義者か？

日常的な場面で使われる“合理的行為者”
のイメージは，利己的に自分の得る**利得**だ
けを考える“**経済人**（Homo economicus）”

の人間像と重なり合う。しかし，合理的選択理論で言われる効用は
あくまで人のもつ選好関係をニュートラルに表現する抽象的な量で
あって，金銭的な報酬や快楽自体とは別物である。この理論は，人
が常に自分の利益や快楽だけを追求する**利己主義**に従っていると想
定しているわけではない。自己の利益を犠牲にしてまでも他者の利

18

益を優先する原理を**利他主義**（altruism）というが，人の選好が利他主義的であることは十分ありうるし，その選好によって合理的選択を行っていると言うことには何の矛盾もないのである。他者の得る利益が考慮されるような選好は**社会的選好**（social preference）と呼ばれる。

　では実際の人びとの選好はどのようなものだろうか？　結局のところ，人はいつも利己主義的に振る舞うのではないか？　人びとが現実にどのような社会的行動をとるかを各種の**実験**によって解明しようとする研究が**社会心理学**や**行動経済学**といった分野を中心として盛んに行われている。理論的に仮定される合理的行為者ではなく，与えられた状況で現実の行為者たちがどのような選択をするかを経験的に確認するアプローチである。ここでは，人が他者の利得に対しても関心をもっていることを示すよく知られた実験結果をひとつ紹介しておこう。

　汚染されていない環境や灯台・信号などのように，特定の人がそれを利用できないようにすることが不可能で（＝非排除的），また誰かがそれを利用したからといって他の人が利用できなくなるわけではない（＝非競合的）ような財を**公共財**（public goods）という。公共財はそのコストを自分で負担しなくても利用できてしまうので，人には**ただ乗り**（フリーライド）への誘因が存在する。では，機会さえあれば，私たちは利己主義的にいつも“ただ乗り”するのだろうか？

　次のようなゲームを考えてみよう。4人1組として各自に“所持金”を与え，“共通プロジェクト”に投資すれば本人だけでなく全員に一定のリターンが返ってくると定める。全員が所持金を全額投資すればリターンの総量も大きくなるが，自分はまったく投資しなくても他の人が投資すれば所持金は減らずリターンだけ頂戴できるので，ここにはフリーライドの誘惑があるだろう。この公共財ゲー

第1章　個人と社会　　**19**

ムをある実験参加者グループにプレーさせてみたところ，完全にフリーライドする者は少数で，平均して5割程度は投資する傾向が見られたと報告されている。同じゲームを何度か繰り返すと投資率は減少するもののゼロまでは低下しなかったという。さらに，他メンバーの投資額がわかるようにしておき，参加者が特定のメンバーに対して指定した額の"罰金"を支払わせることができる（ただし自分にも罰金に比例したコストがかかる）一種の"懲罰"制度が導入されると何が起きたか。このゲームでは毎回メンバーが総入れ替えされ，同じメンバーとゲームすることがないので"懲罰"には直接的な見返りがないにもかかわらず，平均より拠出額の多い参加者が平均より少ない拠出額の参加者を"罰する"というパターンが見られ，この制度があると回を重ねるごとに投資額は上昇したと報告されている。要するに，少なくない実験参加者は単純な利己主義者としては行為せず，利己的に振る舞う"フリーライダー"をコストをかけてまで罰するという傾向が見出されたということになる（→詳しくは**読書案内**『行動経済学〔新版〕』）。

> **秩序の問題**

逆に，もし人がひたすら自分の直接的な利益，たとえば自己保存や快楽だけを追求するような存在だったらどうなるだろうか？　イギリスの政治哲学者 T. ホッブズは，むしろそれが人間の本性（nature）だと考えた。ホッブズによれば，人びとは心身の能力においてほぼ平等であり，その平等な人間たちがさまざまなものを欲求し，互いに相争っている。政治社会（国家）のないところ（**自然状態**〔the state of nature〕と呼ばれる）では，自己保存の目的を達成するには同じものを欲する人間を敵として滅ぼさなければならない。共通権力の存在しない世界で人びとは互いに滅ぼすか滅ぼされるかという"万人の万人に対する戦争"に直面するしかなくなるのだ。ひとがそれを欲するか憎むかという事実を離れて善・悪など存在しないとホッブズは言う。人が

20

欲求するものが「善い」のである（ホッブズ，T., 1954, 『リヴァイアサン』水田洋訳，岩波文庫，100頁，109頁）。災難を被っている他の人に感じる哀れみも，実は，似たような厄災が自分にも降りかかるかもしれないという想像から生じるのに過ぎない。自然状態では所有すら存在しない。各人がそれを獲得して保持していられる間のみ"私のもの"になるだけだからだ。この戦争状態下では，勤労も文化・芸術も社会もない。人の生活は「孤独でまずしく，つらく残忍で短い」（同書211頁）。ホッブズの見るところでは，戦争状態から平和へと向かわせる人の情念は「死の恐怖」と，快適な生活に必要なものを勤労によって獲得する希望である。

　現代社会に生きる私たちの多くは，自己保存のため互いに滅ぼし合うような孤独で残忍な自然状態ではなく，それなりに安定した秩序をもつ社会に暮らしている。なぜこんなことが可能になっているのか？"ホッブズの秩序問題"とも呼ばれるこの点に取り組み，ひとつの解答を与えたのがアメリカの社会学者T. パーソンズである。

社会化と社会統制

パーソンズによれば，ホッブズは人が欲する行為目的をばらばらでランダムなものと考えたため秩序問題に引き込まれることになった。このカオスを脱する道は，人びとによる究極的目的の共有だというのがパーソンズの答えである。では，人びとによって究極的な目的・価値が共有され，それに沿った行為が行き渡るには何が必要だろうか。言い換えると，社会秩序が実現されるような仕方で人が行為するよう方向づけるにはどうすればいいのか。パーソンズは**社会化**（socialization）と**社会統制**（social control）という2つのメカニズムに注目した。社会化とは，行為を規制する規範や社会的価値を自己のなかに取り入れて**内面化**させる過程を指す。価値や規範的ルールの内面化は，それがその人自身のパーソナリティの一部となるときに生じる。単に"社会によってその行為はよしとされている"と認識しているだけ

でなく，自分自身の規範的態度としてその行為を支持・反対するようになったとき，背後にある価値が内面化されていることになる。価値やルールの内面化を通じた社会化は広い意味での教育であり，まず子どもの養育期に家族や近隣といった**第一次集団**（primary group）で行われるが，その後も人が所属することになる**第二次集団**（secondary group）で種々の社会化の担い手によって生涯を通じて行われる（→第2章，第3章，第11章，第13章）。

　社会化によって価値や規範的ルールを身につけた行為者でさえも，それらに反する行為を選ぶことがある。このような**逸脱**（deviation）に対処するのが社会統制のメカニズムだ。社会規範から逸脱する傾向を妨げるための**制裁**（サンクション）には軽いものから重いものまで各種ある。日常生活における他者のちょっとした逸脱行為に対して，私たちは沈黙したり非難がましい視線を向けたりする。このような対応に接した行為者は（場合によっては）逸脱から復帰するだろう。仲間内での無視や非難に比べて，法によって強制的に科されるようなサンクションはより強力な社会統制のかたちである。社会はある種の行為類型に対してたとえば**刑罰**（punishment）を設定することで逸脱行為としての**犯罪**をコントロールしようとするわけである（→第7章，第13章）。

ミクロな行為からマクロな社会現象へ

　次に，個々の行為者がそれぞれの意図・動機によって行為して，その結果がさらに自他の次の行為に影響し合うような複雑な連鎖があるとき，行為者の集まりとして社会全体のレベルで何が生じるのかについて考えよう。

　まず重要なのは，必ずしも個々の行為者が意図あるいは予期したことだけが起こるわけではないという点である。社会における行為は，行為者の意図していなかった帰結を生むことが少なくない。行為の意図・予期せざる結果という現象には，それが行為者個人に生

じるのか集団レベルで生じるのか，その結果は（意図されていないだけでなく）予期もされていなかったのか，結果は望ましいものか否か，1回限りの偶然的事情で生じたのか，何度繰り返されても同じことになるのかなど，多くの側面がある。アメリカの社会学者 R. K. マートンが**自己成就的予言**（self-fulfilling prophecy）と呼んだ事例も意図せざる結果の一例である（『社会理論と社会構造』）。たとえば，ある銀行が倒産するらしいという"予言"を人びとが一斉に信じ，これに従ってその銀行から預金を引き出すなら，その銀行は本来の支払能力に問題がなくても倒産してしまう。人びとは健全な銀行の倒産を意図したわけではないのに，である。

　全体を構成している部分に備わっているわけではない性質が全体において生じることを**創発**（emergence）というが，相互作用し合う行為の集積がもたらす創発的な結果を正確に見通すは容易でない。私たちが直観的に予想するような事態が生じるとは限らないのだ。この問題を探究する有力な方法の1つが，モデルを用いたシミュレーションである。以下でアメリカの経済学者 T. C. シェリングによるきわめて有名なモデルを紹介したい。

　どこに住むかという居住地選択の問題を考えよう。多くの社会では，人びとの居住地域がその属性，とりわけ人種・エスニシティの違いによって分離し，同じ特徴を共有している人びとが塊となって住む傾向が観察されている（→第12章）。居住地のこのような**分離**（セグリゲーション）は，同じタイプの人の近くに住みたい，逆に言うと異なるタイプの人の近くには住みたくないといった隣人の属性に関する選好，言わばある種の"差別意識"を人びとがもっているために生じるのだろうか？　だとすれば，どの程度の選り好みがどれくらいのセグリゲーションを生じさせるのだろうか？

　言うまでもなく，実際の居住地選択には隣人の属性以外にも無数の要因が関わっているだろう。しかし，複雑なものを複雑なまま把

第1章　個人と社会　　23

握しようとするのではなく，あえて話を単純化して，多数の行為者による居住地決定の**モデル**をつくってみることが実は有用なのだ。特に関心のある側面に絞って必要最小限の特徴を写し取るのがモデル化のポイントである。ここでは，将棋盤のようなマス目を"居住地"の集まりとし，そこから1つのマスを選ぶことが"個人"の居住地選択だと想定する。さらに個人は2つのタイプだけがあり，ある居住地に住み続けるかどうかは，マス目における"隣人"のうちどれくらいが自分と同じタイプであるかによってのみ決まるとしよう。つまり，自分と同類の"隣人"がある割合以上ならその地に住み続け，そうでなければ別の場所に"移住"すると考えるわけだ。ここで"隣人"とは，本人のいるマスを上下左右に取り巻く8つのマスにいる人びとだとしておく。

　さて，たとえば隣人のうち自分と同類が3分の1より多ければ"満足"して住み続け，3分の1より少ないときには"不満"となり別のマスを探して移動するという意思決定ルールで個人たちが居住地を変更していったら，何が起きるだろうか。これは，"近隣地域（3×3で9つのマスからなるブロック）のなかで自分がマイノリティでもかまわないが，せめて3分の1は同類がいないと嫌だ"という比較的マイルドな選り好みに相当するだろう。

　この条件下で多数の行為者が居住地選択していくと何が起こるのかはコンピュータによるシミュレーションですぐ確認することができる。マス目の全体サイズ（居住地域の大きさ）と，そのなかに置く行為者の総数（いわば人口密度）を設定し，マス目に2種類の行為者をほぼ同数ずつランダムに配置する。そのうえで，1人ずつ，上記のルールで隣人をチェックして"満足"ならそこに留まらせ，"不満"なら近所の空マスをランダムに探して移動させていくのだ。注目すべきなのは，ある個人の移住が元にいた場所でも移住先でもそのブロックの"人口構成"を変化させ，それまで"満足"していた

人が"不満"に転じてさらなる移住を引き起こす連鎖反応（chain reaction）だ。1人ずつの居住地選択が次々に引き起こす移住の連鎖を経て，すべての人が隣人に"満足"して**均衡**に達すれば，この街の居住地が確定する。

図1-1はコンピュータでランダムに生成された初期状態例である（居住地は50×50＝2500マスで密度は約80％，つまり住人は約2000人）。マス目に置かれた図形（■と▲）が2種類の行為者を表しているが，空きマスを含め満遍なくばらけており特に偏りは見られない。ここから「3分の1ルール」で行為者を順次動かしていくと図1-2のような形で終わる。比較的緩やかな選り好みであるのに，すでにセグリゲーションが観察できる。「3分の1ルール」からこのような結果が生じることを直観の力だけで見通せただろうか？ 図1-3は「2分の1ルール」，図1-4は「3分の2ルール」の結果である（それぞれ初期状態は少し異なる）。隣人に関する選り好みが強くなるほど明白な居住地の塊が生じることがわかる。

このように一定のルールで行為選択する"行為者"を想定する**エージェント・ベースト・モデル**（agent-based model）は広く行動科学において用いられている。モデル化する「エージェント」は人である必要はないので，国家や企業などの集合体やヒト以外の生物でもなんでも適用できる。

このほか，たとえば個人と個人がもつ関係（互いに友人である，親族であるなど）のパターンや構造そのものに注目してモデル化する**ネットワーク分析**（network analysis）も研究が進んでいる。

社会現象とモデル

"近隣のなかで少数派でもよいが，少なくとも3分の1は自分と同類の人がいてほしい"といった選好をもつ人びとが集まったとき，結果として何が生じるかをモデルによるシミュレーションを使わず正確に見通すのは困難である。モデルで考えるメリットは，一定の前提からどのよう

第1章 個人と社会 25

図 1-1　居住地決定モデル（初期状態）

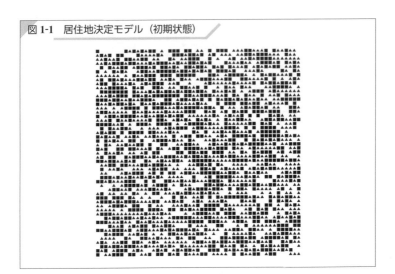

図 1-2　3分の1ルール

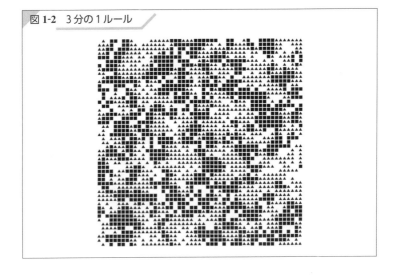

図1-3 2分の1ルール

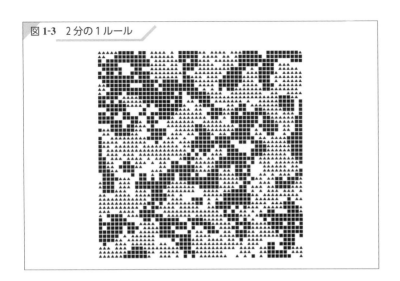

図1-4 3分の2ルール

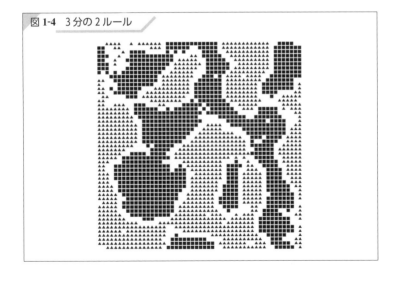

第1章 個人と社会

なプロセスで何が生じるかをすべて確認できることであり，さらに，その前提を少し変えてやると——たとえば求める隣人割合を 33% ではなく 50% にしてやると，あるいは人口密度を変化させると——結果がどう変わるかが容易に確かめられる点にある。

多くの条件を考慮して行われる実際の居住地選択に比べれば，上記のモデルは過度に単純化されているように思えるかもしれない。しかしこの単純に見えるモデルでさえ，実はそれなりに多くの前提——行為者は隣人のタイプを正確に判別してカウントできる，カウントする隣人たちは周囲を取り囲む 8 マスの人びとに限る，移動にコストはかからない，移動先は近所の空きマスからランダムに選ぶ，など——を必要としている。しかし前提が明確であるがゆえにモデルの拡張——人のタイプを 3 つにしたら，"近隣"の範囲をもっと広くしたら，隣人の類似度とは別の基準を導入したら，など——も容易に行うことができる。複雑な現象を複雑なまま（しかし曖昧に）とらえるのではなく，単純に見える（しかし明確な）前提のもとで生じる現象の分析から得られるものは多い。

> **合理的な行為はよい社会をもたらすか？**

人びとがある種の行為を選び続けると全体としては望ましくない社会的帰結がもたらされると予期されてはいても，結果としてその社会状態が生じてしまうような状況を**社会的ジレンマ**という。

牧羊業者たちが自分の羊を放牧している共有地（commons）があるとしよう。放牧する羊を増やせば自分の収入は増えるので，牧羊業者はなるべく多くの羊を共有地に入れたい。しかし，適度な数の羊が放牧されている間は問題ないものの，多すぎると牧草が食べ尽くされ土地は涸れてしまう。共有地に入れる自分の羊を 1 頭増やしたときの収入増に比べて，共有地が荒れたせいで生じる 1 業者当たりの損失が小さいとき，業者にとっては自分の羊を増やすことが（狭い意味で）合理的である。だが，損失を共有地全体で考えれば，

28

決して小さくない。そして，牧羊業者たちが個人にとって"合理的"な行為をとり続けていれば，いずれ共有地の牧草は枯れ果て，そもそも放牧できなくなるだろう。

　これは**共有地の悲劇**（the tragedy of the commons）として知られている社会的ジレンマの例である（G. ハーディン）。牧羊業者にとっては，過放牧が損失を生じさせることがたとえわかっていても，短期的には羊を増やすことが合理的である。自分だけが羊の数を抑えても，他の業者たちも協力しない限り機会を逸して損をするだけである。一方，もし他の業者たちが羊の数を制限するなら，その業者は自分だけ羊を増やすことがより合理的になってしまう。他の業者と協力して羊の総数を管理することが共有地の維持につながることがわかっていても，個々の業者にとっては羊を増やすことが（短期的な自己利益を最大化するという意味では）合理的なのである。業者たちは意図せざる結果として，予期されてはいたかもしれない共有地の悲劇に向かって進むしかないように見える。

　社会的ジレンマ状況は社会の至るところに見られ，環境問題が典型的である。個々の消費者としては，たとえ環境悪化につながるような商品でも便利であれば使ってしまうことが（短期的には）合理的である。そのような消費行動が集積した結果として社会的には大きな損失（環境破壊）が生じてしまったという例は枚挙に暇がない。社会的ジレンマを解消するにはどうすればよいだろうか。前に紹介した実験では，公共財にフリーライドしない人だけでなく，フリーライダーを（コストをかけてさえ）罰する傾向のある人も少なからずいることが示されていた。根本的には，たとえば社会全体の長期的な利益を考慮に入れて協力的に行為するよう導く（制度的・心理的）**誘因**（incentive）を設定する必要があるだろう。

第 1 章　個人と社会　29

> **個人から社会へ，社会から個人へ**

さて，本章では冒頭からここまで，行為する個人を基礎に据えてそこから社会の成り立ちを眺めるという方向で話を進めてきた。しかし私たちは最初から完成した個人として社会に登場するわけではないし，社会的な真空状態で行為するわけでもない。人には社会のメンバーとして行為する個人に"なる"プロセスがあり，その後も多岐にわたる制約条件のもとで行為するしかないのだ（→**第2章**）。それゆえ社会学は，個人の行為が社会現象をつくりだす側面だけでなく，逆に個人が社会のなかでつくりあげられる側面も視野に入れなければならない。「社会化と社会統制」の項で触れたように，まずここに関わってくるのがさまざまなタイプの**社会規範**である。

　人は自らの欲求や目的に従って行為することができるとしても，社会のなかでは法や道徳，慣習といったものの制約を受けざるをえない。法や道徳は，行為者が好むと好まざるとにかかわらず，外側から影響を及ぼしてくるようなある種の拘束力をもっており，社会において行為しようとする者はこれを無視できない。フランスの社会学者 E. デュルケムは，個人に外在して命令や強制の力をもつ，行動や思考の型（法，道徳，宗教教義，言語，慣習など）を**社会的事実**と呼び，これが社会学に固有の研究対象だとした。ここでいう"強制力・拘束力"は，社会的事実に抵抗したときに受ける社会からの（負の）リアクションによって明らかになる。慣習への違背は非難を生み，法からの逸脱は刑罰を招く。では，社会的事実に抵抗しないとき，それは強制力をもたないことになるのだろうか。むしろ話は逆だとデュルケムは言う。それに進んで従うとき「われわれは一種の幻想にあざむかれ，実際には外部から課されていたものを，あたかも自分自身でつくりあげたかのように信じ込んでいるのだ」（デュルケム，E., 1978,『社会学的方法の規準』宮島喬訳，岩波文庫，56頁）。

私たちは家族・同輩・メディアなどによる社会化を通して，その集団や社会で当然視される行為の仕方や価値観を内面化していく。内面化された社会規範は，外部から課されたものであってもまさに"内側から"作用する。ここで注意すべきは社会化プロセスが均一でないことである。社会化はその社会のメンバー全員に対して同じような仕方で生じるのではなく，むしろ，個人の置かれた社会的条件によって大きく左右される。人は，どのような社会で，どのような親のもとに生まれるか，どのような場所で育てられるか，どのような学校に通うか，どのような人びとと付き合うか，どのようなメディアに接触するかといった歴史的・社会的条件に応じて，行為の仕方・考え方・ものの見方・嗜好・選好などを身につけていくことになる。この身体的・心的傾向性に従って人は行為，思考，表現といった社会的な実践を生み出していくわけである。たとえば，日本社会で生まれ育った行為者は，日本語を身につけ，これを通して言語活動を行っていくほかない。そして人が身につける日本語に関する知識や運用能力・傾向は，個々の生育環境次第で大きく異なってくるだろう。

　フランスの社会学者 P. ブルデューは，この身体化された心的傾向性のことを**ハビトゥス**（habitus）と呼んだ。ハビトゥスが人それぞれの社会的状況によって異なるとすれば，逆に，ハビトゥスの生産条件という観点からそれを共有するような人びとの集合（社会的位置，階級）を考えることができるだろう。行為を生み出すハビトゥスは，社会の成り立ちを探る手がかりともなるのである（→第10章）。

　社会的事実やハビトゥスから行為を考えると，そこには行為者が自分の行為をコントロールしているという意味での**自律性**（autonomy）が存在しないように思えてくるかもしれない。一般に，社会学には人びとの行為・振る舞い・欲求・感性・考え方などが社会的

要因によっていかに深く規定されているかを明らかにしようとする傾向がある。この方向に進めば，人の行為が"どれほど自由か"よりも"どれほど制約されているか"に焦点が置かれやすくなるだろう。しかし，両者はひとつの問いの両面である。社会における私たちの行為や思考がどこまで社会的条件に左右されているのかを探ることは，それがどこまで左右されていないかを知ることでもあるからだ。人がそれぞれの心的傾向性，欲求，目的，内面化された規範，嗜好などをもって日々の生活を送っているとき，これを制約しているのは文化的・社会的条件だけでなく，物理的・生物学的・心理的など多層にわたるレベルで働く無数の条件である。自然科学・社会科学はそれら制約の力と限界を明らかにしてくれるのである（→第13章）。

M. ヴェーバー『社会学の根本概念』（清水幾太郎訳）岩波文庫，1972年（原著 1922）。

　「社会的行為」をはじめ本書全体で頻出する諸概念と社会学の方法について簡潔に解説した古典。簡潔すぎて初学者にも理解しやすいとは言い難くなっているが，そのかわりきわめて薄い本なので挑戦しやすいだろう。

盛山和夫『社会学とは何か――意味世界への探究』ミネルヴァ書房，2011年。

　社会学の対象と方法について広く明晰に論じている。上記のヴェーバーに挑んだ後で読めば視野の開ける思いがするかもしれない。

大垣昌夫・田中沙織『行動経済学――伝統的経済学との統合による新しい経済学を目指して〔新版〕』有斐閣，2018年。

　人びとの実際の経済行動について実験を通して解明しようとする行動経済学の入門テキスト。本章で触れた公共財ゲーム実験も解説

されている。

福田歓一『近代の政治思想——その現実的・理論的諸前提』岩波新書，
1970 年。

　　人間における"自然"という観点から政治原理を構想したホッブ
ズを含め，近代政治思想の流れを平易な言葉で説き明かしている。
社会のあり方を考えるなら政治思想を知っておくことは重要である。

T. シェリング『ミクロ動機とマクロ行動』（村井章子訳）勁草書房，
2016 年（原著 1978）。

　　本文で紹介した居住地分離（セグリゲーション）モデルを含め，
個人の行為と社会現象との関係のとらえ方について詳しく論じてい
る。

Uri Wilensky, NetLogo (http://ccl.northwestern.edu/
netlogo/)

　　これは著作ではなくエージェント・ベースト・モデルを PC 上で実
行するソフトウェアである。本章の図表はモデルライブラリにある
Segregation model を少し改変して作成した（実は，本文で採用した
移住先選定ルールは上記シェリングの原典と少し違っている）。誰で
も自由に利用できるので試してみよう。

山岸俊男『社会的ジレンマ——「環境破壊」から「いじめ」まで』PHP
新書，2000 年。

　　社会的ジレンマについて，豊富な具体例に基づいてその発生メカ
ニズムから対処方法までわかりやすく解説している。

第 1 章　個人と社会　　**33**

第2章 自己と他者

　何かを自由に選べるとき，私たちはしばしば不確かな自分に直面する。自分の本当にやりたいこと，本当に好きな人，本当に行きたい場所は何だろうか。自分の体調や気分でそれらは変わってしまうようにも思えるし，家族や友人，見知らぬ他人からすら強い影響を感じずにはいられない。そのため，あるいは自分には本当にやりたいとか好きだとかの気持ちなどないのだと思えたりもするだろう。こうした悩みのなかで「本当の自分」がわからなくなってしまうこともあるかもしれない。

　17世紀フランスの哲学者R. デカルトの主著『方法序説』(1637年) における「我思う，ゆえに我あり」の一節はきわめてよく知られている。いろいろなことを疑わしく思おうとも，そうして疑ったり思ったりする作用として自分自身が存在するのは確実であるとするこの命題は，そうした自己の確実性と引き換えに，自己の精神以外のあらゆるものを——自身の身体をも含めて——自己から切り離された不確実なものとみなす見方を帰結した。これは封建社会や宗教的権威から徐々に解放されてきた近代的自我のありようとも無関係ではない。さまざまな制約や禁止の網の目がゆるみ，人間は自由を謳歌する。近代的自我は自分以外を疑うことで，自分を中心に世界を見る。

　これに対して19世紀末に精神分析を創始した精神科医S. フロイトは，当時の哲学や心理学が人間の「精神」を，フロイトが言うところの「意識」に限定してしまっている点に不満を抱いた。私たち

の精神には「無意識」の領域があり，そこにおいて生物としての欲望と社会的規範が緊張関係にある，というのがフロイトの主張した図式である。この図式が自然科学の作法に照らし合わせて妥当かどうかについては議論がある。しかし自己は自分自身でも意識の及ばない領域を抱え込んでおり，そこに自己と世界との関係性が深く刻み込まれているという視座は，デカルト的な自己観を相対化する力を備えている。

　社会学が自我や自己について明示的に主題化しはじめたのは 20 世紀に入ってからのことである。世界と隔絶した自分が自分自身を完全にコントロールするというデカルト的な自己観を乗り越え，コントロールできない部分もまた自分の重要な一部なのだとするフロイトの議論と部分的に重なりながら，独自の展開を見せてきた社会学の自己論を以下で見ていこう。

<u>親密圏と役割取得</u>　私たちは生まれたその日から社会的な自己を備えているわけではない。それは発達（成長）の過程で徐々に獲得されていくものだ。種としてのヒトは誕生後に世話を必要とする期間が長いことが知られているが，世話される時間を経るなかで自己もまた形成されていく。その意味で，自己の形成に家族などの**親密圏**が与える影響は大きい（→**第 3 章**）。

　親密圏の語が社会学において流通しはじめたのは，J. ハバーマスの公共性論や A. ギデンズの親密性論を経た，比較的近年に入ってのことである。ハバーマスは 18 世紀に登場してきた市民的公共性における公共的論議を特徴づける意思疎通や啓蒙が，実は当時形成されつつあった小家族の圏域に由来すると論じる。当時の小家族は家のなかの公私の線引きをそれまでとは変化させながら，私領域において自由で解放された心理を表出し，独立した人格同士が非打算的に交流するよう促進する「ようにみえる」。ハバーマスによれば，その「ようにみえる」親密性は，現実には市場を通じた経済的自立

に条件づけられていると同時に，市場交換における自律的な主体像を支え返すものでもあった。

　公共圏が原理的に人びとの普遍的な参加を許す，共通の問題関心に向けて開かれた議論の場としてイメージされるのに対し，親密圏は参加できるメンバーがより限定的で，しかもそのメンバーは議論の相手というよりは共感と配慮に基づいて面倒を見合う相手である。そこには議論の相手に対するものとは違った水準での，より包括的な尊重の念が含まれている（はずである）。すなわち，そうした尊重に基礎づけられた配慮の関係が親密性であり，親密性を担う関係性として最も典型的であると想定されるのは家族や恋人，友人などである。親密圏の語は，こうした家族などの具体的な社会関係とその性質に限定されない，多様な人びとの多様な関係を，尊重や配慮といった特性から「圏」として包括的にとらえようとする点に特徴がある。もちろん，現実の親密圏においては理念としての共感や尊重とは対照的な，ドメスティックバイオレンス（DV）や児童虐待の問題も見られる。公共圏に比べてより閉鎖的である親密圏は，恋人間のデート DV なども含めて，隠微な暴力的支配の可能性と背中合わせでもある。

　20 世紀初頭に社会的自己論に先鞭をつけた G. H. ミードは，今日であれば親密圏と呼ばれるような関係性が社会的自己の形成に果たす役割を重視した。ミードによれば，生まれたばかりの赤ん坊は快／不快によって動物的な自我をもつに過ぎないが，徐々に家族などの**重要な他者**（significant others）を通じて社会的な**自己**（self）を獲得していく。この場合の自己とは他者の目に映る自分の姿を幾重にも織り合わせたものであり，ミードはこれを客我 Me とも呼んでいる。ミードによれば「わたし」のなかには **I** と **Me** という 2 つの側面がある。I と Me は主我と客我と訳されることもあるように，I が行為主体としての「わたし」であり，Me が他者から客観視された

第 2 章　自己と他者　　37

「わたし」である。他者からの客観視として，自身が「わたし」をとらえ返していくことは反省と呼ばれる（不始末について「反省文」を書くときの「反省」とは違う）。

そもそも他者とは，ミードによれば，人びとの組織化された態度のことである。自分にとって縁遠く，究極的には理解を拒むものとして他者の語を用いる慣習もあるが，ミードの場合は異なる。ミードの用語としては，他者とはコミュニケーション可能な相手であり，一定の秩序だったかたちをとる人びとの態度である。

赤ん坊が社会的な自己を獲得していくことは，他者の目に映る自分という自意識の獲得だけでは終わらない。親密圏でのコミュニケーションやごっこ遊びなどを通じて，子どもはさまざまな役割（role）が社会のなかに存在することを学んでいく。「母親はこういうことを言うだろう」とか「保育園の先生はこう振る舞うはずだ」といったかたちで，カテゴリーに応じた振る舞いの期待である役割という発想を理解することで，他者の反応を予期しやすくなると同時に，他者の目に映る自己の像が精緻化される。これをミードは役割取得と呼んだ。他者と自己との関係は役割関係に強く規定されており，他者が自己をどのように認識するのかは，どのような役割においてその認識が生み出されているかに依存する。「客」と「店員」のようなきわめて単純に思える役割も，地域や時代ごとに内実は異なる。私たちが不慣れな土地でしばしば経験するように，役割取得が不十分である限り，他者から自己がどのように見えているのかの想定もまた，不精確にならざるをえない。

プロセスがさらに進行し，社会的な自己が十全なかたちで獲得されたと言えるのは，重要な他者のような具体性を離れた，一般化された他者（generalized others）の視点によってである。一般化された他者の態度とは，自己が属する全共同体の態度である。ミードが例として挙げるのは野球だ。野球チームで選手としてプレーできるよ

うになるには，自分の守備位置以外のすべてのメンバーの役割や，相手チームの目指していることなどを理解している必要がある。自分のプレーは他の選手のプレーを理解することの上に成り立つし，他の選手のプレーは自分のプレーを想定した上で決まってくる。組織化された態度の集合体は，このようにして自己を社会的な自己たらしめる。

　野球であればゲームに関わる役割の数は比較的少ないが，社会全体では莫大な数になる。人間は重要な他者しか知らない幼児期から，少しずつ関わりをもつ社会の範囲と役割の種類を増やしていく。その過程では，接触するメディアが果たす役割も無視できない。さらに私たちが過去や未来の人間の感情や生について想像するとき，一般化された他者の範囲は，親密圏はもちろんのこと，現在の地球に暮らす全人類の範囲をもはるかに超えた広がりをもつようになる。

現象学的社会学とシンボリック相互作用論　自己について考え始めると，私たちが日々経験している事態がそもそもいったいどのようなものなのか，確信がもてなくなってくるかもしれない。日常的な生活は必ずしも高度に自覚的なものではないが，自己は無自覚な日々の暮らしのなかでも常に「わたし」の経験の中心にある。そして日常においての「わたし」の経験はさまざまな習慣や制度的期待の網の目のなかにあり，その全体を外側から見てみようとすることはない。そうした「あたりまえ」の日常的なやり方を**自然的態度**と呼ぶ。

　分析者として，この自然的態度をいったん停止し，そのなかで経験される事柄がどのように習慣などによって構造化されているかを理解しようとする社会学を，**現象学的社会学**という。そこではきわめてあたりまえの日々の生活が徹底的に考察の俎上に載せられる。現象学とは平たく言えば意識や認識を中心的に問題とする哲学の分野，方法のことであり，現象学的社会学はそれを社会の理解のため

に用いる。

ミードが「IとMe」などの概念で「わたし」について展開した議論を,「社会」のほうに拡張して明確化しようとしたのが,**シンボリック相互作用論**というアプローチである。主唱者のH. ブルーマーは,シンボリック相互作用論には3つの前提があると言う。第1に,人間はものごとの意味にのっとって行為する。第2に,ものごとの意味は社会的相互作用から発生する。第3に,意味は個人によって解釈され,ときに修正される。

いずれもきわめてあたりまえのように思える内容だが,このようなアプローチを明確に打ち出すことには意義がある。まず,ともすれば社会構造によってさまざまな社会現象を説明し尽くそうとする社会学全般の傾向に対して,人びとの意味解釈や主体的行為が社会現象をつくる側面を強調する。このことは,人間の自由や,社会の可塑性(可変性)に焦点を当てることでもある。すべてが社会構造によって運命づけられていて変えることができない,どうしようもないことである(こうした考え方を構造決定論という)のではなく,およそ社会的な事柄であればそれは人びとの行為や意味解釈によって形づくられており,その意味で変化や改善が可能である。何もかもが簡単に変えられるわけではもちろんないにせよ,万古不易(永久に変わらないこと)でないのもまた確かだ,というわけだ。

こうしたものの見方と対照的な考え方は本質主義と呼ばれる。本質主義は,対象に歴史的変化を超越した「本質的な」性質がある,と想定する。しばしばやり玉に挙げられるのは性別や「国民性」に関する類似の考え方である。現在見られる性質らしきもの(「男らしさ」や「東洋的なもの」など)について,その起源をもっともらしく説明する一種の「神話」(性別役割分業から男性性の発生を説明したり,儒教思想に東洋的なものの淵源を求めたりする)を引き合いに出したり,あるいは自然科学的な説明(男女は脳の構造に違いがあり,その違いか

ら役割分業を性別にとって自然で当然のものであるとするなど）によって，本質主義は自身の正当化を試みる。そうした正当化がひとたび受け入れられれば，むしろ現在におけるそれらの性質は必然性を帯び，変えることができないどころかかえって保存すべき伝統のように認識されることすら珍しくない。

社会学における**構築主義**は，そのように人びとが言説を通じて社会的に対象（女性性や日本人論など）を構築していることを指摘し，具体的に構築過程を明らかにしようとする一連の立場のことである。構築主義がこれまでに取り上げてきた対象には社会問題，病気，犯罪，科学的知識，ジェンダーなどさまざまなものがある。対象が多様であることからもわかるとおり，構築主義は必ずしも本質主義ばかりを論敵としてきたわけではない。

しばしば誤解されるが，構築主義は暴露趣味的に本質主義の無根拠性を論難することが重要なのでは必ずしもない。むしろ重視されるのは社会的に望ましくない事態を含む，あらゆる社会現象が私たちの言語を通じた意味解釈によってつくりあげられる，その過程とメカニズムを解明することだ。そうした解明作業を通じてこそ，なぜ望ましくない社会現象が存続してしまうのか，それを解消するにはどうしたらよいのか，といったテーマにもまた，解決への糸口が与えられるのである。

人びとの意味解釈，意味構築のやり方に関する問題意識を構築主義と共有しながらも，より一般的に人びとの行動や生活が依拠している方法を明らかにしようとする社会学の分野として**エスノメソドロジー**がある。たとえば私たちの会話が意味の解釈や構築の過程だというのは納得しやすいが，会話で発言する順番を調整するやり方とか，同時に発言してしまったときにどのように会話を再開するか，あるいは電話での会話をいかに切り上げるか，といった事柄についてはどうだろうか。エスノメソドロジーが明らかにしたように，私

第 2 章　自己と他者　41

たちはこれら日常のありふれた場面に関して精緻でダイナミックな技術を持ち合わせていて、それによって複雑な相互行為をスムーズに達成している。その方法論を人びとはしばしば無自覚のうちに身につけていて、それゆえ言語化したり説明の対象としたりすることもない。しかしひとたび疑問をもって説明を試みるならば、日常のさまざまな場面がスムーズに進行しているのは驚異的なことである。「人びと自身による」（＝エスノ）そうした驚くほどデリケートで無自覚な「やり方」（＝メソドロジー）が、日常生活における雑談や、趣味の語りから差別的言動、あるいは裁判の判決までさまざまな社会的場面を成り立たせている。微細な「やり方」への感受性をもつことが、これら日常のささいな出来事から多くの他者に影響を与える重大な社会的場面まで、多様な相互行為を理解することにつながる、とエスノメソドロジーは考える。

| 印象管理 | 構築主義やエスノメソドロジーに先立って、アメリカの E. ゴフマンは社会学における

「演劇論的アプローチ」を開拓していった。ゴフマンはエスノメソドロジーと同様に、日常的かつミクロな相互行為場面に関する分析を数多く残している。いかに私たちがメンツ（面目）を重視し、お互いにそれを損なわないように配慮しているか、といった論点は、ゴフマンならではの視角のひとつである。彼はとりわけ人びとが自身に関する印象をさまざまなかたちでコントロールしようとする（つまり演技をする）ような行為のモードについて深い関心を抱いていた。

たとえば電車に乗るとき、私たちはほかの乗客をじろじろ見たりすることはない。そうしたことは失礼なことであり、場合によっては危険な人物であるとすら思われてしまうかもしれない。たまたまエレベーターに乗り合わせたとき、あるいは廊下ですれ違うとき、といった類似の場面においては、相互に無関心を装うことこそがマ

ナーであり，私たちは取り立てて深く考えることなくそうする（本当は関心があってもだ）。ゴフマンが**儀礼的無関心**と呼んだこの態度は，とりわけ匿名的な地域，つまり都市において特徴的である。

　私たちは日常的に，儀礼的無関心を含むさまざまな演技をして，多様な場面を上演している。そこで私たちは場面に応じた役割（学生，アルバイト，友人，家族，等々）を自覚し，それを演じるわけだが，しばしばそれは不完全になされる。たとえばあなたがアルバイト中に友人に出くわしてしまったとき，あえてアルバイト役割からは外れるような振る舞い（くだけた言葉遣いや身体動作，行動など）をすることによってアルバイトの役割に完全に没入してはいないことをことさらに印象づけようとするような場合があるだろう。このように，私たち自身の心理と社会的な役割とは常にぴったりと一致しているわけではない。個人と役割との間のこうした分離をゴフマンは**役割距離**と呼んだ。たとえば，自分は役割に完全にとらわれてしまってはいないのだ，という印象を他者に与える試みはさまざまな場面で見られる。ゴフマン自身は手術中におどける外科医の例を挙げている。外科医が，「執刀中の外科医ならこう振る舞うだろう」と期待されるような外科医役割にあまりに没頭し，のみこまれてしまっていれば，それはその場にいる他のスタッフに不安を与えてしまうかもしれない。外科医はあえておどけて見せることで，自身の技量と経験が，手術に要求される水準を十分に超えるものであるとアピールし，その手術に関わるスタッフの信頼と安心を引き出そうとしているのだと解釈される。

　ゴフマンが一貫して関心を抱いた，以上のような印象管理（印象操作）（impression management）のさまざまな技法は，より制度的な空間配置と結びつくこともある。たとえば飲食店においてウェイターは客の前での振る舞いと，厨房などのバックヤードでの振る舞いを当然に区別している。区別するだけではなく，あからさまに対照

第 2 章　自己と他者　　43

的な振る舞いを厨房で演じてみせさえするかもしれない。ゴフマンは客前の空間とバックヤードの空間を，それぞれ**表局域／裏局域**（表領域／裏領域）という概念対で表現した。表局域が相対的にパブリックな空間であるのに対して裏局域はアクセスできるメンバーが限られており，それゆえにパブリックな表局域では許されない振る舞いが部分的に許容される。そうした振る舞いをあえてとることは，裏局域にアクセスできるメンバー同士の連帯を強めたり，表局域と裏局域の間の区別を再確認したりするような効果をもつ。

さまざまな
「アイデンティティ」

　自己は社会のなかで形成され，社会関係の網の目のなかでその都度かたちを変えながら存在している。自己のそうした変わりやすさはゴフマンによって端的に「演技」としてとらえられていた。役者がさまざまな役柄を演じ分けるように，私たちは居合わせる状況に応じて他者に与える印象を管理すべく，そのときどきで柔軟に振る舞い方を変えるのである。それでは私たちは場面に合わせてカメレオンのように自己を変化させるばかりで，首尾一貫した「自分らしさ」のようなものとは無縁なのだろうか。しばしば「アイデンティティ」とも言い換えられる，この自分らしさという発想は，社会学的にはどのようにとらえることができるだろうか。

　英語で identity とは「同一であること，一致していること」という意味であり，日本語では一例として自己同一性と翻訳されてきた。ほかの誰でもなく，わたしがわたしであるということ——今日，アイデンティティという言葉はそうした自己の独自性や固有性のような意味で用いられることが多い。そしてそのようなアイデンティティは自明なものではなく，自分自身との対話や他者との出会いを通じて探し求めるものであるともされる。

　このアイデンティティという言葉にエスニシティ（→**第8章**）やジェンダー（→**第11章**）などの言葉をつなげると，エスニック・ア

44

イデンティティとかジェンダー・アイデンティティという熟語になる。これらの言葉が表しているのは「(自分が) どのエスニシティに属するのか」「自分のジェンダーは何だと考えているのか」という意味だ。つまり，この場合のアイデンティティはほとんど帰属感と同じ意味で用いられている。興味深いことに，エスニックなどの言葉を付け加えずに単にアイデンティティと言ったときに意味されていた，他者とは異なる「わたし」の独自性とか固有性ではなく，むしろ「わたし」がどのように他者と同じであるのかという共通性の側面が強調されている。帰属先は複数でありうるから，アイデンティティも複数の，折衷的でハイブリッドなものでありうる。

このように，アイデンティティは独自性と共通性という相反する2つの意味を担わされることがあるが，「真のアイデンティティ」のようなものを考えることはいずれの意味においても難しい。他者がまったくもっていない，「わたし」だけの真に独自の，固有の本質のようなものを想定することは難しいし，逆に何らかの集合的な(エスニシティやジェンダーなどの) 属性に「わたし」が完全に一致して，その属性を十全に体現する人間になるという事態もまた，ありそうもないことだからだ。こうした根源的な不可能性をはらみながらも，アイデンティティの語は人びとの差異性と同一性への欲望を引き受け，流通し続ける。

もっとも，ミードやゴフマンの自己論に照らし合わせれば，アイデンティティがこうした入り組んだ性質をもつことは自然に理解できる。ミードは一般化された他者の態度を取得することを社会的自己の完成と考えたが，一般化された他者にはその個人が属する共同体の全体が含まれていた。私たち1人ひとりの属する共同体はしばしば重なり合いながらも少しずつずれており，属する共同体を誰かと完全に共有することはまれである。自分自身がそのなかに位置づけられる1つひとつのネットワークは私にオリジナルなものではな

第2章 自己と他者 45

いが，ネットワーク上の自分の位置は自分に固有のものであり，さまざまな共同体がブレンドされる配分や比率は自分に独自のものである。そしてゴフマンが強調したように，私たちは常に演技をして他者に与える影響を管理しようとするが，そこではしばしば役割距離を示す戦略が採用されていた。役割自体は定義上，類型的なものだが，私たちはその類型に呑み込まれてしまっていない自分自身をまた，役割距離というレパートリーにおいて提示しようとするだろう。

社会的パーソナリティ　アイデンティティと類似しながらしかし微妙なずれをはらんだ概念として，社会学ではパーソナリティの語も用いられてきた。これは個人に特徴的な価値観や態度，行動のパターンのことを指す。パーソナリティに国や文化による類型を見出す議論は（「ドイツ人気質」や「ラテン系の性格」などのように）今日でも広く流布しているが，それはある国や文化に属する個人を均質なものと見たり，あるいはその平均的なかたちを取り出そうとしたりする点において，曖昧で観念的である。

　そうした議論を精緻化したのが社会的パーソナリティに関する一連の研究であった。E. フロムの『自由からの逃走』（1941年）やD. リースマンの『孤独な群衆』（1950年）はパーソナリティを社会と相互作用するものとしてとらえた。彼らはその相互作用のあり方にいくつかのパターンを見出し，20世紀半ばに世界的に幅広い読者を獲得して日本の社会学に対しても大きな影響を残す。たとえば『孤独な群衆』の「伝統指向型」「内部指向型」「他人指向型」というパーソナリティ／社会の3つの類型はとりわけ有名なものである（表 2-1）。

　ほかに社会的パーソナリティに関して社会学史では特に T. アドルノらが研究した権威主義的パーソナリティがよく知られている。20世紀の前半にドイツで成立したナチズムを，マクロな政治構造

表 2-1 『孤独な群衆』の 3 類型

類　型	同調対象	社　会
伝統指向型	たえず強制される慣習	伝統社会
内部指向型	内面化された規範	産業社会
他人指向型	同時代の人びとが抱く期待	消費社会

や経済構造だけから説明するのではなく，ナチズムを支持した人び
とのパーソナリティから説明しようとしたのは，フランクフルト学
派と呼ばれる一連の社会学者，哲学者たちであった。彼らは，権威
的な人物や集団への服従と，弱者やマイノリティへの攻撃的性格と
を合わせたものとしての権威主義的パーソナリティが，ナチズムの
成立基盤になったと考えた（→**第 13 章**）。

　ここでは個人の「性格」に近いものであるパーソナリティの，集
合的な側面がクローズアップされている。すなわち，ある時あると
ころで，比較的広範に共有されるものとしてのパーソナリティであ
る。これに類似した概念に，M. ヴェーバーが問題にした**エートス**
や，社会史研究における**心性（マンタリテ）**がある。ヴェーバーに
おいては人びとの心の態度が，何らかの活動や宗教的な倫理に基づ
いて一定の傾向性を見せるとき，それをエートスと呼ぶ。エートス
はそれぞれの時代や場所で人びとの行為を規定する。他方で社会史
における心性もまた人びとのものの感じ方や情緒の抱き方を指す。
単に「歴史」と言ったとき，それは得てして政治史を指すが，その
背景には無数の無名の人びとの生活や人生がある。そのなかで人び
とがたとえば家庭生活に感じる情緒などもまた時代とともに変容し
てきたし，そうした情緒は広範に政治史としての「歴史」を左右し
てきたとも言える。その意味で社会の歴史＝社会史にとって，心性
は重要な探究課題となる。P. アリエスの『〈子供〉の誕生』（1960

第 2 章　自己と他者　47

年）はこの意味で代表的な社会史研究であり，「子供」期というほかから区別されるライフコース上の時期（とそれに対して人びとが抱く情緒）が，実は歴史的なものである＝時代とともに変化してきたということを鮮やかに示している。

物語としての自己と
ライフヒストリー

以上に見てきた社会学的な自己論の多くは，自己が社会関係のなかで成立することを強調する点において共通していた。つまりはじめに自己があって，他の自己と出会うことで社会関係を取り結ぶのではなく，むしろはじめにすでに出会いと社会関係があり，そのなかから自己が立ち現れてくる，というわけだ。そうした自己観の必然的な帰結として，自己のうつろいやすさもまた，前面に押し出されることになる。ここでは何か「本当の自分」のようなものは疑わしげなまなざしを向けられる対象にすぎない。むしろ相手と場面に臨機応変に対応して，たえず演技と印象操作に明け暮れる可塑的（変形可能）なものとして自己をとらえる見方こそが，たとえばゴフマンがさまざまな角度から繰り返し提示してきたものでもあった。

それでは，自己とは思いどおりに変えられるものだろうか。情緒不安定な自分，ずぼらな自分，やるべきことをつい怠けてしまう自分——好ましくない自分自身を変化させたい気持ちは，私たちにはおなじみのものである。そしてそうした自分をよい方向に変えようとしてなかなかうまくいかない経験もまた，現代においてありふれたものだと言ってよいだろう。

社会関係のなかで成立するものとして自己をとらえると，自己を変えるには自己が取り結んでいる社会関係を変えればよい，ということになる。しかし，現実には社会関係を変えたはずが，似たような関係性を繰り返し形成してしまい，結果として自分自身もまた似たような存在になっていくことがある。新しい恋人と付き合っても前の恋人との間に生じた問題が繰り返されたり，新しい会社に入っ

ても前の会社と同じような役回りを演じることになったりするとき，そこでは容易に変えることのできないものとして自己が立ち現れてくる。

　自己は社会関係において成立するがゆえに可塑的でありながら，しかし頑固に変化を拒む部分をも兼ね備えている。こうした自己の両義的な性質について，これを物語としてとらえることも提案されている。自分自身が誰かに対して「私はこういう人間で……」と物語るときの，その物語こそが自己であるとする見方は，語る相手や語り方によって柔軟に変化する自己の可塑性と，しかしながら常に何かしらの「語りえない」ものが残る自己の非可塑性を同時に表現している。物語である以上，それは流布している一定の型やパターンを参照せざるをえない点において定型的であり，常に変奏の可能性をもつ点において革命的である。

　こうした自己観は，社会調査の手法としての**ライフヒストリー**（ライフストーリー）が基盤とする語りが，そこにおいて生成される関係性への目配りへとつながる意義をもつことも見逃せない。質問紙法の質問文に対する応答とは異なる仕方で生み出されるインフォーマント（語り手）の語りそれ自体が，単なる出来事の報告や自己認識の吐露といった以上に，社会的な諸力や諸関係の網の目において形づくられる結節点としての自己を表現している。そこでは語り手がどのような役割を演じ，何にアイデンティティの源泉を見出そうとしているかが，社会構造との相互作用において物語というかたちをとって表出する。あまりに柔軟でとらえどころがないように思える一方で，あまりに頑なであるがゆえに核心部分を現さない，この社会的自己なる不可思議なものに，経験的社会調査は一定の仕方で光を当てることが可能なのである。

第 2 章　自己と他者　　49

G. H. ミード『精神・自我・社会』(山本雄二訳) みすず書房, 2021年 (原著2015)。

　　ミード自身は著書を残さなかったが, 講義の記録から本書が再構成された。本章で取り上げた I と Me, 一般化された他者などの重要な概念が論じられる, 社会学的自己論の古典。

中河伸俊・赤川学編『方法としての構築主義』勁草書房, 2013年。

　　構築主義の論文集。特に社会問題を扱う章が多いが, ある事柄が「事実」とみなされたり, 社会的カテゴリーが交渉される過程は, 意味と解釈を介して自己論とつながる。

E. ゴッフマン『日常生活における自己呈示』(中河伸俊・小島奈名子訳) 筑摩書房, 2023年 (原著1959)。

　　私たちの日常的な振る舞いの多くで印象管理が試みられるが, それはその場の相手との共同作業でもあり, それゆえに失敗することもある。そうした日常場面の微細で執拗な分析例を多数含む。

E. フロム『自由からの逃走』(日高六郎訳) 東京創元社, 1951年 (原著1941)。

　　自由は人びとに求められ望まれるばかりでなく, その寄る辺なさから不安を呼び起こしてもきた。心理的要因と社会的要因の相互作用から, 自由と自発性の難問までを含む古典。

浅野智彦『自己への物語論的接近──家族療法から社会学へ』勁草書房, 2001年。

　　変わりやすいと同時に頑固でなかなか変わらないものとしての自己を理解するための物語論的アプローチが整理され, 社会学的に応用する方向性が打ち出される。

第3章 家族と親密圏

「想像の共同体」と「想像の親密圏」

B. アンダーソンが「想像の共同体」論を打ち出し（『想像の共同体』1987年），著者の主張の独創性よりもかなり単純化された図式的縮約が，いわゆる**国民国家論**として社会学や政治学で盛んに論じられたのは，1980年代であった。

ナショナリズムの歴史的起源を考察するなかで，パラダイム論やポスト構造主義や言語論的転回などの成果を踏まえ，アンダーソンは構築主義（→**第2章**）の認識論を方法化していった。いま私たちが当然のもののようにその存在を認知している「国民」も，その根拠を説明しようとすると難しい。さまざまな論者が，先祖や血や言語や故地などの実体的な要素の共通性を指摘したが，そこに還元できるほど単純な概念ではなかった。むしろ，その実体性は想像力を通じて，つくりだされたものではないのか。

アンダーソンは，比較政治学の立場から「国民」の近代社会における創出を説き，印刷物（とりわけ新聞と地図）という媒体が流通する「市場」（交換の場）において，人びとの「想像する」という実践にインストールされた共通の時間・空間の枠組みにこそ，国民の実感は基礎をもつことを明らかにしたのである。

同じ頃，「家族」というあたりまえの概念もまた，いわゆる**近代家族論**の名で，再検討の対象となった。

ごく普通に使っている概念には，無自覚なまま深く，いくつかの実感的な前提が組み込まれていた。すなわち，家族とは①情愛・ケ

51

アを核とする**親密圏**であり，②公私の領域の社会的分割と照応する**性別役割分業**（→第11章）を有し，③**核家族**を基本モデルとした子ども中心の生活という特質の実感である。そうした前提に，社会史・心性史とフェミニズムから疑問符が打たれた。

　そして，私たちが当然のもののようにその存在を認知し，理解している「家族」が，実は「近代家族」という特異な類型において，歴史的・社会的に構築されたものであることが論じられていった。

```
家族の歴史性もしくは
親密圏の構造転換
```

この1980年代を私は社会学を学ぶ学生として，あるいは研究者の卵として過ごしていたので，2つの領域での問い直し方の符合に，奇妙な共鳴のようなものを感じていた。

　いまあらためて，次のように位置づけてみたい。

　すなわち，国民国家が複製技術のメディア性に媒介された「想像の共同体」の創出であったと同じように，通文化的で普遍的な基礎集団であると思われていた家族の伝統は，それぞれの身体の日常のなかに生まれた「想像の親密圏」だった。そうした「親密圏」の意識と身体性とが，「家族」という集まりを支えている諸構造の歴史性・社会性として問われたのである，と。

　変貌に焦点をあわせるなら，次のようにもいいうるだろう。

　すなわち近現代へと向かう世界において，国家の公的領域と諸集団の私的領域との「機能分化」（N.ルーマン）が遂行的かつ全域的に進んでいく。そうした地平のゆるやかで大きな転換の一方で，市民的な公共圏の衰弱もしくは「**公共性の構造転換**」の批判的な描き出しが，J.ハバーマスの問題提起などから問われはじめる。同じ機能分化・構造転換の地平の他方の極において，家族の歴史性もしくは「親密圏の構造転換」が自覚され，歴史社会学の厚みにおいて探究されるようになったのだ，と。

> ### 「親密圏」という
> ### 集まりの事実

少し補っておくべきは，親密圏の構造転換は，集団としての家族の変化だけを浮かびあがらせる枠組みではない。つまり，基礎集団内部での変容に還元されない，厚みと拡がりをもつ。

いまこの章で考えようとしている対象が，たとえば「家」なのか「家族」なのか「世帯」なのか。その弁別は，実証研究に踏みこもうとするとき，避けて通ることはできない。どこかで研究者は，一定の操作的定義を選択しなければならない。しかし，ここでは問題の総体をとらえるため，あえて具体的な対象の絞り込みを急がないほうがよい。むしろ複数の名で呼ばれた「集まり」の事実に焦点をあわせながら，「親密圏」という大くくりでの議論を進めるほうが有益ではないかと思う。

それはなぜか。社会学を学ぶ人びとが「イエ」（→第12章）「戸」「宅」などと論じてきた親密圏は，単純な操作的定義に還元できない，思いのほか複雑な現象で，立体的だからである。

ここで考えようとする拡がりを示すのに，「家族」「世帯」の語は，少しばかり窮屈である。具体的で実体的な集団との対応があまりに強いからである。

「家」という語の，建物にまで及ぶ意味のおもしろさも捨てがたいように思う。しかしながら，家は歴史的な意味の変化や断層が多すぎて，そのコントロールが難しい。社会学ではやがて，ケアという営みをめぐって，新たな「親密圏」のあり方が問題にされ議論されていくが，それは必ずしも，新たな家族のあり方にすべて回収されるものではなかった。そもそも社会学を学ぶ者が本当に考えたいのは，さまざまな集まりの事実のなかにみえる「社会」であり，「他者」との関係であり，「人間」の生き方であった。そうした連関が有する厚みや深さを切りすてて，対象を操作的に，たとえば「家族」や「民族」や「都市」や「福祉」のような単一で個々別々の概

第3章　家族と親密圏　53

念に切り縮め，固定化してしまっていい問題ではないと，私は思う。

　言い換えると，この章が対象とすべき現象は，社会を理解するうえで不可欠な要素を，いまだ未分化なままに含みこんでいる。つまり「家族」という想像を共有することで成り立っている親密圏は，①性愛を媒介とする対の関係や，②養育を媒介とする親子のタテの関係，③友愛や競争や序列をも生みだす兄弟姉妹のヨコの関係，④系譜をたどって広がりうる親族の蓄積のネットワークなどを含み，さまざまに異質な絆が，原理として含みこまれ，交錯し複合している。さらに，時期において諸力の組み合わせが動きをはらみ，さまざまな配置の変化を内包している。その点で，「家」や「家族」の語は時代によって，あるいは社会によって，その内実と意味の外延を変えている。

　なるほど，生命再生産は重要な論点である。生まれてすぐに立っては歩めず，ことばも話せずまるで無力だった乳児が，やがて独立した生活主体へと成長し，社会化される。そうした成長の身体的な現実が，社会という存在を，成員の再生産において支えている。どんな主体が，あるいはどのような集まりがその身体的自然の時間に責任をもつか。その過程について，私たちはどれだけ本当に問うてきたのだろうか。ひょっとしたら，自然のなりゆきと常識の実感に任せて，深く突きつめては考えてこなかったのではないか。実際に，病み疲れて，あるいは老いて，自活を維持していた諸能力を失ったとき，誰に親密にケアされ，どこで生命活動を終えるのか。そうした，ある意味で深刻な身体的自然のもう1つの現実を，社会がどのように引き受けるべきかは，いまなお正解が定まっていない大きな問題である。

　社会学が論ずるべきは，そうした身体的事実をめぐってあらわれる，関係構造の総体である。

　正確な比喩かどうかはわからないが，このような**社会の原形質**に

たとえられる固有の特質を，この「親密圏」という集まりの事実は包含している。であればこそ，血縁集団として限定的に定義された「家族」だけを考察すればよいということにはならないのである。

近代家族論と「家族の戦後体制」

まずは家族に対する私たちの常識，すなわち「自明性」に対する歴史的・社会的なしばりが，どのように問い直され，あるいは問われなかったのか。そこから始めよう。

　私たちが当然のことと思う常識は，裂け目をもたない一枚岩の確信ではなかった。矛盾やほつれを個々に有し，知識のさまざまな濃淡をもつ。むしろ実感の多様な断片を含むがゆえにリアルであり，また押し広げて応用できる柔軟性をもつ。そうであるがゆえに，常識は現実的でありながら，どこか明確な根拠をもたない。ありきたりで，ありあわせの信念として共有されている。

　1980年代の「近代家族論」が揺るがした，行政用語でいう「標準家族」の自明性も，まさにそうした意味での常識であった。

　家族といえば，「夫（父）」と「妻（母）」と「子ども」というトリアーデ（三角形あるいは三位一体）の核家族を思い，ときに「無償の」という決まり文句で形容される「情愛」で満たされた小集団を想う。この標準型を支えている要素，すなわち愛あふれる「母」と，保護され慈しまれる「子」と，就労を通じて母子を守る「父」が存在して，その三角形を「愛情・情緒」が結び合わせている。その実態は自然で自生的であり，またそうあるのが正常だ，と暗黙に考えられているし，考えてしまう。その想像の無自覚な規範性が問われたのである。

　批判者が加えた転回の補助線は，親密圏の外への拡がりを含めた，社会の構造変動である。社会の公共領域と家内領域の分離において生みだされ，**ジェンダー・イデオロギー**によって支えられている，常識の構造が問われたのである。すなわち，公共に開かれて，その

第3章　家族と親密圏　　55

交流が法などのルールで規制される一方で，未知の他者を含む多数が集まる社会的な生活圏と，個別の身体を中心として衣食住の日常生活が慣習的に営まれる共同の生活圏とが，ゆるやかに分離し局在化していった，そのプロセスが再審査された。18世紀から19世紀にかけて社会全域でおきた，その変容ともたれあうようにして，直接の血縁をもたない他者を，異質なものとして家族から排除する傾向が明確化したからである。家庭の親密圏において，私性を確保するプライバシーが重視され，「団らん」が理想化される反面で，外部との社交が衰弱していく。家庭内の小さな一例だが，他人を接遇する「応接間」がいつの間にか物置になり，建売住宅の間取りから消えていくのも，実は，その親密圏の社交性の衰えのあらわれでもあった。

　この分離の歴史は，地域的にも階級的にも多様であった。それゆえ具体的に論ずるとなると，1つの単純な図式では描き切れない複雑さを有している。しかしながら，多産多死から少産少死への大きな「人口転換」，工業化の進展に伴う「職住分離」，産業化とともに進んだ生活共同体の「消費集団」への変容，「学校制度」への教育機能の委譲といった，近代社会の基本的な特質が，そこに共通に作用したことも事実である。こうした公共圏と親密圏の分離は，別な理論的立場から指摘された生産労働と家事労働（シャドウワーク→第4章）の分離とも陰に陽に重なり合い，そこに根強いジェンダー・イデオロギーが絡み合うことで，「夫は外で職業をもって働き，妻は主婦として家を守る」という性別役割分業を固定化し，伝統化する効果をもった。

　落合恵美子は，日本社会における「近代家族」のあらわれを，「家族の戦後体制」として概念整理し，その構造を支えている諸条件の現状を検討した（落合恵美子，2019，『21世紀家族へ〔第4版〕』有斐閣）。

| 近代家族論以降の
多様化 |

近代家族論は，常識をくつがえす「気づき」を与え，家族のとらえ方にある種の自由をもたらした。それは，歴史的な事実だろう。ある意味では，家族は社会に不可欠の基礎集団であるという暗黙の前提から離れ，たとえば個人を単位として「親密圏」や「社会」を考えようとする，新たな想像力を可能にしたともいえる。

しかし，家族が抱える問題は，そうした神話の解体によって解決したわけではなかったことも認めなければならない。

主婦という役割の規範性・構築性の暴露は，ときに結婚退職を選ばされた女性たちの人生の，「母」役割と「職業」との衝突を解消したわけではなかったし，同じ問題に直面しているもっと若い世代の女性たちに「仕事も家庭も」の幸福をもたらしはしなかった。1980 年代以降，**男女雇用機会均等法**が制定・強化され，**育児休業制度**の支援を活用できるようになっても，子どもを入園させる保育所の便宜があまりに不十分な都市での子育てが厳しい環境にあることは変わらず，都市部の共働きの女性が SNS で発信した「保育園落ちた，日本死ね!!!」の怨嗟が広く共感を呼んだりした。主婦は働いたとしても，家計補助者なので非正規（パート，派遣，短期雇用など）でよいというかつての労働市場のありようは，実は従来の「近代家族」の暗黙の前提の，無意識の反転像であった。しかし，進んできたはずの女性の就労拡大にしても，未婚期を含めてほとんど**非正規雇用**の拡大でしかない厳しい現実のなかで，女性たちは制度的保障がおよばない周縁的な外部の，心ない状況と向かい合っている。

「**50 歳時未婚率**」（50 歳時の結婚したことがない人の割合。「生涯独身率」ともいう）は，統計がある 1920 年代から 60 年代まではたいして変わらず，男女ともに 1〜2% 前後で，結婚生活は人口の多数が選ぶ境遇でもあった。それが 1990 年代以降急激に上昇し，2020 年には男性が 25.7%，女性が 16.4% までに増えている。誰もが結婚

して家族をつくり子どもをもつのが「人生」だと思えていた社会は，この点でも大きく相貌を変えつつある。

こうした傾向を，「**シングル**（独身者）」における非婚の自由の増大とみる楽観もある一方，いくつもの調査が**不本意な未婚**も少なくないことを伝えている。働き手とされた男性にしても，「自分一人の収入で一家族全体を養うのは難しい」と感じるような経済階層が増えているなど，「結婚できない若者たち」の問題も含めて，その変容は丁寧に検討されなければならない。1990 年代以降の若者の雇用の不安定化は，結婚の先延ばしを増加させ，**未婚化・晩婚化**を助長したという分析もある。

家族が愛と安心とを約束する，最小の共同体であるという信念を，裏面から「神話」としてひっくり返したのが，**ドメスティックバイオレンス**（家庭内暴力，DV）や**児童虐待**の顕在化である。

内閣府男女共同参画局の配偶者暴力相談支援センターの統計によれば，2002 年度の DV 相談件数が 3 万 5943 件であったのが，22 年度は 12 万 2211 件となっており，さらに新型コロナウィルス感染症拡大下での就業環境の変化が「親密圏」に影響しているのか，20 年 4 月から 1 年間，内閣府が開設した「DV 相談プラス」に寄せられた相談件数が 5 万 4489 件となっていて，これをたし合わせると 20 年度の相談件数は 18 万件を超え，前年度から約 1.5 倍になっているのには驚く。

児童虐待については厚労省が統計を取り始めた 1990 年の児童相談所での虐待相談対応件数が年間 1101 件だったのに対し，2022 年度には 21 万 9170 件と桁違いに激増している（虐待という現象が社会的に認識されるようになった影響もある）。家庭がときに抑圧や暴力を「私」の見通しにくい領域に隠蔽し，身体に及ぶ傷害・被害の危険を防ぎえない密室ともなりうることの危うさが明らかになりつつある。社会における公的領域と私的領域の分離は，そうした悲劇の基

盤ともなっていたのである。

さらに**子どもの貧困**や**ヤングケアラー**（大人が担うべき家事や介護などのケア責務を日常的に引き受けて行っている子ども）など，従来の家族社会学の「家族問題」論がほとんど浮かびあがらせてこなかった現実もあらわれてきている。そこに生まれてしまう不正義や不自由や不幸を，個人の責任に帰するのではなく，いかに社会が未然に防ぐことができるかが問われている。

家族生活の周期の複線性

家族を見ようとする場合，「静態」の構成においてとらえるだけでなく，メタモルフォーゼ（変身・変態）の「動態」において把握する視点も必要である。人間が自然に年齢を重ね，構成員の生・老・病・死が不可避であることを考え合わせるならば，構成員のライフステージ（人生の各段階）の組み合わせの変化や，家計などの財政状況の変動を正確に把握することは必然ともいえよう。

古典的な家族社会学のテクストにある，ひとは**定位家族**（family of orientation）（子として生まれた家族）と**生殖家族**（family of procreation）（自分がつくる家族）の2つを生涯において経験するという図式も，ごくプリミティブな動態の理解であった。

個々の家族がたどる変化を段階として把握し，法則的な一般性を見出そうという研究は，20世紀初頭の B. S. ロウントリーによる労働者家計調査にはじまる，といわれる。ロウントリーは，人生を「幼少期」「就労・結婚期」「子育て期」「子の就労・同居期」「老年期」の5つに分け，どの時期に**貧困**に陥りやすいかを分析した。すなわち，自分で稼いで賃金を獲得し結婚して子どもが生まれるまでの「就労・結婚期」と，子どもが稼ぎ始めてからすべての子が結婚・独立するまでの「子の就労・同居期」の2つの時期は，比較的余裕があり貧困ラインの上に浮かびあがりうること，他の3つの時期はラインの下に落ちこんで貧しくなりがちであることを明らかに

第3章　家族と親密圏　59

したのである。この変化はいうまでもなく，個人としてみれば，誕生・結婚・子育て・巣立ち・老衰の段階へと進んでいくことでもあり，家族としてみれば，集まりの形成・分裂・消滅の動態と絡み合っている。5つの段階の類型は，それを集約するかたちで設定されていることがわかる。

こうした家計の構造分析の延長に，食費割合で生活水準を測る**エンゲル係数**や，子ども関連支出に注目する**エンジェル係数**の指標が試みられ，**家族周期論**や**生活構造論**といった研究領域が形成された。しかし，家族の「周期」という分析枠組み自体が，近代家族の強いモデル性の内側での変動理解であり，生活構造論の基本発想は消費の局面を中心とする傾向が強い。いずれも，全体社会の変容や親密圏の現実の多様性を充分にカバーしきれていないことも，課題の1つである。

他方で，「**パラサイトシングル**」（山田昌弘，1999，『パラサイト・シングルの時代』筑摩書房）も，21世紀の初頭に話題になった。すなわち，学業を終えて就職したあとも親の家にとどまり，衣食住を親に依存して時間的・経済的に豊かな生活を送っている未婚者の登場は，その消長も含めて家族の動態をとらえる指標でもあった。また日本の家族でしばしば見られた，子どものうちの誰か1人は結婚後も親と同居するという家族の常識は，21世紀に入ってから規範的にも実態的にも実数を減らしている。新たに増えつつある，老親が衰えあるいは1人になってから同居するケースや，かつてとは異なり未婚子が老親の援助に頑張る場合，あるいは逆に親の年金などに寄生する事例などの登場も，見落とせない現実である。

生命再生産の問題系

さて家族が，人間という動物がつくりだす社会に不可欠の「基礎集団」である，と思われてきた理由のうち，ここまでで充分に展開していない論点がある。それは，家族が**生命の再生産**のメカニズムに深く関わり，次世

代の身体を生産・養育する機能を果たしてきたという事実である。

　ここにいたると，視点をマクロにとって「人間」「社会」「動物」というような，関連する概念の位置関係を確かめ，枠組みを自然史のなかで精密に調整することが必要になる。概略しか論ずることができないが，社会学という学問にとっても重要なことなので，必要な限りにおいて「人間／動物」そして「家族／社会」の固有な関係を明確化しておこう。

　「人間という動物がつくりだす社会」という表現には，いくつかの注意すべき論点が含まれている。

　その1つが，人間と動物の「心」すなわち精神のありようの違いであり，また逆にその違いを包み込み，あるいは共通に枠づける生命としての同一性である。もちろん「動物」の範囲をどこまで広くとるかで，議論はいくらでも大がかりになる。類人猿からの自然史に根ざすような家族論も可能だろう。実際，動物もまた「家族」や「社会」という同じことばで語りうるような「集まり」を有している。しかも多くの場合，その関係の絆は生命再生産の機能と深く関わっている。ただ，その形態や制度性，組織化の度合いが，人間のそれと量的・質的にかなり大きく異なるだけである。

　人間（ホモ・サピエンス）としての固有性・特殊性は，社会学という学の成立にとっても重要な条件であった。これも略述するだけになるが，人間が，①「言語」という媒体を自らの身体において高度に発達させ，②火をはじめとする「道具」を発明して縦横に使いこなし，③衣服や住居や農耕などさまざまな「文化」を新たな環境として創造したことは無視できない。この前提に，二足歩行という身ぶりの確立と，手の解放および口の解放という体勢の進化がある。その創発特性は身体の基盤において「本能」や「自然」の規定力から相対的に自由な，他の動物との「本質的」と見紛うほどの大きな差異を意味した（佐藤健二，2012，『ケータイ化する日本語』大修館書

第3章　家族と親密圏　　61

店）。

　いずれにせよ，その結果として人間は，集団あるいは組織・制度を発展させ，それを支える住居や都市などの物質的な生活空間をも含めて，精密にまた巨大につくりあげたのである。家族がその一部をなす「親密圏」が，その存在を支える空間的・資源的な諸条件とともに，他の動物との直接の比較が難しいほどに精緻に創成され，自由度をもつ「集まり」として見いだされるのもそれゆえである。

人間社会における身体
の再生産

少し具体的な側面から論じよう。人間の身体の再生産は，すでに少し触れたように他の動物の新生児段階と異なり，かなりの長期間の**保育**を必要としている。生まれ落ちてほとんどすぐに立ち上がったり，短い期間で巣立ちをむかえたりする動物の子どもと異なり，生まれたばかりの人間の乳児は首もすわらず，寝返りもできない。完全な親依存の状態で，この世界に生み落とされる。立って歩くまでの期間が長いだけでなく，言語を学んで話すことも，集団の生活に必要な技術となったから，その習得の時間も子どもの自立には不可欠である。親が子を養育保護する一定の時間と空間とが必要であり，そこにおいて，一定の**「集まり」の構造**の維持が必要となる。

　しかしながら，この生命再生産の機能を，家族という存在の中核であり本質であるととらえていいのかというと，問題はそんなに単純ではない。

　そうした目的論的で本質主義的な理解からは，しばしば子どもをもたない家族を，「失敗」や「欠損」として，あるいは「問題家族」と位置づける傾向が生まれやすい。また，増加しつつある独身者（シングル）の世帯の理解も，不必要にゆがむ危険性がある。かつてのキブツ（20世紀初頭に生まれたイスラエルの共産主義的な農業共同体）の共同保育のように，あるいは伝統社会における「捨子」の風習の

62

ように，家族とは異なる仕組みが社会の養育の機能を代替しうることは，歴史的にもさまざまな例を挙げることができる。しかしながら，単純な存在根拠や目的の措定や否定は，ときに不用意な排除や差別を生みだす危うさがある。

　生命再生産の集合的なメカニズムから，**インセスト・タブー**の発生や，近親婚忌避の制度化を論じようとしている進化論的な体系化もないわけではない。そこからは，**ペット**も家族たりうるという議論は関心外の論外なのかもしれない。しかしながら**ペットロス**の深刻さなど，その主観的リアリティにおいては，まるで家族の死に等しい場合がありうる現実を無視してよいかどうか。それは，家族という親密圏の理解そのものが，すでに多様であるとともに，それぞれのリアリティにおいて個別的であり，また切実で深刻でありうることを示唆している。ジャーナリストの R. シルツは，1980 年代当時まだ「正体不明の奇病」と考えられていた AIDS 流行のドキュメンタリーのなかで，法律が認める「家族」でないがために，同性の連れ合いの終末期に立ち会えなかった同性愛者の，深い悲しみとやりきれなさを描いている（シルツ，R., 1991，『そしてエイズは蔓延した』上・下，曽田能宗訳，草思社）。こうした**グリーフ**（悲嘆）の癒しの領域も，親密圏において深く問われる主題の 1 つである。

　生殖テクノロジーの発達と応用可能性が，現代社会にもたらしている効果も単純ではない。ある面では，不妊治療のような生殖補助医療を求める動機から，子どもに大きな価値をおいた家族の規範性を強く感じさせる側面が浮かびあがったりしている。他面において，同性婚の制度的な承認については，いまなお社会的受容のレベルはさまざまである。新たな技術や制度が法的に認められている場合でも，その規定の具体的な詳細はそれぞれに異なっているとともに，深刻な課題を含んでいる。たとえば「精子提供」や「代理母」を含めた再生産の技術的可能性を，その可否を含めてどう社会的に位置

づけるか。これも，法制度のありようも含め，現在の家族社会学が充分には論じ切れていない問題である。

中絶という生殖の過程に介入しうる医療は，新しい技術ではないが，その是非が女性の生き方の選択にまで深めて問われ議論されたのは，ここ数十年のことだろう。一方には，中絶という手段それ自体が自然に反し神にそむく殺人行為だとの批判を宗教的な情熱をもって主張する人びとが存在し，他方には，意図せざる妊娠への対処も含めた女性の自己決定の権利を解放論として追求する人びとの主張があって，対話すら難しいほどに政治的に対立することもめずらしくない。しかも，この問題は胎児という身体内の特異な他者の権利，すなわち自己の内にある未成の他者の権利の保障という，近代の法システムが中心にすえてこなかった主題を含む点で，見かけ以上に難しい論点を含む。

コミューン論の補助
線：相剋性と相乗性

家族をはじめとする親密圏の絆の問題を考えるとき，「愛」という多義的で不確実でやっかいな概念も，検討せざるをえない。すでに，見合い結婚／恋愛結婚の対比や，ロマンチックラブのイデオロギーについての検討は社会学でもさまざまに試みられている。しかし恋愛や性愛の局面だけでなく，対関係に限られない共有空間（コモンズ）を支える友愛・博愛の拡がりも含め，さらに仏教やキリスト教などの宗教の教えとしての「愛」に内蔵された意味づけなどをも視野に入れて，深掘りして論ずる必要があるだろう。

ここでは少し角度を変えて，冒頭の「公共圏」と「親密圏」の対比に戻り，絆を論ずることが含みうる意味について，社会学から考えてみよう。

歴史人口学による実証研究が，近世からの人口変動において明らかにしたのは，近代における死亡率の低下が，世界史的な同時性において，いわゆる「近代家族」が構造的な安定性（長期間における同

居生活の維持）をもつ特異な一時期を生みだしたという事実であった。そして少産少死の人口構造の定着は，個人がある時期に特定の個人との生活共同を選ぶ，その選択肢に家族を位置づけるような社会を浮かびあがらせつつある。「個人化する家族」の主流化であり「個人を単位とする社会」（落合，前掲書）への実態の変化である。

あらためての「個人」の焦点化は，「公共圏」と「親密圏」の双方の構造転換を抱えこんだ現代社会において，「家」や「家族」に焦点をあわせる社会学に，いかなる課題を浮かびあがらせたのだろうか。

個人を基礎とする社会では，これまで家族と考えられていた集まりは，いったいどうなるのか。

かつて社会主義的な解放論が主張した「コミュニズム」の未来と同じかどうかは微妙ながら，限りなく無意味化し「解体」し，廃絶されてしまうのか。あるいは，まことに多数のさまざまな中間集団の１つとしての位置，すなわち多様なアソシエーションの１つにすぎないというような重要性しかもたなくなるのだろうか。あるいは，逆に人間性の根源として失われてはならないような場として，法的・倫理的強制をもってでも維持されるのか。

この問題をめぐっては，さまざまな立場がありうる。

いささか意外な補助線だが，「社会構想の社会学」に挑んだ見田宗介のコミューン論は，おそらく家族研究に新鮮な思考の動きを与えてくれるように思う。その位置づけの提案は，すでに見田が真木悠介名で世に問うた『人間解放の理論のために』（1971 年）や『現代社会の存立構造』（1977 年）における未来構想の理論，人間的欲求の特異性の検討，相乗性／相剋性という分析枠組みの洗練，そして『気流の鳴る音』（1979 年）の比較社会学などの試みに根ざすものだった，と私は理解している。

第 3 章　家族と親密圏　　65

| 交響圏とルール圏 |

見田は,「交響圏とルール圏」(『岩波講座現代社会学』第 26 巻, 1996 年) という論考において, 人間という動物にとって「他者」の存在が本質的に重要であるという深い信念を基礎に, 集まりのあり方, すなわち社会に関する理論を組み立てていく。

他者は, 人間にとって 2 つの関係的・社会的な事態の源泉である。すなわち, 一方において自分だけでは達成できない感動を生む「生きるということの意味と歓び」の源泉であり, 他方において相互に対立し傷つけ抑圧や支配を生みだす「生きるということの困難と制約」の源泉である。もちろん, この 2 つは対立して交わらずに存立するものではない。互いに相補したり絡み合ったりしながら, 人間の「生きるということ」のなかにあらわれる。そうした事態の理解は, 見田が別な角度から主張している**相乗性/相剋性**の概念とも照応している。

この他者の本源的な両義性は, 社会の望ましいあり方の 2 つの様式の概念とも呼応する。

2 つの様式とはすなわち,「**交響圏**」と「**ルール圏**」である。それは**ユートピア論**, すなわち社会の未来構想の領域で論じられる。ひとはいかなる社会を望ましいものと想像し, いかにその実現を求めていくのかという根源的で実践的な課題ともつながっている。

一方の交響圏は, ときに共同の一体性すら感じさせることがある, 相互の歓びに充ちた関係を基盤に, ありうべき〈関係のユートピア〉を追求し構想する場, 具体的な生活としてあらわれる。蛇足ながら, このかたちでの理想の構築の論理は, しばしば現実にある家族や共同体, コミューンと呼ばれた新たな生活共同や, 革命運動においてあらわれる「溶融集団」(一体化し個が全体に溶融している集団) と重ねて理解されたりしている。けれども, 現実の集団がもつ特質と, 関係を支える論理とをそのまま結びつける理解は間違いである。

つまり現実集団としての「共同体」の存在ではなく，関係の原理としての「コミューン」が指し示され，論じられている。具体的な対象としてではなく，ある関係性の原理において存立する空間として「交響圏」が構想されていることに留意すべきである。

他方のルール圏は，理想とされる社会の理念が硬直的に強いられる抑圧を警戒し，「交響圏」の共同性が個々人の不自由や勝手狼藉へと転化してしまう危険を予防し，逸脱を統御するルール（法規範）のシステムであり，これもまたありうべき望ましい社会関係として構想される。この様式も，しばしば市民社会の現実や理念と等置されたりするが，現実の集合態の実態の分析と考えるよりも，統治を含む，関係性の原理のレベルでの問題提起であるという解釈の禁欲が必要だろう。見田はこれを〈関係のルール〉と呼んでいるが，この表現はいささか誤解されやすい。むしろ「コミューン」という原理に対する，「最適社会」の原理によるユートピアの構想と考えるべきで，それが標題に掲げる「ルール圏」に対応する。

親密なる他者のあらわれ方の差異

さて，見田はここで，歴史的・社会的・現実的・身体的に重要な現実的な存在形態をめぐる前提条件を，理論枠組みに導入する。その1つが，「圏」の物理的・空間的な大きさである。それは，その場＝空間に存在する他者を，他者として感受するときの質の違いに深く関わる。

いささか乱暴に要約すると，ポイントは，生きている意味や歓びの源泉となる他者が，人間としてあるいは主体としてあらわれる圏域は比較的小さいという事実である。すなわち実感の場＝空間として狭く限定され，自らの身体において局所化されている。あるいは，されざるをえない。少し意外かもしれないが，直接に顔をつき合わせ，話し合い，触れあえる他者は思ったより少数で，集まりとして限定されているという，誰もにとって自生的で当然の実感をなぞっ

第3章　家族と親密圏　　67

ているにすぎない。

これに対し，生きることの困難や制約の源泉としての他者の圏域は，そうした限定性・局所性をもたない。つまり身体や空間に制約されない。なぜなら困難や制約は具体的な他者のかたちをしていなくても，その作用は制度として，あるいはシステムとして，あるいは構造として「力」として効果をもつからである。たとえば，それが慣習や法のかたちで抽象化されてあらわれようと，資源や物材に媒介されて作用しようと，及ぼす効果は同じである。そこにおいて，「他者の両義性の内，生きるということの困難と制約の源泉としての他者の圏域は，必ず社会の全域をおおうものである」（見田，前掲書155頁）というグローバル時代の世界を前提とした，他者の存在形態の固有の特質が理論に導入される。

大胆な整理だが，「交響圏」は他者の人間的なあらわれにおいて親密な局所性を宿命づけられているが，「ルール圏」はそうした実感の制約を離れ制御の作用の抽象的な拡がりにおいて全域性を引き受けざるをえない，と解釈してもいいだろう。そう考えると，次の文章も理解しやすい。

　　「現代のように，たとえば石油産出国の労働者たちの仕事にわれわれの生が依存し，またわれわれの生のかたちが，フロンガスの排出等々をとおして，南半球の人びとの生の困難や制約をさえ帰結してしまうことのある世界にあっては，このような他者との関係のルールの構想は，国家や大陸という圏域の内部にさえ限定されることができない。」（同書155頁）

それゆえに，望ましい「ルール圏」というユートピアは，たとえば「一国の内域的な社会の幸福」だけを考えることにとどまらず，「他の大陸や，同じ大陸の他の諸地域の人びとの不幸」を帰結するような生き方を克服する全域性において構想されなければならない

のである。

「交響圏」を要素とする「ルール圏」

見田がその理論枠組みに導入している看過することができない実態の認識が，もう1つある。それは，「交響圏」も「ルール圏」も，閉じた実体として，存在しているわけではないということである。すなわち，私たちの社会は，個々人の身体に固有の局所性を免れることができない〈関係のユートピア〉が組み合わさってできている複合体である。つまり，〈関係のルール〉すなわち「ルール圏」は，「交響圏」すなわち〈関係のユートピア〉を幾重にか含み込む重層性を有する構造において成り立っている。

20世紀の社会学の基礎的な関係性の類型論を使えば，「ゲマインシャフト」（共同態）を単位とする「ゲゼルシャフト」（集合態）だということになろう。古典的な市民社会論ならば，家族・共同体を構成要素として成立した市民社会に近い。ただし，そうした理論との近さ以上に，この構想が個の自由というリベラリズムを基軸にしていることを認識すべきだろう。すなわち，「連帯」や「結合」や「友愛」や「性愛」の絆よりも前に，個々人の自由を第一に優先し，そのうえに立つ交歓だけを「コミューン」という概念の核にすえていることが新鮮である。

それゆえ，集まりとしての「コミューン」は，個々人が自在に選択し，脱退し，移動し，創出することができるし，できなければならない。そしてその自由は，個々のコミューンの外域にある「ルール圏」の存在によってはじめて十分現実的に保証される。「ルール圏」は，コミューンとコミューンとの関係の契約として存立しているからである。逆にいえば，〈関係のユートピア〉としてのコミューンを構成する人びとの真の自由を保証する〈関係のルール〉としてのみ，社会のシステムは構想されるべきだということになる。

見田は，こうした「コミューン」の最小形態は，「対の愛」（もち

図 3-1 「交響圏」間「ルール圏」の重層性

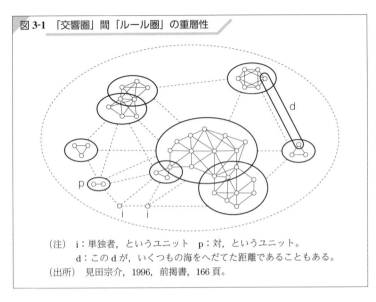

(注) i：単独者，というユニット　p：対，というユニット。
　　d：このdが，いくつもの海をへだてた距離であることもある。
(出所) 見田宗介，1996，前掲書，166頁。

ろん異性愛主義の限定を外しての普遍性においてであるが）であると，その実感から論じてはいるが，「ルール圏」の要件から考えるなら「単独者」というユニットも同等に認定されるべきであると付け加え，図 3-1 のような多様性を包含するイメージを提案している。

このように論ずることで，「公共圏」と「親密圏」の関係性に対して，私たちがどのような見通しをもって考えていくべきかという課題が生まれる。この２つの「圏」には，明らかに身体的実感に基づく特質の差異がある。

薄明かりに照らされているにすぎない状況ではあるが，誰にとっても望ましい社会，すなわちユートピアに向けて，少し検討を進めるべき方向が見えてくるように思う。齋藤純一も，この見田の論文を下敷きに「親密圏」を定義し直し，「具体的な他者の生／生命——とくにその不安や困難——に対する関心／配慮を媒体とする，ある程度持続的な関係性を指すもの」として「親密圏」を用いるこ

とで，生の空間の分断や隔離に抗する根拠地を考えたいと提案している（齋藤純一編，2003，『親密圏のポリティクス』ナカニシヤ出版）。

「親密圏」の具象性に焦点をあわせることで，それとは異なる抽象の位相において拡がっていると考えられていた社会も，そこにおいて歓びと苦悩をもって生きる人間の諸主題も，実はさまざまに浮かびあがらせることができるのである。

金井淑子編『家族――ワードマップ』新曜社，1988年。
　少し古い本だが，フェミニズムと歴史社会学のインパクトを受けとめた家族再考の試みで，基本的な用語を解説しつつ，新たに論じられ始めたことにわかりやすく触れている。

山田昌弘編『家族本40――歴史をたどることで危機の本質が見えてくる』平凡社，2001年。
　家族に対する意識が揺らぎ，それぞれの家族観が問われる状況において編まれた家族をめぐる研究書のガイドブック。家族論としていかに多くの論点が歴史的に提出されたかがよくわかる。

齋藤純一編『親密圏のポリティクス』ナカニシヤ出版，2003年。
　家族という存在に収斂していきがちな「親密圏」という概念を，その前提から引き剝がし，隠された政治性や危険性や抑圧をいかに主題化し，その構造を転換しうるかを論じている。

山極寿一『家族進化論』東京大学出版会，2012年。
　類人猿から霊長類への進化をたどり，体格差，直立二足歩行，繁殖戦略，共感能力と利他的行動，言語，生産活動などの諸要因を考察し，家族という持続的な生活形態がいかに生まれたのかを考える。

見田宗介『未来展望の社会学』（定本見田宗介著作集Ⅶ）岩波書店，2012年。
　本文で言及した「交響圏とルール圏」を再録し，「価値空間と行動決定」「ユートピアの理論」など関連する社会構想の社会学の諸作品

を収めた著作集の一巻。エッセンスが学べる。

落合恵美子『親密圏と公共圏の社会学——ケアの 20 世紀体制を超えて』有斐閣，2023 年。

『近代家族とフェミニズム』から「近代家族論」を論じてきた著者の集大成の一冊。ハーバーマスが明晰に主題化していない親密圏の構造転換とケアのレジームをアジアの拡がりにおいて論じる。

飯田育浩『日本の女性・ジェンダーのいちばんわかりやすい歴史の教科書』グラフィック社，2024 年。

「職業」「結婚」「夫婦別姓」「出産」「教育」「同性愛」「性売買」など日本の女性・ジェンダーの問題を古代から現代まで，わかりやすく図解した啓蒙書。論点を幅広く押さえるのに役立つ。

第4章 仕事と産業

社会学における仕事

「働くこと」は個人にとっても社会にとっても現代社会において重要な位置を占めている。人びとにとって，モノやサービスを生み出し，社会を維持するためには不可欠な要素であると同時に，個々人にとっても，生活を成り立たせる重要な活動である。

成年期の人びとにとって，仕事に費やす時間は長い。そして，多くの人は働くことによって得られる収入で生活を成り立たせている。日本社会における 15~64 歳までの就業率は 78.9%（2023 年）であり，労働年齢人口のなかで多くの人が何らかのかたちで働いている（労働力調査）。また，日本社会における労働時間は減少傾向にあるものの，社会生活基本調査（2016 年）によれば，1 日の生活時間の配分を平均値でみると，睡眠時間についで仕事に関わる時間が多くを占める（ただし，男性 4.41 時間，女性 2.29 時間と性別による差がある）。

近代社会において中核的な行為である仕事は，社会学にとっても重要な研究対象であり，社会学者は，社会の変化やありようを理解するときに，仕事に注目した。社会学の古典である E. デュルケムによる『自殺論』（1897 年）では，自殺の社会的要因を検討するなかで，近代社会において，人びとの間の連帯性が失われることによって自殺率が上昇することを見出したが，そこで彼が連帯の再生の手法として期待したものは，同じ職業の人びとからなる組合であった。

同じく社会学の古典である M. ヴェーバーによる『プロテスタン

73

ティズムの倫理と資本主義の精神』（1904-05年）は，資本主義が西洋に成立した要因を明らかにしたものであるが，世俗的な活動である職業の基盤に，禁欲的な「プロテスタンティズムの倫理」が存在し，それが資本主義の成立に関わっていることを示した。人びとは宗教的な倫理を滑り込ませるかたちで仕事に励み，それが最終的に資本主義につながったのである。このように仕事や職業は人びとのつながりをつくりだし，社会のあり方を形づくる。

　つまり，仕事は人びとが生計を成り立たせ，社会を形づくり，また社会的文脈の影響を受けて編成される近代社会における中核的な営みである。本章では，特に仕事や職業と社会の関わりに関して，社会学や関連する諸科学がどのように理解しようとしてきたかを明らかにする。

科学的管理法と
人間関係論

　近代化以降の産業社会では，経済の中心は企業であり，仕事は組織のなかで行われてきた。

　組織社会学者の W. R. スコットと G. F. デイビスによれば，**組織**とは「協力して特定の目的（群）を追求することを支えるために，複数の個人によって創られる社会構造」（Scott, W. R. and G. F. Davis, 2006, *Organizations and Organizing*）である。

　組織は多様である。たとえば，目的で見ても，経済活動を行う営利を目的とするものもあり，非営利のものもある。営利の自動車会社は，自動車を製造し，販売することで利潤を生み出し，株主に配当することが基本的な目的となる（よい製品をつくること，従業員に安定的な生活基盤を提供することなどの目的ももつ）。学校であれば学生によい教育経験を提供し，さまざまな視点やスキルを身につけるということが基本的な目的である。規模もさまざまで，数名でできている組織もあれば，1万人以上の大きな組織もある。

　さまざまな組織に共通している要素は，「複数の個人からなる」

ということであり，「協力して特定の目的」を追求することである。組織のなかの個人は，具体的な課業（タスク）を通して，協力して組織の目的に貢献する。たとえば，学校であれば教員は学生に何かを教え，職員は学校が円滑に運営されるという課業を担う。そして，学校で働く人びとは仕事を担うことの引き換えとして，金銭的な報酬を受け取り，生活を成り立たせる。

　仕事を提供する人びと（労働者）と組織を管理する人（経営者）や経営者に原資を提供して決定権をもつ人（資本家）は，力関係に大きな差がある。経営者は労働者の働き方に不満があれば，別の労働者で取り替えることができる。その一方で労働者は働いて賃金を得られないと，いずれ生活は行き詰まってしまう。そのため，発言力が弱く，労働条件が悪かったとしても，すぐに仕事を変えることは難しい。このような非対称性があるため，**労働法**が各国で整備され，労働者が保護されている。たとえば，日本では，最低限の労働基準を定めた労働基準法，労働者が団結して経営者と交渉をすることを保障する労働組合法などがある。

　労働や仕事はどのように組織と関わっているのか。ここでは２つの異なるイメージがある。前述のスコットは，*Organizations and Organizing* のなかで，近代組織の社会科学的なとらえ方に関して，機械のような合理的システムとしてみる見方と生物のような自然的システムとみる見方に区別した。スコットが前者の代表例として示すのは，F. テイラーの科学的管理法，後者は E. メイヨーらによる人間関係論である。

　19 世紀末から 20 世紀初頭にアメリカで展開された**科学的管理法**は，仕事を動作ごとに測定し，科学的に改善を図り，能率化を進めるという考え方であった。

　科学的管理法を推し進めた代表的な人物であるテイラーは，労働者の熟練や裁量に任せられていた労働に科学の視点をもちこみ，働

第 4 章　仕事と産業　　75

き方を標準化することを試みた。テイラーは，労働者に課される課業の範囲を明確にし，細かな動作に区分したうえで，標準作業量を定めた。そして，標準作業量を達成した労働者に賃金を支払う方式の有効性を説いた。テイラーは，個々の裁量に任されていた作業を定式化・標準化して熟練の要素をそぎ落とした。このようなやり方は，労働組合からの反発を招くと同時に，他方では生産性を高めるという考え方が経営者に広く受け入れられた。こうした科学的管理法の見方は，仕事を機械の1つの部品のように見る見方ととらえることができるだろう。

　一方で，仕事を有機体的な集合体の一部としてとらえる見方もあり，この場合は組織を構成する人々の主体的な姿がクローズアップされる。その代表的な研究として，1920年代から30年代にかけて工場での実験や調査を行った産業心理学者のメイヨーがいる。メイヨーは，1924年から32年まで電話機製造工場で実施された実験の成果を踏まえて，生産性を高めるために，より人間としての個人を強調することが必要であることを説いた。この実験は工場の場所の名前からホーソン実験と呼ばれる。

　メイヨーらによるホーソン実験は，科学的管理法が想定していた仕事観に対して，**人間関係論（学派）**と呼ばれ，組織と働き方に関する新しい視点をもたらした。ホーソン実験は，もともとは，物理的な労働環境を探求することを目的に実施された。しかし，この実験では，人びとの外部環境や物理的条件というよりも，研究者や経営者から注目されているという人びとの認識や，インフォーマルグループと呼ばれる公式的な指揮命令関係とは独立した人間関係などによって労働の成果が変わりうることが示された。人間関係論の視点では，人びとは仕事をしているなかで人間的な側面を切り離すことはできないとされる。

　実際に，そのような効果が電話機製造工場の調査によって示され

たかどうかについては，現代では懐疑的な見方もある。ただし，人間関係論は，職場における仕事を遂行するという側面だけではなく，それまでは余白のようなものだと考えられた，人びとの意味理解や社会関係が仕事においても重要な意味をもつことを社会科学的に理解することの研究を切り開いた。社会学もどちらかと言えば，人間関係論のように自然的システムに関連づけて仕事や労働をとらえることが多かった。

生産様式の変化：フォーディズムとポストフォーディズム

個別の組織の水準を超えて，仕事は社会全体の生産構造や産業構造と深く関わっている。

20世紀の前半において，標準化や規模の経済を特徴とする生産様式が広く見られた。その代表的な生産を体現するのは，アメリカで20世紀前半に大きな影響をもったH. フォードによる自動車の生産である。

フォードは，製品種類の限定化を図ったうえで，作業の標準化・単純化・専門化を進め，組み立てラインなどを導入した。このようにして大量生産体制を確立したフォードの名前を冠して，20世紀前半の生産様式は**フォーディズム**と呼ばれ，初期の工業化時代の代表的なかたちと考えられてきた。

フォーディズムの特徴は生産の拡大だけではない。労働者に相対的に高い賃金を支払うことにより，フォード社で働く労働者自身も，フォードの自動車を購入できるようになった。消費者の拡大にも支えられ，同一品種のT型フォード（自動車）が大量生産され，販売された。

このようなフォーディズムの生産体制のなかで，労働者は一定の豊かさを手に入れた。その一方で，労働者はそれまでのように熟練による技能によって自らがコントロールできる範囲で製品をつくりだすのではなく，機械の歯車のようなものになってしまった。仕事

は経営者の管理のもとで区分され，ベルトコンベアによって強制されるリズムのなかで働くことが求められる。アメリカの知識人である H. ブレイヴァマンは『労働と独占資本』（1974 年）において，製造ラインのなかで熟練労働的な性質が失われることを指摘した。

　フォーディズム型のマクロ的な産業・消費構造は，第二次世界大戦後，より柔軟性や多様性を強調する生産様式へと変容していく。人びとは同じ車種ではなく，自分の好みに合った製品を手に入れたいと願い，そして，企業も柔軟で効率的で多様な製品を製造できる製造システムの整備を進めた。

　フォーディズムのあとに訪れた多品種の製品を柔軟かつ効率的に生み出す生産方式は，**ポストフォーディズム**と呼ばれる。経済学者の M. J. ピオーリと社会学者の C. F. セーブルは，先進国では，19世紀から 20 世紀にかけて確立した重厚長大型の大量生産体制から，**柔軟な専門化**を特徴とする水平的なネットワークを基盤とする生産体制が優位性をもち，拡大していったことを『第二の産業分水嶺』（1984 年）のなかで示した。労働者に判断業務を割り当て，自主的に業務改善を行うことを推奨したり，情報管理での工夫を進め，余分な在庫をもたず，必要なだけの部品を生産・管理する方式が重要性をもつことが示された。

　ポストフォーディズムの時代においては，労働者が直面した困難はフォーディズムの時代とは異なるものであった。社会学者のR. セネットは 1990 年代に『それでも新資本主義についていくか』（1998 年）のなかで，フォーディズムの時代とは異なる不安定性を記述している。先にも述べたとおり，フォーディズムの時代においては，労働者はそれまでの自律性や熟練を基盤とするのではなく，ルーチンワークが主となり，それによって人間性が貶められることが問題になったが，現代の労働を特徴づけるのはコンピュータで管理されたフレキシビリティである。多種類の製品をつくりだすうえ

では，労働者には技能も倫理も必要とされず，仕事は流動的で皮相的なものとなる。労働者にとって，仕事はアイデンティティの基盤としての役割を果たさなくなった。

消費と労働　フォーディズムやポストフォーディズムの議論にも示されているように，仕事は消費と密接に関連している。労働によって生み出された商品やサービスは，多くの場合，最終的には何らかのかたちで消費される。すでに，19世紀末には，経済学者としても社会学者としても評価されるS. ヴェブレンが『有閑階級の理論』（1899年）のなかで，消費のスタイルが階層の差別化においては重要な意味をもち，自らの効用を満たすためではなく，他者からの差別化のために，**誇示的消費（見せびらかしの消費）**をすることが近代社会の特徴であることを指摘した。

ポストフォーディズム期には製品やサービスは商品がもつ機能だけでは選ばれない。消費者には商品の選択肢が数多く与えられている時代において，商品のもつ記号的価値に注目したのが，フランスの社会学者であるJ. ボードリヤールである。ボードリヤールは，**消費社会**の時代に人びとは生きていることを強調し，モノのもつ象徴的意味が消費場面における商品的価値に影響していることを主張した。たとえば，同じバッグであっても，ノンブランドのものであるのか，ブランドのものか，そしてどのようなブランドかによって含意される象徴的価値は大きく異なる。そして，商品価値は商品間の記号的価値の相対的な位置や連関によって決定される。ボードリヤールが先鞭をつけた消費社会論は，1980年代以降，記号的価値を示し，欲望を喚起する広告などへの注目を生み，消費に関する社会学的研究が展開された。

また，グローバル化とともに消費のあり方も変化する。アメリカの理論社会学者であるG. リッツァは，1990年代にサービスとそれ

を提供する労働の様式の合理化が世界に拡大していることを指摘し、それをマクドナルド化ととらえた（→第8章）。ファストフード店でのメニュー、接客などに関わるマニュアルは社会や文化の多様性にもかかわらず、驚くほど似通っている。グローバルに展開した合理性の貫徹は文化的多様性を失わせる側面もある一方で、消費者に一定の便利さを提供する。私たちは、ときに見慣れぬ異国を訪れたときにマクドナルドやスターバックスがあることで、自らが生まれ育った社会とおおよそ変わらないサービスを享受できる。

　このような消費との関わりで仕事をとらえることは重要な意味をもつ。現代においては、情報科学技術の進展に伴って、翌日や当日配送を可能にするオンラインショッピングのような、消費への柔軟性と迅速性を求める変化が、働き方にも影響を与えている。消費の変化が仕事に求められる速度を上げ、「カスタマーハラスメント」のように、労働者が消費者に従わざるをえない場面を増やしている。社会全体のなかで労働がもつ意味がどのようなものかを明らかにすることや、消費のあり方の変化と仕事の変化を見ることもまた社会学の重要な主題である。

社会に埋め込まれる仕事

商品やサービスが売り買いされる市場は、人びとに自由を与える制度である。一方でそのような市場の確立は、社会関係なしには成立し、機能することもできない。社会学は、多面性をもつ仕事が形成される社会的文脈に注意を払い、制度や社会関係への**埋め込み**を強調してきた。

　「埋め込み」と経済の関係をまとまったかたちで提示したのは経済史家の K. ポランニーである。ポランニーは、市場が社会関係を「壊してしまう」側面に注目し、『大転換』（1944 年）で 19 世紀から第二次世界大戦にいたる市場社会の成立の過程を描いた。欧州やアメリカの経済規模は 19 世紀に飛躍的に拡大し、それは市場社会の

成立と並行したものであった。市場社会の成立は，既存の社会関係から離脱しようとする動きとそれを押しとどめようする動きという二重の運動のなかで進展した。

仕事や労働も市場化が進展した領域である。人びとは必要に応じて自らの時間や体力を価格メカニズムに従って提供した。このように，もともとは商品でないにもかかわらず，商品として扱われるものをポランニーは擬制商品と呼ぶ。商品でないものを商品であるかのように扱うことは，社会や人びとに困難をもたらし，破壊的な帰結を導くものであった。ポランニーが取り上げた欧州やアメリカ社会では市場化を押しとどめようとする動きも進んだ。しかし，最終的には労働市場の確立によって社会制度は不安定化し，社会不安やファシズムや世界大戦につながっていった。市場化は一度進みだすと歯止めが利かず，社会構造を破壊するものであり，そのような市場化を押しとどめることが必要であるとポランニーは考えた。

一方で，社会関係は，働くことのあり方を規定，制約するだけではなく，新しい機会へとつなげる側面もある。1970 年代以降に発展した社会ネットワーク分析は，経済と社会関係の関わりを示し，社会関係が市場を支える側面を明らかにしている。

アメリカの経済社会学者である M. グラノベッターはこれらの研究を積極的に進めた。彼は研究のなかで，強固な社会関係よりも，1 年に数度会うような弱いつながりのほうが転職や職探しにおける重要な情報源となることなど，**弱い紐帯**が社会移動の機会をもたらす重要な資源であることを主張した。また，社会関係は取引における「不正」を防ぐこともある。たとえば，旅行先では，土産物の購入のときに，不当な価格のつり上げが行われることがある。これは，取引が一度きりで，「不正」をすることによって，売り手へのサンクション（→**第 1 章**，**第 13 章**）がないことによる。それに対して，よく見知った関係のもとでの取引は「不正」はしづらい。不正が行

われたときに，取引の締め出しなどのサンクションが加えられることが理由のひとつである。

このようにして社会関係は，経済活動を支える基盤ともなる。グラノベッターは弱い紐帯の強さを示すことで，社会関係と仕事や経済活動の関わりの別の側面を示し，その後のネットワーク研究の先鞭をつけた。

働くことの多様性と仕事の外部

社会学は仕事の意味をより広くとらえていくことにも積極的に取り組んできた。仕事をそれまでは仕事とみなされなかったものと比較しながらとらえていくことで，社会における不可視化された仕事の側面に光を当てることができる。

仕事のなかには体力を使うような仕事も，知識を使うような仕事もある。不可視化された仕事に光を当てた例として，感情への注目がある。働く人びとは知識や肉体を労働において酷使するだけではなく，たとえばフライトアテンダントのような仕事は，感情をコントロールし，顧客の満足のために振る舞うことも求められる。A. ホックシールドは，肉体労働や知識労働といった労働に加えて，感情を管理し，適切な感情を提示する労働を**感情労働**と呼んだ。そして，感情労働に従事する人びとが肉体労働や知識労働とは異なるかたちでの困難やストレスを感じることを明らかにした。

もう1つの試みとして，不払い労働への注目がある。主に家庭で行われてきた家事や育児は，賃金が支払われる労働とは異なるものとして扱われてきた。それに対して，人びとの生活の維持に関わる再生産労働もまた労働の一種であるという認識のもと，社会学は可視化を進めてきた。このような仕事は，**不払い労働**（シャドウワーク→**第3章**）と呼ばれる。これらの不払い労働と賃労働を同じカテゴリととらえることにより，性別によって不公正に仕事が配分されていることを理解できるようになった（→**第11章**）。

さらには，仕事の外部には，ボランティアや社会貢献活動のように社会的な意義を認められた活動もある。ボランティアや非営利組織への人びとの関わりは，社会を維持しよりよい民主主義の実現につながる可能性がある。政治学者の R. パットナムは，信頼や社会関係が，民主主義や社会の維持にとって重要な役割を果たすことを示し，**ソーシャル・キャピタル**（社会関係資本）（→**第 7 章**，**第 12 章**）と呼んだ。

　近年では，営利組織と非営利組織の中間的な組織形態として社会的企業と呼ばれる組織形態が注目されることもある。社会的な問題解決を仕事として選ぶという選択肢は以前と比べて，より正当性をもつようなものとしてとらえられているように見える。一方で，仕事と社会貢献的な活動との区別は曖昧化し，仕事の社会的価値を強調することで，やりがいを理由にした労働力の搾取が広がっていることも社会問題化している。

日本的雇用慣行の成立とその特徴

　国際比較研究が進むなかで，社会によって働き方が異なることも注目されており，日本の働き方は，欧州やアメリカとは異なる特質をもつことが指摘されている。日本的雇用慣行と呼ばれる，現在まで続く日本の働き方の特性は，戦中から戦後にかけて形成され，これが日本社会の経済だけではなく，社会保障や教育などにも影響を与えている。

　日本的雇用慣行は，特に，日本の大企業に見られる働き方を指すものである。従業員が同一企業にとどまり，定められた年齢（定年）まで働くという終身雇用，ブルーカラー・ホワイトカラーを含めた生活保障給的な側面が強く，勤続年数や，やる気や熱意も含めた総合的な職務遂行能力に応じて賃金が上昇する年功賃金，産業や職業別に組織されない，企業ごとの組合が経営側との交渉権をもつ企業別組合が，その代表的な特徴である。

第 4 章　仕事と産業　　83

日本的雇用慣行に関して，社会学者が注目した日本企業の特徴は，**コミュニティとしての企業**という側面である。他の先進諸国の場合，労働者は，個々の仕事や階級をアイデンティティの帰属先としてみることが多いが，日本の場合は，企業がアイデンティティの帰属先となり，重要なコミュニティとなった。イギリスの労働社会学者であるR. ドーアは，1960年代に，イギリスと日本の工場の比較調査を行い，組織志向的な（個人の意識が，企業の内部構造によって規定され，企業への所属意識が強い）日本の工場労働者と市場主義的な（個人の意識が，外部労働市場に規定され，技能や階級などへの帰属意識が強い）イギリスの工場の働き方を対比させ，働き方の編成の特徴を描いた。

　組織志向性の強さは，現代の日本社会の採用慣行でもみられる。新卒労働市場では，大卒予定者の「ポテンシャル」が評価され，多くの場合，個々の課業（会計・人事・法務など）ごとのスキルは求められない。その理由は，日本企業では入社後の企業内での職業訓練が重視されているからである。大企業では，企業内部署を異動しながら，職場内訓練（On the job training：OJT）によって教え込まれ（仕事を離れた訓練は Off the job training：Off-JT と呼ばれる），企業特殊的と呼ばれる，企業内での仕事の遂行に特化したスキル形成が重視される。これは，大学などでの学位や産業・職業内での統一したスキルが職業資格として機能する欧米の社会とは異なるものである。

　近年では，企業において組織の所属を中心として能力形成や評価がなされる特徴をメンバーシップ型雇用と表現し，欧州などでみられる，職業に必要とされるスキルを職業資格や大学卒業資格など，企業外で習得し，証明するジョブ型雇用とは区別することがある。

　このような日本的雇用慣行は大企業中心の男性，正社員に限定される傾向にあったことは注意されるべきである。大企業と中小企業における企業規模間による待遇の格差を**二重構造**と呼び，特に企業

規模によって労働条件が大きく異なることは日本の特徴であると指摘されてきた。しかし，高い経済成長率を保ち，失業率もおおむね低く推移したため，日本的雇用慣行の問題は顕在化しなかった。

　日本的雇用慣行は高度経済成長を経て，1980年代末のバブルの時代までは，日本における産業の優位性を示すものとして世界的にも評価された。企業特殊的な技能蓄積を重視する日本社会の働き方は，景気の変動や産業構造の変化などの社会環境の変化に柔軟に対応することができ，高い生産性を維持することができるとされたためである。このような議論のなかでは，日本が他の先進諸国に追いつくのではなく，他の先進諸国の雇用システムが日本的雇用慣行に収斂するという，逆収斂論と呼ばれる考え方も展開された。

日本的雇用慣行への批判

しかし，日本的雇用慣行への収斂は実際には見られず，日本的雇用はバブル崩壊以降，評価されるよりは批判されてきた。日本の景気低迷やグローバル化に伴う産業の国際移転のなかで，日本の働き方も変容を迫られた。正社員は解雇することが難しいため柔軟な経営という意味では不利であるという否定的評価や，年功賃金は従業員の実力を適切に評価できず，モチベーションを低めることになるなど，さまざまな立場から日本的雇用慣行の問題点が提示された。

　日本的雇用慣行の問題の1つとして，契約社員・派遣社員・アルバイトなどの非正規労働者の増加と，その待遇の問題が挙げられる。非正規労働者は1990年代以前にも存在したが，バブル期までの好景気期には，家計補助的な主婦や，学生が一時的に担うことが多く，増加率も高いとは言えなかった。それに対して，1990年代以降には，非正規労働者は企業生産の調整弁として機能し，さらに，人口構成の変化も伴い，1990年代後半から顕著に増加し続けている（図4-1）。

　単身世帯の増加や，バブル崩壊後の経済停滞期において，新卒期

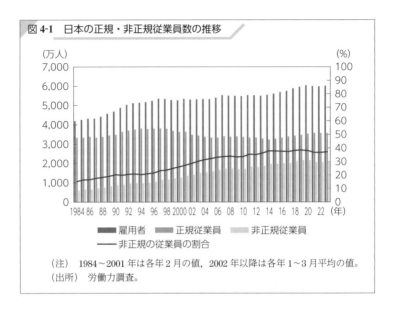

図 4-1 日本の正規・非正規従業員数の推移

（注）　1984～2001 年は各年 2 月の値，2002 年以降は各年 1～3 月平均の値。
（出所）　労働力調査。

に正社員として採用されなかった若年者が非正規労働者となったこと，労働法規の規制緩和などが重なり，家計の主たる担い手が非正規労働者となることも増えた。特に，非正規労働者の一部は，正規社員と同じような内容の仕事をしているケースも見られたため，賃金水準の差や技能形成が非正規労働者には適用されないことによる長期的な不利が問題視された。

　特に大きな社会問題となったのが，**ワーキングプア**の存在である。それまでの日本社会では働いているという状態は，原則的には貧困とは結びつかないものとして考えられてきた。しかし，単身世帯を含めた家計の担い手が非正規雇用の場合が増加することによって，働いていても生活困難な状態におかれるワーキングプアが社会問題化した。ワーキングプアは，マスメディアが取り上げたことや社会運動による可視化への取り組みによって，2000 年代には社会問題

として認識されるようになった（→第6章）。とりわけ若年の非正規雇用労働者は、企業内訓練の対象となりづらく、企業別組合における労働組合のメンバーに含まれないということもあり、不利な立場に置かれることが多かった。

正規労働者と非正規労働者の待遇の格差に対しては、非正規労働者から正規労働者への登用を促進させることや、同一の労働には同一の賃金が支払われる賃金制度の原則である同一労働同一賃金によって対応することが求められるようになった。さらに公平な賃金制度を目指す考え方として同一価値労働同一賃金という考え方が強調されることもある。これは欧米などでは、性別間の格差の是正のために強調された考え方で、同一労働が同一賃金であっても、実際にはジェンダーによって職域分離が起きていることなど、仕事の割り当て自体が異なることをもって報酬が異なることを是正する考え方である。

日本では1990年代以降、若年層における雇用問題が社会問題化した。日本では、バブル期までは、学校から仕事への移行に関して、①高校卒業者に関しては学校と企業を結びつける機能が強く、②大学卒業者では新卒一括採用の慣行があり、若年失業率も相対的には高くなかった。これが変化するのが、1990年代半ば以降である。景気後退の影響を受けた新卒労働者の求人数の減少などを背景として、労働、教育、職業訓練いずれも受けていない人びとが増加し、若年無業者（NEET）として社会問題化した。

若年無業者対策として、2000年代以降、政府は、若者サポートステーションなどの若年者支援政策を展開するようになった。このように、就業が困難である人に対する就労支援政策は、**積極的労働市場政策**と呼ばれる。若年者支援政策は、働くことを強制する側面が強いことや、日本では若年者への十分な所得保障に関わる制度が不十分であることなどの理由で、批判されることもある。

現在では，このように日本的雇用の限界が指摘されることが多い。日本的雇用ではなく，欧米のようなジョブ型雇用への移行が指摘されることも少なくない。ただし，これまでの雇用慣行を大きく変えるということは現在のところみられてはいない。これは，先に見たように社会に経済活動が埋め込まれており，容易には変化しないことを示していると考えられる。

　今後，日本社会においても，生成 AI などの情報技術の進展によって働き方は劇的に変化する可能性がある。2010 年代以降の科学技術の発展は，低熟練の労働者だけの問題にとどまらず，これまで高度な熟練や専門的訓練が必要とみなされていた専門職やホワイトカラー層へも波及している。さらには組織のなかでの労働自体が見直されつつあり，独立したフリーランスや個人請負的な働き方も増加している。

　社会変化のなかで仕事や職業はどのように変化し，社会のなかに位置づけられ，そして社会を形成していくのだろうか。仕事と社会を結びつける社会学の視点はこれからの仕事のあり方を考えるうえで有用であると考えられる。

 読書案内 ●●●

小川慎一・山田信行・金野美奈子・山下充『「働くこと」を社会学する――産業・労働社会学』有斐閣，2015 年。
　　仕事と企業についての社会学や関連する研究が整理された入門書である。現代社会の働き方と労働・産業社会学の学説がバランスよく解説される。

小熊英二『日本社会のしくみ――雇用・教育・福祉の歴史社会学』講談社，2019 年。
　　日本社会における働き方の類型と，その特徴が国際比較の視点も含めて示される。そして，その制度的成立の歴史的経緯を理解する

ことができる。

松永伸太朗・園田薫・中川宗人編『21 世紀の産業・労働社会学——
「働く人間」へのアプローチ』ナカニシヤ出版，2022 年。

　フリーランス，就職活動，不妊治療と仕事，外国人雇用など，労
働や産業社会学の現代の諸主題が，若手研究者によって分析されて
いる。

梅崎修・池田心豪・藤本真『労働・職場調査ガイドブック——多様な
手法で探索する働く人たちの世界』中央経済社，2019 年。

　仕事や労働にかかわる調査をどのように進めればよいのか。定性
的，定量的調査のそれぞれに豊富なデータの収集法，分析法につい
て著者らが実際に行った調査例に基づいて示される。

第5章 病と医療

病・医療・社会　　病を避け，回復すること，健康でいること
は，現代社会において大きな関心事となっ
ている。ダイエットやトレーニング，睡眠などの健康に関わる情報
が，マスメディアや SNS にはあふれている。いかに健康を維持し，
よりよい生活を送ることが重要なのかはさまざまなメディアにおけ
る人気のトピックスである。また，健康に関わる産業の技術的な進
歩は著しく，人びとはスマートウォッチなどを通して，リアルタイ
ムに把握された健康状態を確認し，健康を管理し，よい健康状態を
維持するための習慣づけがなされる。

　病気や健康に関わる事柄は，「個人的」で「生理・生物学的」な
ものとしてとらえられる傾向にある。ここで「個人的」ということ
で意味していることは，怪我や病気を経験することは，その当人に
しかわからない側面があり，健康の維持や不調は本人の責任とされ
ることが多いということである。また，「生理・生物学的」という
のは，怪我や病気の多くが，身体の器官の損傷や不調（たとえば，
骨が折れる，ウィルスが体内に侵入する）によって生じ，その多くが投
薬や手術などの医療的対応によって回復することを指している。個
人的であり，生理・生物学的である病や健康は，「社会的」な現象
とは距離のあるものであるように見える。

　しかし，それにもかかわらず，医療や病には，社会と関連して現
れる側面が確かに認められる。たとえば，人びとが病を患ったとき，
そして病を患った人に対面したときの，適切な行為や振る舞いは，

91

社会で前提とされる価値や規範に従ったものである。また，病の範囲がどのようなものか，どのような人が病にかかりやすいかも，社会的な諸要素と関連して現れる。このように社会と健康，病との関わりを，社会学をはじめとする社会科学は明らかにしようとしてきた。

病と社会との関わりが顕在化した最近の例として，新型コロナウィルスの流行が挙げられるだろう。人やモノのグローバルな移動は，新型コロナウィルスのパンデミックの背景となった。感染拡大初期には，人やモノの世界的な流通や移動に伴って，ウィルスの拡大を目の当たりにした。また，日々更新される感染者数や死亡者数，検査数などの数値は，社会的交流と病の関係性を可視化した。ワクチンなどの予防策や，新型コロナウィルスの病院での治療が，行政制度や病院などの社会の諸制度を基盤として，実施されるほかはないことを理解することにもなった。

新型コロナウィルスに限らず，生物学的・個人的なものと見られる病の経験やその治療，健康の維持は，社会の構造や文脈と結びついて生じている。本章ではこのような結びつきが，いかに生じているかを医療社会学の代表的な研究を手がかりとして示していこう。

役割としての病人　私たちは，自分自身や身の回りの人びとが病気であるとき，特別な態度や行動パターンをとる。たとえば，家族が病気にかかったとき，私たちは家族が体調を回復できるよう配慮し，病気になった本人も，なるべく回復に努める（少なくとも，そのような行為が望ましいとされる）。また，体調が悪い人に対して「なぜ病気になったのか」を問い詰め「無理をして学校に行け」と言うことは，多くの場合には，不適切な振る舞いだと理解される。

病に伴う経験の特殊性はなぜ生じるのかを，社会的機能から説明した考え方として，理論社会学者の T. パーソンズによる**病人役割**

(sick role) 論がある。パーソンズは『社会体系論』（1951年）のなかで，さまざまな利害関心をもつ人びとから構成される社会が秩序をもつことはなぜかを問い，その理由として，規範を伴った行為と役割の体系があると考えた。そして，このような体系のなかで病人も1つの（逸脱的な）役割とみなせることを指摘した。

病人役割論では，社会システムを維持するために，病を抱えた人にも特定の期待が課せられることに注目する。社会が病人に特殊な役割を与える背景には，人びとが健康であることは，社会を維持することにとって不可欠な状況であることが挙げられる。社会にとって，人びとの健康水準が過度に低く，罹病率が過度に高いことはマイナスに作用する。だから，社会の維持にとって，病からの回復を図るために，病人には，日常生活で普段その人が担う役割とは異なるいくつかの期待が与えられることになる。

その期待は具体的には下記のようなものである。第1に，通常において期待される行為を遂行できなくても問題視されないなどのかたちで，正常な社会的役割の責務を免除される。第2に，病人は病気にかかったことについては本人の責任を問われない。第3に，病人は病気から回復しようとする義務を負う。第4に，病人は専門家である医師に助けを求め，その過程で医師と協力することが求められる。病人はこれらの病人特有の期待に応えることによって，回復に専念することができ，そのようにして健康状態を回復することは社会を維持するための要請に応えるものである。

「病人」であることを「役割」の1つととらえることで，私たちが日常で経験する病気に関する，先に見たような，特有の経験が理解可能になる。私たちは，風邪をひいたときに，家族や同級生，職場の同僚から親切な態度や対応をとられることは多い。風邪にかかった理由を問い詰められることはなく（「なぜ風邪をひいたの」としつこくは問い詰められない），家族や友人は親切な態度が望ましいもの

第5章　病と医療　93

とされる（「無理をしないで休んでいいですよ」）。そして，病気にかかった人も，回復に専念していない場合には批判され，回復に努めていることが望ましい病人の態度となる（「風邪なのだから，テレビを見ずによく寝ていなさい！」）。

病人役割は，役割の体系から社会が成立しているという社会学の視点から病気の経験を説明したものとして，医療社会学の1つの模範例だとみなされてきた。パーソンズの病人役割論がうまく当てはまる病気は，風邪などの短期的に回復が見込まれる病気や，患者や周囲の人びとがすぐにどのような病気かがわかるものに限定されていると考えられる。ただし，生物学的なものとされがちな病気の経験を社会システムのなかで把握し，その行為を社会構造との関連で示した点で重要な視点を提供している。

病人役割論は，マクロな社会システムとの

病の経験と相互作用

関連によって，病の経験を説明したものである。病人の身近な場で行われる，病人や家族，医療者などの人びととの**相互作用**における病やその治療に伴う経験のパターンも社会学は解明してきた。

相互作用に注目する代表的な研究として，医療社会学者の A. ストラウスや，B. グレイザーによるものがある。彼らを中心とする研究グループは，終末期患者と周囲の人びととの相互作用を扱った『死のアウェアネス理論と看護』（1965 年），慢性疾患の患者や医療者がどのように病と付き合うかを明らかにした『慢性疾患を生きる』（1975 年）などの研究を示し，病と医療者，家族がどのように病を経験するかを明らかにしていった。彼らは，**グラウンデッド・セオリー・アプローチ**と呼ばれる，インタビューに基づいて，得られたデータを体系的に整理し，実践者にも役に立つような理論析出の方法を確立したことでも知られている。

聞き取りや参与観察をもとにして，彼らは，看護職などの医療専

門職にも貢献する有用な理論をつくることを目指した。その代表的な研究である『死のアウェアネス理論と看護』は，終末期の患者が，死を意識し，死に至るとき本人や周囲の人びとがどのように振る舞うかを明らかにしたものである。

　この研究では，終末期の患者と周囲の人びととの関係性に関して少なくとも4つのパターンが区別される。医師などのスタッフは，患者が死に近いことを知っているが，患者本人は終末期であることを知らされていない状態である「閉鎖認識の文脈」では，スタッフは患者に自らの状態を隠そうとする。患者は自らが，終末期にあることを疑い，周囲の人間も患者が疑念を抱いていることを知っている状態である「疑念認識の文脈」では，スタッフは決定的な情報を受け渡さないようにする。患者も，周囲の人間もお互いに終末期であることを知りながら，互いに知らないふりをする状態である「相互虚偽の文脈」では，患者はあたかも生き延びられるかのように振る舞い，周囲の人びとも患者に合わせた行動をとる。患者も，周囲の人間も終末期であることを認め，語り合うような状態である「オープン認識の文脈」では患者は適切な死に方に対する準備を進めることができる。これらの4つの文脈では，患者や周囲の人びとには異なる振る舞いのパターンが見られ，その段階が移行したり，行ったり来たりしながら，死に至るまでの期間を経験する。

　相互作用のなかでの病の経験を明らかにすることは，フィールドワークや質的方法を得意な調査手法とする社会学が，医療や病の現象を理解するうえで重要な貢献をなしてきた分野である。そして，これらの具体的な患者の経験を描いた研究は，終末期や慢性疾患などの特に個人的なものとして考えられがちな病の経験が，当事者を含んだ，人びとの相互作用や社会的状況によって，ある程度の一般性をもつことを示すものであった。

第5章　病と医療　95

> ### 医療専門職が果たす役割

病人役割論や相互作用論でも重要な論点になっていたように，病を経験するときには，医師や看護師などの**医療専門職**が重要な役割を果たす。近代社会において医療者は，合法的に人びとの身体に介入できる，きわめて例外的な権限をもち，その地位も高い。

　そのため，医師に代表される医療専門職は，医療社会学のなかでも主要な研究の対象となってきた。その1つに，医師の権限の強さとその弊害をめぐるものがある。たとえば，患者は，医者を前にしたときに自分の考えを示したり，医者の判断に異議を唱えることの難しさを経験することがある。それは医師のパーソナリティだけではなく，社会的な構造も要因とするものであることを社会学は示してきた。

　医師の権限の強さと弊害に問題関心をもち，その対応策を示した代表的な社会学者に E. フリードソンがいる。フリードソンは，『医療と専門家支配』(1970年) のなかで，「素人の意見は専門家の意見に従属させられる可能性が高」いことを指摘した。フリードソンが問題ととらえたのは，入院施設における患者の非人間的な処遇や，外来病院において，医師と患者の間で十分なコミュニケーションがとれないといった問題である。

　フリードソンは，専門職としての医師が高い権威をもつ要因は，個人的特性からではなく，社会構造から説明できると考えた。ここで，特にフリードソンが注目するのは，医師の自律性や独占性である。医師は，外部からその判断に口出しをされないという高度な自律性をもつ。また，患者に対して医療行為を提供するうえで，薬などの医療資源にアクセスできるのは医師だけであり，医師以外は医療サービスを提供できないという独占性ももつ。このような社会構造における特殊な位置づけによって，医師は患者に対して，たとえ，治療の方針をめぐって齟齬が生じても，究極的には説得などのかた

ちで合意を形成することがなくても、患者を従えることが可能となる。

さらに、医師は患者に対してだけではなく、看護師や技師などの他の医療専門職に対しても強い権威をもつ。フリードソンは、医療システムのなかで、医師が看護師や技師などのほかの医療専門職を従える専門職の階層的分業関係を**専門家支配**（professional dominance）と呼んだ。医師が患者や医療補助職に対する優越的地位をもつことは、医師や看護師、患者などの知識や技能の差といった個人的な要素だけでは説明できない社会構造上の問題である。その結果、専門家集団は患者などの他の社会の構成員に対して影響力をもつ。そして、フリードソンは医師と患者、そして医師と他の医療専門職の非対称性に対して、「人間的なサービス」を実現するために、「管理上、ないしは官僚制上のメカニズムによる相殺」が必要であるとした。

フリードソンが専門職としての医師の強い権限を批判的にとらえたのは、20世紀半ばのアメリカにおいてである。これに対して、現代の社会では、医師の権威の強さに関して、患者の選択を支える対応策も整備されるようになった。その1つが、インフォームドコンセントやインフォームドチョイス（説明され、納得したうえでの同意や選択）といった原則である。インフォームドコンセント／チョイスとは、十分な情報が与えられたうえでの合意を治療の際の原則とする考え方であり、1970年代以降にアメリカや日本も含む、産業化した社会で広がっていった。この原則に従う場合、医師は治療方針を患者に理解可能なかたちで説明し、患者はそれを十分に納得したうえで治療過程に進むことが重要視される。加えて、セカンドオピニオンというかたちで、主たる医師の診断について、その妥当性を吟味するために他の医師に助言を求める制度も日本でも導入されている。

第5章 病と医療　97

医師と医療補助職との関係性も変容している。現代医療では，それまで補助的とされた，看護師，技師などが果たす役割が見直されつつある。複数の専門分野の医師がチームをつくって治療に取り組むことや，看護師・保健師・助産師・理学療法士・医療ソーシャルワーカーなどのさまざまな医療専門職（日本ではパラメディカルやコメディカルと呼ばれることもある）が加わることも一般的になった。

　看護師などの医師以外の専門職の重要性が高まる背景には，疾病構造の変化がある。結核などに代表される感染症が死亡原因の多くを占めていた過去とは異なり，最近では，糖尿病や高血圧といった，生活習慣に起因する疾病が多く，治療にある程度の期間がかかると考えられる「慢性疾患」が健康に影響を及ぼす程度は高まっている。死因もそれらを原因の一部とするようながんや心疾患の割合が増加している（図5-1）。これまでは，死に直接的につながると考えられた疾病も，医療技術の進展とともに回復が可能となり，結果として，病気とつきあう期間は長期化している。そのなかでは病の治療だけではなく，患者の生活を総合的にサポートすることが求められ，さまざまな専門性が重視されるようになっている。

　治療が長期化するなかで，生活の質（Quality of life）が特に問われるようにもなっている。近年では，患者の回復する力を重視する看護や，リハビリテーション，ソーシャルワークの医療における役割はより重みを増している。病院のみで治療が完結するのではなく，医療的支援に，社会福祉的ケア，心理的サポートなどが組み合わされて，住み慣れた住宅や地域で患者を支える地域包括ケアも政策的に強調されている。

　専門職は，当事者の意見をそのまま反映するだけでも，社会全体の制度維持のために行動するだけでも役割を果たせない特殊な位置に置かれる。医療職の権限の強さを批判的にとらえたフリードソンであるが，後年では，より専門職の意義を積極的に擁護するように

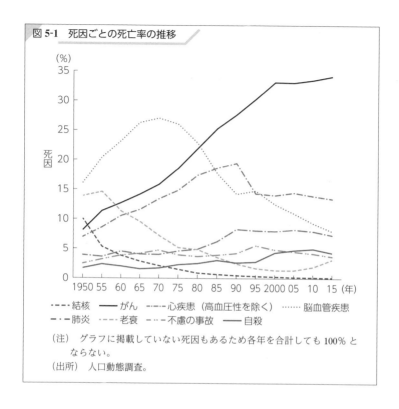

図 5-1 死因ごとの死亡率の推移

(注) グラフに掲載していない死因もあるため各年を合計しても 100% とならない。
(出所) 人口動態調査。

なった。晩年の著書『プロフェッショナリズム』(2001年，未邦訳)のなかで，フリードソンは，官僚制的な論理や消費者の意向を重視する市場の論理と対比するかたちで，科学的知識と特有のキャリア構造に裏打ちされた専門職が第3の論理をもつことを主張した。この視点のもとでは，専門職は，市場化が進展し，官僚制化が進展する現代社会のなかで，医療をはじめとする社会のさまざまな場面で積極的な意義を果たすことが期待される。

病や健康をめぐる認識の変化

何が病とされるかということも，社会的な要素との関わりで決定，構築される。ある時代まで病気としてとらえられなかった社会的な逸脱が，医学の発展やさまざまな社会運動の展開に伴って，医療的な問題だとされ，医療的な処置が正当性をもつことがある。

逸脱的な現象に対する医療的側面の拡大は，医療化と呼ばれ，医療社会学の重要な主題となってきた。医療社会学者の P. コンラッドと J. W. シュナイダーは『逸脱と医療化』（1992年）のなかで，構築主義（→第2章，第7章）の立場から，「非医療的問題が通常は病気あるいは障害という観点から医療問題として定義され処理されるようになる過程」のことを**医療化**と定義した。

コンラッドらが，医療化の例として挙げるものは多岐にわたり，近代化が進展するなかで「狂気」「アルコール依存症」「アヘン嗜癖」「多動症」「同性愛」などの社会的逸脱が，研究や当事者団体などの動きのなかで，医療に関わる問題へと変容し，治療の対象となっていく歴史的過程を描いた。

日本でも，たとえば発達障害をめぐる対応の変化は医療化の例と言えるであろう。「落ち着きのない子ども」が注意欠如・多動症という「発達障害をもつ子ども」として認識され，医療的な介入や福祉的な対応がとられるようになっている。関連する支援制度や専門団体，企業も含めた支援が広がるとともに，過剰な医療的介入ではないかと懸念されることもある。

コンラッドとシュナイダーによれば，医療化の帰結には明るい側面と暗い側面がある。ある現象が医療化されることの明るい側面には，その逸脱が，社会問題として解決が必要な問題であると広く認識され，さまざまな支援の対象となり，人道主義的な対応がなされるようになることがある。また，逸脱と関わる自らの行動の責任が免責されるということもある。その一方で，医療化による問題点も

指摘される。ある社会的逸脱が医療化することで，責任が免除されることと引き換えに，一人前ではないとしてその人の地位は引き下げられる。また，医療の問題として扱われることで，医療専門職がその問題に対して判断する余地が大きくなり，非医療的な逸脱の要因が軽視され，社会構造に働きかける取り組みが後退する可能性がある。

また，医学的知識の拡大と「生命」や「健康」が，社会の中心的な争点になることを別のかたちで示した哲学者として M. フーコーがいる。フーコーもまた，医療にまつわる知と社会との関わりを示し，医療社会学に大きな影響を与えた。

フーコーは，近代社会に特徴的な権力を**生権力**（bio-power）と概念化した。生権力は，医学的知が蓄積されるなかで現れ，人びとの健康と人口の状態を水路づけるものである。伝統的な権力が，戦争や死刑などを通じた「死なせる」ことに関わるものであることに対して，生権力は健康や生殖に関与し，いかに「生きさせるか」に関わる。「生権力」が張り巡らされているなかでは，健康と考えられる人びとも，監視され，より健康増進を図ることが求められ，検診や公衆衛生の重要性が増す。現代の人びとの健康を促進させるような医療の形態は，「臨床医学」と対比的に**監視医学**（surveillance medicine）と呼ばれる。

医療化や監視医学は人びとの生活にとって安心を与えるとともに，息苦しさを与えるものかもしれない。医療知識と医学的介入のあり方の変容がいかなる背景のもとで生じているのかを明らかにすることは，社会と医療のそれぞれの理解を深めるためには意義をもつだろう。

病や健康の社会的決定　医療に関する社会学は，医療や健康自体の意味や役割を社会との関わりをもとに明らかにする**医療についての社会学**（sociology of medicine）と，社会学的

第 5 章　病と医療　　101

知見を医学と共同で医療行為に活用する**医療における社会学**（sociology in medicine）に分けられる。これまで本章で扱ってきたトピックスの多くは「医療についての社会学」であるが，後者に関する代表例として「社会的格差と健康」に関わる主題がある。

個人の社会的地位や属性は，健康状態や病気のなりやすさに影響を与えることが知られている。たとえば，重い病気へのリスクを高めると言われる肥満状態に関して，階層が高いほど肥満になりにくいことが明らかになっている。この背景には，高い階層の人ほど，健康によいとされる食事を摂ったり，運動などの生活習慣を身につけていることが多く，逆に低い階層の人ほど，不健康な食生活や生活習慣を身につけていたり，健康への配慮ができるほどの生活のゆとりがないことがあるとされる。社会的孤立が問題化されるなかで，所得などの金銭的資源の問題だけではなく，社会関係資本（→第10章）なども健康に影響を与えることが注目されている。

他方，病気のなりやすさに加えて，医療へのアクセスも人びとの健康状態に影響する。そして，医療供給体制や，医療費をどのように分担するかは社会によって異なり，格差や不平等によって人びとの健康へ大きな影響を与える。

日本は，医療へのアクセスの自由度が高く，費用面での私的負担の割合が低いため，社会的格差が医療アクセスには直接的に反映しづらい医療システムをもつ。個人が望む医療機関に受診をすることができる，**フリーアクセス制**が採用されていることや，ほとんどすべての国民が，公的医療保険に加入するという**国民皆保険**が確立していることがその背景にある。皆保険制度のもとで，同じ診療であればどの病院でも一律の費用で治療を受けることができる。そのため，医療アクセスについて言えば，個人が負担する医療費用は限定的であり，格差による影響は限定されている。高齢化に伴い，社会全体の医療費の増大が社会問題となっているものの，医療へのアク

102

セスは良好な状態にある。

　一方で，医療へのアクセスに階層による格差がある社会としてアメリカが挙げられる。雇用される企業で加入する民間の医療保険が主であり，診療に関する規制も弱い。1割弱が医療保険に加入しておらず，高い治療費を避けるために，低所得者は受診を回避することも少なくない。そのため，病院での治療機会は患者の社会的地位や，所得や資産に依存する。また，社会全体で医療に使用されるコストも高いことが知られている。他方，アメリカと対照的な公的医療制度をもつイギリスでは，医療費の負担は税でなされており，原則的には窓口負担もない。ただし，診療所と大病院の役割分担が明確で患者はあらかじめ決められた医療機関を受診する必要があり，重い病気でも検査や治療まで時間がかかることも多い。

　地位や個人のもつ資源にかかわらず，生命や健康が平等であることは多くの人が認める社会的目標だろう。ただし，その実現にあたっては，どのような制度が妥当かをめぐる構想への態度は立場によって異なる。格差を理解し（→第 10 章），医療保障も含めた制度の整備（→第 6 章）と関連させて考えることが必要である。

> ### 社会のなかの身体

これまでに見たように，病の経験や行動，病のカテゴリと社会との関わりは強いものである。そして，病や健康が問題となる場である**身体**（body）も，さまざまなかたちで社会と関わりをもつ。

　身体は，個人のアイデンティティを表現する場であるが，社会とも密接に関わる主題である。化粧，刺青，ダイエットなどを通じて，人びとは自らを他者に対して表現し，自らの理想的な身体をつくりあげる。理想を求めるなかで，美容整形などの医療的な介入を求めたり，拒食や過食にいたることもある。理想的な身体は，社会との関わりのなかで形成され，時代や社会的な文脈によって異なる。現代ではマスメディアや SNS の影響が小さくなく，痩せた身体を理

第 5 章　病と医療　**103**

想的なものとみなす見方に対して，異議申し立ても行われるように
なった。

　身体自体の範囲も自明ではない。医療技術の進展に伴って，臓器
移植によって救われる生命も増えている。臓器移植は日本では原則
的に自発的な意思に基づいた贈与によるものであり，売買は法的に
禁止されている。しかし，臓器の移転が売買によることもある。た
とえば，発展途上国の一部では臓器売買が暗黙に認められている社
会もある。

　身近な例として，血液の移動である輸血がある。日本社会では現
在は献血による移転が主であるが，1950 年代には売血も認められ
ていた。アメリカ社会では今でも売血によって一部の輸血用の血液
が確保されている。社会的地位の低い人に負担が偏ること，感染症
などのリスクが高い血液などが多くなることが，イギリスの社会政
策学者の R. ティトマスの『贈与関係』(1970 年) では示されている。
身体の移転はどのようになされるべきか，また実際に進む市場化の
進展をどのように考えるかは重要な課題である。

　身体の始まりや終わりと人の生や死との関わりも争点となる。た
とえば，死に関して科学技術の発展とともに論点となったのは**脳死**
(脳が機能停止し，回復不可能な状態にあること) を人の死とみなすか
であり，そのときに臓器移植を認めるかという点であった。脳死状態
の臓器を移植することで，回復可能な病もあることから，日本でも，
1997 年に臓器移植法が施行され，脳死状態における臓器移植が認
められるようになった。さらに 2010 年には本人の同意がなくても
家族の同意のもとで脳死状態での臓器移植が可能となった。一方で，
脳死状態でも，脳以外の身体は維持されていることなどから，人の
死ではないとする立場も根強い。

　出生も，個人の問題であると同時に社会の問題でもある。出産や
子育てをめぐる社会制度をどのように設計するかは，近代社会で常

に論点になってきた。また,人びとの出生は,異なる身体を介して生まれてくるという意味で,異なる個人間の問題となるという性質をもつ。たとえば,人工妊娠中絶や出生前診断に関して,受精,妊娠期のどのタイミングから,生命が生じているかを判断し,その人格を認めるかは立場によって異なる見方がある。これらは,生命倫理の重要な争点となり,経験的な研究の対象ともなっている。

人びとの身体の形成や終了も社会と関わり,その途中における病や健康,医療も,社会との関わりを抜きにして考えることは難しい。社会学的な思考や調査,研究を通して,病の現れや経験をより理解することができる。このような病や医療の社会学は,生きるうえで避けがたい苦痛を伴う病の経験を軽減することにも貢献するだろう。

読書案内

中川輝彦・黒田浩一郎編『よくわかる医療社会学』ミネルヴァ書房,2010年。
　医療社会学の理論と学説のキーワードがわかりやすく提示されている。医療社会学の専門的なトピックスが網羅され,文献参照も豊富になされている。
中川輝彦・黒田浩一郎編『現代医療の社会学——日本の現状と課題〔新版〕』世界思想社,2015年。
　医師,患者,コメディカル,医療施設など現代日本の医療制度やその実践に関して,医療社会学の視点からどのように理解することができるかが示される。
森田洋司監修『医療化のポリティクス——近代医療の地平を問う』学文社,2006年。
　医療社会学の重要な主題である「医療化」に関して,不登校,ひきこもり,児童虐待などの日本での諸相が分析される。医療化論の

中心的な研究者であるコンラッドの論稿も含む。

椋野美智子・田中耕太郎『はじめての社会保障――福祉を学ぶ人へ〔第 22 版〕』有斐閣，2025 年。

　定評のある社会保障制度のテキスト。医療保険や医療供給体制に関してもわかりやすく記述されている。

第6章 福祉と貧困

福祉とは何か　　私たちは福祉という言葉を日常生活で何気なく使っている。ニュースでは福祉という言葉が頻繁に登場する。選挙ともなると，多くの政党が福祉の充実を公約に掲げる。現在の日本で福祉はその意味が自明の言葉として使われている。しかしその用いられ方は場面によって少しずつ異なる。

日常会話で福祉といえば，困っている人たちを助けることである。「福祉の心」とは年配の人にとっては『孟子』の「惻隠の心」（困っている人を憐れみいたましく思う心）のことであろう。「福祉のまちづくり」とは，障害のある人びとなど社会的に弱い（vulnerable）立場にある人びとに配慮したまちづくりである。

しかし他方で，私たちの社会が自己決定や自助（セルフヘルプ）を重視しているところから，貧困や低所得を自己責任として，福祉に対して冷ややかな態度をとる人もいる。正面切って福祉を批判する人は少ないが，なかには福祉を目の敵にする政治家もいないわけではない。

日常会話と違って市町村など行政の場で福祉という言葉が使われるとき，それは行政サービスの一分野を指している。老人ホーム，保育所，障害者施設，訪問介護などが**福祉サービス**である。行政用語で福祉は社会保障の一部であるものの，年金や医療から区別されるのが普通である。

以上のような日常会話や行政用語の意味での福祉は**狭義の福祉**と

107

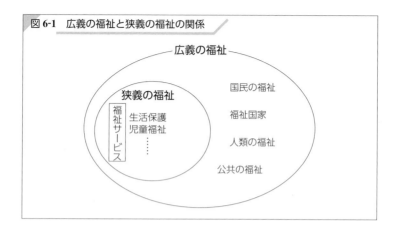

図 6-1　広義の福祉と狭義の福祉の関係

呼ぶことができる。というのも福祉にはもう少し広い意味もあるからだ。

日本語の福祉は「福」と「祉」という2つの漢字から成り立っている。「福」は幸福の福であり，「祉」はあまり使われないが，もともとの意味は「しあわせ」「さいわい」である。福祉に対応する英語の welfare も元来の意味は「幸福」である。語源に遡る，こうした広い意味での福祉は**広義の福祉**と呼ぶことができる（図 6-1）。

福祉と生存権

戦前の日本は広義の意味で，すなわち語源的な意味で福祉という言葉が使われることが多かった。戦後も「公共の福祉」や「福祉国家」などの表現が用いられるとき，その福祉は狭義というより広義である。現在の日本では，広義の福祉と狭義の福祉が併用されている。

戦後の日本で狭義の福祉の意味が普及・定着するにあたっては，福祉に関する法律や行政施策の確立によるところが大きい。

1946 年に日本国憲法が公布され，翌年から施行された。憲法 25 条は「すべて国民は，**健康で文化的な最低限度の生活**を営む権利を有する」として国民の**生存権**を保障し，第 2 項で「国は，すべての

生活部面について，社会福祉，社会保障及び公衆衛生の向上及び増進に努めなければならない」と定めた。

これを受けて国は「広義の福祉」から遠いところにいる人びとを減らすため，生活保護，児童福祉，身体障害者福祉など「狭義の福祉」に関する法整備を進めた（福祉三法）。さらに知的障害者福祉，老人福祉，母子及び寡婦福祉，などの法整備が続いた（福祉六法）。その結果，行政職員も一般市民もこれら法制度との関連で福祉を理解するようになった。

福祉に反する状態　福祉（広義）に至らない状態，すなわち狭義の福祉の対象となるのは，どのような状態にある人びとであろうか。

この点を考えるうえで参考となるのが，第二次世界大戦時のイギリスで発表された『ベヴァリッジ報告』である。この報告は国民の戦意高揚のため，戦後再建の目標として福祉国家の建設をうたった。そして戦後世界で戦勝国・敗戦国を問わず多くの国で影響力をもった。

同報告は，福祉に欠ける状態として「5人の巨人（ジャイアンツ）」を指摘し，この巨人たちを退治しなければならないとした。5人の巨人とは，①困窮，②疾病，③不潔，④無知，⑤怠惰の5人であり，これらの巨人を退治するための公共政策を**社会政策**とした。

ちなみに本書で社会政策とは人びとの生活の安定や向上を直接の目的とする政策であり，**経済政策**とは経済活動の安定や成長を直接の目的とする政策を意味する。**公共政策**は社会政策と経済政策の総称であり，ほかに外交・安全保障・社会秩序を維持するための政策なども含む。

同報告が提起した5人の巨人には，それぞれの巨人を退治すべき5つの社会政策が割り当てられた。

第1に，困窮（貧困）を退治するのは**社会保障**である。同報告が

第6章　福祉と貧困　　109

出版されたイギリスでは年金や児童手当や**公的扶助**などの現金給付が社会保障と定義される。この定義は医療や福祉サービスを含めて社会保障とする他の国々（日本やドイツほか）と異なる。混同を避けるため，本書では，英国流の社会保障は**所得保障**と呼ぶことにする。

第2に，疾病（病気やケガ）を退治するのは医療である。近年は単に病気のない状態を指して健康と考えるのではなく，社会参加まで含めた積極的健康の考え方が主流となっている。このため医療政策（メディカルケア）というよりは，保健医療政策（ヘルスケア）と呼ぶことが多い。

第3に，陋隘（ろうあい）（不潔）——スラムなどの見窄（みすぼ）らしい状態が不潔・陋隘の典型である——を退治するのは環境政策である。ここでいう環境は自然環境だけでなく人工環境も含まれていて，都市計画や**住宅政策**が不潔を退治するために重要な社会政策となる。

第4に，無知を退治するのは教育である。同報告は教育も社会政策の1つ考えたが，教育は独立した分野として社会政策から切り離して考えられることが多い。ただし，教育は社会移動の要であり（→**第10章**），**所得再分配**による社会保障との関連が深い。

第5に，怠惰は**無業**（単に働いていない状態）や**失業**（働く能力と意欲がありながら働くことができない状態）から生まれる。これらを退治するために必要なのは仕事（自営・雇用を含む）を得る機会である。労働政策・雇用政策が社会政策として不可欠となる。

『ベヴァリッジ報告』の時代にはまだ独立の分野として確立されていなかったが，今日では，**障害**や**虚弱**（フレイル）も福祉を阻むものとみなされている。障害や虚弱に対する**ケア**（介助・介護・世話など）は保健医療，教育，所得保障，住宅に対して第5の社会サービスと呼ばれることもあり，今日，多くの国で社会政策の重要分野の1つとなっている。またヘルスケアに対比して社会的ケア（ソーシャルケア）と呼ばれることもある（また対人社会サービスと呼ばれた

110

こともあった）。

　現在，障害（ディスアビリティ）は当該個人の個性の一部と考えられることが多く，『ベヴァリッジ報告』の時代のように「巨人」と呼ぶことはできないかもしれない。障害を退治すべき巨人とする比喩は誤解を生むので避けたほうがよいが，障害や虚弱が社会サービスを必要とするという点は変わらない。

　『ベヴァリッジ報告』が「巨人」と呼んだものは，今日，社会福祉学者の間ではニード（最近ではニーズ）と呼ばれる。ニードとは，何かが不足しているために福祉が欠けた状態にあることをいう。そしてニードを充足するために利用されるのが**資源**（リソース，必要を満たすために不足しているモノやサービス）である。

　しかし資源に対する必要をニード・ニーズと呼ぶことは，単純な話をわかりにくくする危険があるため，本書では控える。「あなたは訪問介護が必要です」と言われればすぐにその意味を理解できるが，「あなたには訪問介護のニードがあります」などと言われると，言われた当人は困惑するだけであろう。

絶対貧困と相対貧困
　貧困は個人の福祉を妨げる最たるものである。このため救貧や防貧の施策は古くから社会政策の一部だった。現在，貧困は絶対貧困と相対貧困に区別される。

　絶対貧困は人間の生存が脅かされる状態である。貧困が社会問題とみなされた当初，貧困の基準は体重の維持だった。体重の維持に必要なカロリーを算出し，これを食費に換算し，さらに衣服など最低限の生活必需品の費用を加えた金額を**貧困線**（貧困の基準）とし，この基準以下の収入での生活を余儀なくされている状態が貧困だった。この種の貧困は，社会の平均的な生活水準の上下とは無関係に決まるところから後に絶対貧困と呼ばれるようになった。**第一次貧困**ともいう。

第6章　福祉と貧困　　111

生活水準の世界的な上昇に伴って，絶対貧困は減少してきたが，先進諸国でも絶対貧困が消滅したわけではない。世界銀行は絶対貧困（極度の貧困）の貧困線を1日2.15ドル（購買力平価）と定義し，2024年現在，世界人口の約7億人，約8.5％が絶対貧困の状態にあると推計している。

　ちなみに国連の掲げるSDGs（持続可能な開発目標）では2030年までに絶対貧困を撲滅することを掲げている（→第8章）。

　どんな社会にも格差や不平等はある（→第10章）。また各国社会の生活水準や生活様式はさまざまである。このため所属する社会の標準的な生活水準から著しく乖離した状態を単に格差・不平等の一部とみなすのではなく**相対貧困**と呼び，さらに絶対貧困からも区別する。

　相対貧困はそれぞれの社会の所得の代表値（中央値など）の一定割合や，公的扶助の基準（貧困線）を用いて定義されることが多い。しかし貧困の定義を所得に限ると，生活様式（ライフスタイル）の違いを視野に入れることが難しい。このためP. タウンゼントは**相対的剥奪としての貧困**という概念を考案した。

| 相対的剥奪としての
貧困 |

　剥奪とは当然あってしかるべきものが何らかの理由によって奪われている状態のことを指す。たとえば，日本では七五三を祝う習慣があるが，ある子が経済的理由で七五三を祝うことができなかったとすると，その子は，日本社会で他の子があたりまえのこととしてできることができないという意味で，相対的剥奪の状態に置かれていることになる。

　タウンゼントはそれぞれの社会で標準的となっている生活様式を想定し，それがどれくらい達成できているかといった問題意識から貧困を研究した。「子どもの誕生日パーティーをしなかった」「朝食はほとんど調理したものを食べていない」「日曜の昼にごちそうを

たべることがめったにない」などの項目に当てはまるか否かで人びとの相対的剥奪の度合いを測定し，それと所得との関連を分析した。その結果，所得がある閾値（いきち）を下回ると相対的剥奪の程度が一気に高まることを発見し，そこを貧困の基準と定めた。

　相対的剥奪としての貧困に陥る閾値は，それぞれの社会の文化や生活様式によって異なる。このため貧困の国際比較をする場合，OECD（経済協力開発機構）による相対貧困率が使われることが多い。

相対貧困率の国際比較　相対貧困率とは，各人の等価可処分所得（世帯所得を世帯人数の平方根で除した値）を求め（→第10章），これを低いほうから高いほうへ並べたときの中央値の一定割合（50%や40%）の所得水準を貧困線とし，これを下回る所得層の総人口に対する割合を指している。

　かつての日本は「一億総中流」とも言われ，1980年代までは国際的に見て平等な社会だと考えられていた。しかし現在の日本の貧困線は127万円であり，相対貧困率は15.4%（国民生活基礎調査，2021年）に達している。OECD加盟諸国のなかでは，アメリカや韓国と並んで高いほうの部類に属する（図6-2）。

　かつての貧困は身寄りのない高齢者，病気や障害で働けない人びと，子どもの多い家庭（「貧乏人の子だくさん」），失業で収入が途絶えた人びとなどがその典型だった。こうした貧困がなくなったわけではないが，近年，もう少し違った種類の貧困も注目されるようになっている。

　第1に，母子家庭の母親に見られるように，男性よりも女性のほうが貧困に陥りやすいことから，**貧困の女性化**が指摘される。第2に，グローバル化（→第8章）によって低賃金の非典型雇用（非正規雇用）が増えたため（→第4章），働いていても貧困から抜け出すことのできない**ワーキングプア**が問題となっている。また伝統的な階級の枠組みからはずれる**アンダークラス**や**プレカリアート**などとい

第6章　福祉と貧困　　113

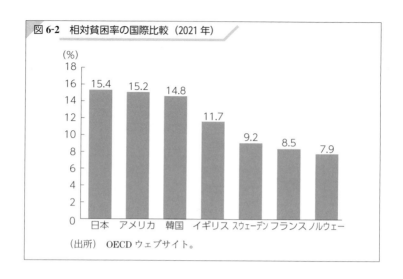

図 6-2　相対貧困率の国際比較（2021年）

(出所)　OECD ウェブサイト。

った存在が注目されるようになった。第3に，貧困家庭のなかでもとりわけ**子どもの貧困**が問題視されるようになった。子どもの貧困は自己責任に帰すことができず，メリトクラシー（業績主義や能力主義）をタテマエとする近代社会（→**第10章**）では許容することのできない存在であるからだ。

障害とフレイル

貧困や低所得など経済状況によって社会参加が阻まれる場合，**現金給付**が社会政策の主要な手段となる。他方，身体の状況によって社会参加が拒まれることもある。障害があると，社会へ参加するために他者からの援助や支援（サポート）が必要となる場合がある。

障害のもともとの表記は障碍であったが，碍が常用漢字表に掲載されていないことから障害と表記されるようになった。害の字を嫌って「障がい」と表記する自治体もあるが，障害＝障碍を障がいと言い換えたからといって意味が変わるわけではない。本書では障害の表記で統一する。

114

障害＝障碍とは，ものごとの実現の妨げとなるものである。第二次世界大戦後，長期ケア（ロングターム・ケア）を必要とする障害への関心が高まった。**疾病構造の変化**（病気の多くが感染症や急性疾患から生活習慣病や慢性疾患へと変化すること→第5章）や，戦争や災害によって障害のある人びとが増えたためである。1970年代にWHO（世界保健機関）が**国際障害分類**の制定を開始し，1980年にこれを発表した。ここで確立された障害の概念が広く国際的に受け入れられた。

　国際障害分類は障害を医学的な水準と社会的な水準に分けて考える。病気やケガなどによって生じた身体的・精神的機能の障害は**機能障害**（インペアメント）である。機能障害の有無だけでは日常生活に支障があるか否かは決まらない。道具やその他の手段によって機能障害を克服することも可能であるからだ。機能障害によって日常生活の活動が制限される状態が**能力障害**（ディスアビリティ）である。さらに能力障害によって通常の社会的役割が果たせなくなると**社会的不利**（ハンディキャップ）を被ることになるが，これも環境の改善によって克服することができる。

　障害は機能障害が発端となって生じるという考え方を「個人モデル」や「医学モデル」と呼んで批判したのが**障害学**の首唱者M. オリバーである。彼は自らの考えを**障害の社会モデル**と呼び，障害（ディスアビリティ）が問題となるのは個人の側に機能障害（インペアメント）があるからではなく，社会の側が障害に配慮した環境整備を怠っているからだと批判した。また障害のある人びとは他者の偏見，制度上の差別，**バリアフリー**となっていない環境（建築や交通）の犠牲者であるとも指摘した。

　障害の社会モデルは自立生活運動など，障害者の社会運動に影響を与えた。またWHOも障害が社会的に構築されることを考慮に入れて，前述の国際障害分類を改訂し，2001年に新たな**ICF**（国際生

第6章　福祉と貧困　　115

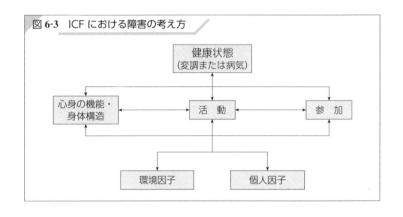

図 6-3 ICF における障害の考え方

活機能分類）を発表した。そこでは障害を①身体の諸機能や諸器官，②個人の水準における諸活動，③社会における参加，と3つの次元でとらえ，それぞれの次元が個人因子や環境因子によって制約を受けることを障害と定義している（図 6-3）。

障害は性別や年齢を超えて存在する。これに対して虚弱は，加齢（エイジング）とともに運動機能や認知機能が低下して心身が脆弱となり，生活に支障を来す状態のことを指す。虚弱は英語ではフレイルティであるが，2014 年に日本老年医学会の提唱によって，**フレイル**と称されるようになった。

若い人は機能障害があっても健康である場合がある。パラリンピックの選手は機能障害のない平均的な健常者よりも強健である。これに対して高齢者は特定の機能障害がない場合でも，全身がフレイルの状態に陥ることがある。そうなると独立した生活を送るためには，他者からの援助や支援が必要となってくる。

ケアの社会学　経済的困窮としての貧困から抜け出すために必要なのは，お金である（現金給付）。生活必需品の多くは市場で買うことができるからである。

これに対して，障害やフレイルで困っている人びとに対して直接的に必要なのは（現金によって市場から必要なサービスを入手することはあるにしても）ケアサービスをはじめとする**現物給付**である。日常生活を営むうえで必要となるサービスの市場が十分に発達していない場合もあるし（たとえば，介護保険以前の介護サービス），市場が成立していても一般の人びとには高くて買えない場合があるからである（たとえば，私的医療や自由診療）。現物給付の多くはケアに関係する。

日本語の文脈でケアは日常語として用いられてきた言葉ではない。しかし 20 世紀の終わり頃から，育児，保育，介助，看護，介護などとそれまで呼ばれてきた諸行為を総称する言葉として，ケアが日本語としても定着するようになった。

上野千鶴子は『ケアの社会学』（太田出版，2011 年）のなかで，ILO（国際労働機関）の M. デイリーによるケアの定義を「もっとも妥当性のある」ものとして紹介している。

> 「依存的な存在である成人または子どもの身体的かつ情緒的な要求を，それが担われ，遂行される規範的・経済的・社会的枠組のもとにおいて，満たすことに関わる行為と関係」

難しい表現であるが，注意深く読むとケアに関するいくつかの重要な要素が浮かびあがってくる。

第 1 に，ケアは相互行為（→**第 2 章**）だということである。ケアはケアする人の一方的行為（たとえば，育児は親や保育士の行為）であると考えられがちであるが，ケアはケアする人とケアされる人との間の相互行為である。介護支援は介護者の負担軽減に限定されるのでなく，介護される人自身の**生活の質**（QOL）が配慮されなければならない。

第 2 に，ケアされるのは依存的な状態にある人であるが，依存的

な状態とは結果であり，その原因はさまざまだということである。障害やフレイルによって依存的な状態になる場合もあるし，発達の途上にあるため依存的となる場合もある。また妊娠や病気・ケガなどで一時的に依存的な状態となる場合もある。さらに健常者も生活環境の変化によって依存的な状況に追い込まれることがある。

ライフコースのなかで見ると，人間はほとんど常にケアという相互行為の当事者である。乳幼児は育児・保育の，学齢期以降も障害のある場合はもちろん，そうでない場合も環境の状態に応じてケアの対象となる。高齢期には多くの人が介護の対象となる。他方，親として，子どもとして，職業人として，またボランティアとしてケアする側にも回る。

ケアは身体的な依存だけではなく，情緒的な依存とも関係してくるので**感情労働**（自らの感情を管理し相手に望ましい感情を生じさせる行為→**第4章**）の要素ももつ。医師の指示のもとに行われる療養上の世話と区別して，1人ひとりの患者に向き合い応答する看護のことを**ケアリング**と呼んでケアから区別することがある（かつては「キュア（治療）からケアへ」のスローガンがあったが，現在はさらに進んでケアリングが強調される）。

ケアの概念は倫理学の射程を広げ，1980年代以降，伝統的な**正義の倫理**に対抗する**ケアの倫理**が登場した。その先駆者 C. ギリガンは女性の道徳発達の観察から，女性が男性とは異なる道徳観を抱くことを発見し，男性が権利や平等や互酬性を重視する正義の倫理に依拠するのに対して，女性はケアや責任の問題を重視し，責任と人間関係の理解のうえに立ったケアの倫理に依拠すると主張した。

福祉のための社会政策　すでに述べたように，貧困，障害，フレイル，疾病（→**第5章**），陋隘（不潔），無業・失業や過酷な労働など，福祉に欠ける状態を克服するために行われる公共政策の総称が社会政策である。社会政策の手段には社会規制

118

と社会給付がある。

社会規制は，ある社会の人びとが福祉に欠けた状態に陥ることがないように定められたルールを，その社会で活動する個人や集団に対して内面化，誘導，強制などの手段によって守らせることである。

長時間労働を規制した**工場法**は，産業革命期における社会規制＝社会政策の先駆である。その後，広範な領域で社会規制の網の目が張られるようになった。身近なところでは製造物の安全基準，食品衛生の基準，建築基準などがあり，これらによって市民生活の安全が守られている。また貧困，失業，疾病，障害などの予防や救済のため，労働時間，最低賃金，労働安全衛生，女性や障害者に対する雇用の差別禁止などに関しても社会規制が行われる。各種の虐待防止も社会規制の一環である。

他方で政府は，現金や現物（サービスも含む）の社会給付によって，社会政策の目的を達成しようとする。社会政策の分野については，すでに『ベヴァリッジ報告』との関連でふれた。ここでは日本に固有の制度を中心に，日本の社会政策を簡単に紹介しておこう。

所得保障　所得保障の分野は3つに分かれる。1つは防貧の機能をもつ**公的年金**であり社会保険の方法（保険料を納付し，納付実績に応じて給付を受け取る）によって提供される。日本の場合，日本国内に居住する20歳以上の男女が加入する基礎年金（国民年金）と，被用者が加入する厚生年金がある。公的年金を補完するものとして民間が運営する任意加入の**私的年金**があり，企業年金や個人年金がこれに当たる。

2つめは一定の要件を備えた人びとに提供される**社会手当**である。児童手当はその一例であり，高校生年代までの子どもを養育している人に支給される。このほか児童扶養手当（ひとり親世帯の場合），特別児童扶養手当（子どもに障害がある場合）などの社会手当もある。社会手当の財源は主として税金である。

第6章　福祉と貧困　119

3つめは，救貧の機能をもつ生活保護である。社会保障制度のなかでは社会保険に対して公的扶助とも言われる。生活保護は日本に固有の公的扶助の名称であり，公的扶助は，税金によって賄われる救貧のための制度の一般的な名称である。生活保護を受給するためには，財産や所得に関する資力調査（ミーンズテスト）を受けなければならない。生活保護の受給者は**スティグマ**（負の烙印）（→**第7章**）の対象となりがちなため，これを回避するための施策が必要となる。

生活保護には至らないが，一定の支援がないと生活保護の対象となる可能性のある人びとを早期に支援するため**生活困窮者自立支援制度**が設けられている。自立相談支援，就労準備支援，就労訓練（中間的就労），住宅確保給付金，一時生活支援などの事業が実施される。

所得保障は多くの国で，社会保険（公的年金）と社会扶助（社会手当と公的扶助）とを組み合わせた制度となっている。このため仕組みが複雑になり，また制度を運営するための官僚制組織が肥大化する原因にもなる。このため**ベーシック・インカム**（BI）という手法が注目されるようになった。BIは市民権を有する全員（世帯ではなく個人）に無条件に（年齢・性別や所得・財産の違いなどをいっさい考慮せずに）一定金額を定期的に支給する制度である。個人の自由が尊重され，煩瑣な手続きがなくなることから支持する人が少なくない。

| 社会サービス |

保健医療（ヘルスケア）も社会政策の重要な分野であるが，すでに**第5章**で述べた。

フレイルや高齢者の障害は**介護保険**が対応する。公的な介護サービスは，税金による地方自治体の行政サービスとして提供される国も多いが，日本の場合は，社会保険の仕組みをとっている。ただし財源のすべてが社会保険料というわけではない（税金による部分と自己負担の部分がある）。

介護保険は日本に住む40歳以上の人が加入して保険料を払い，

65歳以上の高齢者が要介護となったとき（ただし，65歳未満であっても，初期認知症など老化によるものは給付の対象となる場合がある），その状態に応じて必要なサービスの総額の一部を自己負担しながら利用することができる。介護保険の利用には上限（支給限度額）があり，それを超える部分については全額自己負担となる。

　介護保険の給付は，特別養護老人ホームなどの施設サービスと居宅サービスに大別される。後者には訪問介護（ホームヘルプ）などの訪問サービスと，通所介護（デイサービス）などの通所サービスがある。また認知症高齢者や重度の要介護高齢者が地域のなかで生活をしていくことを支援するための地域密着型サービス（小規模多機能型居宅介護，グループホームなど）がある。

　障害に対するケアは，障害福祉サービスが対応する。福祉六法（前述）の時代は，障害の種別によって法が整備され，給付内容が障害の種別によって異なっていた。2005年に成立した障害者自立支援法では，その扱いが統一された。2012年に同法が改正されて**障害者総合支援法**が成立し，障害者が地域で自立した生活が送れるよう障害サービスが拡充された。**障害者差別解消法**（2013年公布，2016年施行）によって**合理的配慮**（障害者の平等な社会参加を可能とするための措置）が国および地方公共団体の義務とされ，民間事業者は努力義務とされた（2024年からは民間事業者も合理的配慮の提供が法的義務となった）。障害者総合支援法は2022年に改正され，障害者の地域生活や就労の支援が強化された（2024年施行）。

　子どもに対するケアは，2012年に成立した**子ども・子育て支援制度**による。子どものための教育・保育給付として提供される幼稚園（3歳〜就学前），保育所（0歳〜就学前）・認定こども園（0歳〜就学前）などがあり，その他，預かり保育・延長保育，特別支援学校，放課後児童クラブ（学童保育）などがある。

　日本では住宅の供給は市場に委ねられるべきだとの考えが強く

第6章　福祉と貧困　　**121**

(→第 12 章），住宅政策が社会政策としてみなされることが少ない。しかし欧州諸国では住宅政策は社会政策の重要な柱となっている。もっとも，日本の場合も住宅に対する公的関与がまったくないわけではない。持家取得に対する税制上の優遇や住宅ローンの提供，公共賃貸住宅（公営住宅や UR 賃貸住宅）の供給が住宅政策として実施されている。

市民権の発達 社会政策が公共政策としてある程度体系的に整備されるようになった国家を福祉国家という。近代国家の歴史のなかで小さな政府が好まれた自由放任主義（レッセフェール）の時代の国家が夜警国家と呼ばれるのに対し，20 世紀半ば以降の国家介入が拡大した国家は福祉国家と呼ばれる。

　福祉国家は国家目標として語られることがある。その場合，国民の福祉に責任をもつ国家が福祉国家である（国家目標としての福祉国家）。他方，福祉国家の手段である社会政策に注目して，社会支出が国内総生産の一定規模を超えた国家が福祉国家であるとの見方も多い（給付国家としての福祉国家）。また人びとの福祉のための社会規制が発達している国家が福祉国家であると考えることもできる（規制国家としての福祉国家）。

　福祉国家の登場は 20 世紀と考えるのが通説であり，その登場は市民権（シティズンシップ，市民性と訳されることもある）の発達と関連する。市民権とはあるコミュニティの構成員であることに伴う権利と義務の体系であり，T. H. マーシャルは市民権を公民権，参政権，社会権の 3 つに区分した。

　公民権は財産権，思想・信条の自由，言論の自由，裁判を受ける権利など市民社会で生活していくうえで最も基本的な権利である。参政権は選挙権と被選挙権であり，この権利の確立が社会権の確立につながった。社会権はそれぞれの社会において一般的となっている生活を送るための権利であり，日本国憲法の生存権に対応する。

福祉国家の成立は，これら3つのうち社会権の確立に呼応する。

　先進諸国の多くは19世紀に比べて社会支出が拡大し，社会規制が充実してきたという意味では，いずれも福祉国家である。とはいえ社会給付や社会規制の規模や中身はそれぞれの国によって異なる。

　こうした福祉国家の相違を社会保障費の規模の観点から研究したのが，H. ウィレンスキーである。彼は統計分析の結果，社会保障費の規模に影響を及ぼすのは各国政府の政治的性格（自由主義的か全体主義的か）ではなくて，経済発展とそれに続く人口の高齢化，さらに人口の高齢化に伴って発足した制度の経過年数（社会保障制度が成立してから現在までの期間）が重要であることを明らかにした。

福祉レジーム　ウィレンスキーの研究に依拠すれば，福祉国家は経済発展や人口高齢化が進むにつれて収斂に向かうと考えることができる。これに対して，福祉国家が人びとの働き方や社会階層（→**第10章**）にどのような影響を及ぼしているかといった観点から福祉国家の類型的区別ができると考えたのが G. エスピン＝アンデルセンである。

　彼は福祉国家の研究に**脱商品化**という概念を導入した。脱商品化というのは労働者が労働市場に依存しないで生活していくことのできる程度を指している。たとえば，労働者が病気になって働けないときも病気休暇によって所得保障がなされているならば，その労働者は労働市場に依存する度合いが小さい。すなわち脱商品化が進んでいることになる。反対に**ノーワーク・ノーペイの原則**の適用によって収入が途絶えて生活が立ちゆかなくなる場合は，労働の脱商品化が進んでおらず，労働市場への依存が強くなる。

　エスピン＝アンデルセンは脱商品化の程度を測定する脱商品化スコアを考案し，これを用いて社会民主主義，保守主義，自由主義という3つの**福祉国家レジーム**（社会政策の基本的なパターン）を区別した。

第6章　福祉と貧困　　**123**

社会民主主義レジームは脱商品化スコアが高く，北欧諸国が該当する。このレジームは労働者階級と農民の政治的連合によって成立し，社会政策による所得再分配の結果，最終所得の平等化が進んでいる。保守主義レジームは脱商品化スコアが中程度でドイツやフランスなどのヨーロッパの大陸諸国がこれに該当する。保守勢力やカトリックの力が強く，社会政策は職能団体別に組織され，社会政策が社会階層を再生産する（日本がここに分類されることもあるが，これに対する批判もある）。自由主義レジームは脱商品化スコアが低く，イギリスやアメリカなどアングロサクソン諸国が該当する。自由主義ブルジョワジーの政治的影響力が強く，社会政策も資力調査（ミーンズテスト）付きの給付が中心である。市場による分配が中心で，社会政策による再分配は残余的（例外的）な扱いを受けている。

福祉の社会的分業と社会的包摂

　福祉国家の社会政策は（狭義・広義の）福祉の実現に役立っているが，類似の役割を果たしているのは政府による社会政策だけではない。この点を強調して，福祉の社会的分業の存在を明らかにしたのが R. ティトマスである。彼は「社会福祉」（彼の用語法では政府による給付型の社会政策が「社会福祉」となる）と類似の機能を果たしているものとして，財政福祉，職域福祉が存在していることを指摘した。財政福祉とは税制における各種の控除を指している。職域福祉とは，企業が被用者に対して，賃金以外に付加給付を行う場合である。たとえば，国の児童手当，税制の児童扶養控除（子どもを育てている場合の税の減免），企業の扶養手当は，いずれも子どものいる世帯の可処分所得を増やすという意味では同じ機能を果たしている。ティトマスはこれらの相互調整の意義を強調した。

　福祉の社会的分業のなかでは慈善団体や家族の役割が捨象されていた。というのはこの議論が提唱された時期はちょうど福祉国家が誕生して間もなくのときであり，伝統的な慈善や家族よりも政府の

表6-1　福祉レジームの特徴

		自由主義	社会民主主義	保守主義
役割	家族 市場 国家	二義的 中心的 二義的	二義的 二義的 中心的	中心的 二義的 補足的
福祉国家	連帯の支配的様式	個　人	普　遍	親　族 コーポラティズム 国家主義
	連帯の主たる場所 脱商品化の程度	市　場 最　小	国　家 最　大	家　族 高い（ただし稼ぎ主に 対してのみ）
典型例		アメリカ	スウェーデン	ドイツ イタリア

（出所）エスピン＝アンデルセン，2000，『ポスト工業経済の社会的基礎』渡辺
雅男・渡辺景子訳，桜井書店。ただし，訳語は若干変えてある。

役割を強調する傾向にあったからである。しかし，その後，家族，
市場，コミュニティの役割を等しく強調する**福祉多元主義**が主張さ
れるようになった。福祉多元主義の理論的枠組みのなかでは，所得
保障や社会サービスを提供するのは公共部門（政府や自治体），非公
式部門（インフォーマル・セクター，家族や近隣），民間営利部門（民間
企業），民間非営利部門（ボランティアや非営利法人）の4種類の供給
システムが，類似の目的に向かってそれぞれ独自の方法で接近して
いることになる。

　上述の福祉国家レジーム論は後にフェミニストから**ジェンダー**の
視点がないとの批判を受け，エスピン＝アンデルセンは福祉国家レ
ジームの理論を，家族と労働市場を視野に入れた**福祉レジーム**の理
論へと修正した。修正の要点は，**脱家族化**という概念を導入したこ
とである。脱家族化とは**家族主義**（扶養や介護において家族の役割を重

第6章　福祉と貧困　**125**

視する立場）からどれだけ抜け出すことができているかということを意味し，各福祉レジームを表6-1のように特徴づけた。福祉レジームは福祉国家レジームを基本的に踏襲しているが，福祉多元主義の要素を取り込んでいる。

貧困は直接的には収入が少ないことによって生じるが，**社会的排除**（→第12章）の結果でもある。たとえば，何らかの理由によって教育の機会が奪われたり，就職の機会が奪われたり，居住の機会が奪われたりするとこれらの複合的な結果として貧困に陥る。また他方で，貧困によって社会生活への参加が阻まれ，新たな社会的排除が生まれる。こうした貧困と排除の悪循環を断ち切り，貧困や排除された状態にある人びとを，社会の一員として迎え入れることを**社会的包摂**（インクルージョン）と呼ぶ。多くの国で社会的包摂が社会政策の主要な目標となっている。日本でも2024年6月21日に閣議決定された「経済財政運営と改革の基本方針2024」で「包摂社会の実現」が社会政策の目標とされた。

 読書案内

阿部彩『子どもの貧困――日本の不平等を考える』岩波新書，2008年。
　子どもの貧困は自己責任に帰すことができない。ところが，その後の人生に重大な影響を及ぼす。相対的価値剝奪の視点も取り入れながら，日本における子どもの貧困の現状と政策課題を示す。
宮本太郎『共生保障――〈支え合い〉の戦略』岩波新書，2017年。
　性別，年齢，民族など多様な人びとが互いに認め合いながら生活していくことができる社会が共生社会である。現在の日本の生活保障システムが共生社会とは逆に排除の構造を生んでいるとの問題意識に立ちながら，共生のための支援の制度を考察する。

第7章 犯罪と逸脱

　地動説で有名なガリレオ・ガリレイを取り上げた文学作品のひとつに，B. ブレヒトの『ガリレイの生涯』がある。作中，17 世紀のイタリアでガリレオの研究はバチカンの教義に反するとみなされ，異端審問の対象となる。ブレヒトは，宗教の支配から逃れ出て，それ自体を目的に追究される科学の象徴としてガリレオを取り上げた。しかし当時の教会権力は強大で，ガリレオは教会の裁判で下された刑により死ぬまで軟禁され，著書は死後も長らく禁書とされた。

　このように，法と犯罪と刑罰との間の結びつきが，今日とは異なるかたちをとっていた時代や社会がある。犯罪とそれに対応する刑罰が法令によって定められる（これを罪刑法定主義という）近代社会とは異なり，近代以前には刑罰が法から分離していたり，宗教上の罪と法令上の犯罪との境界が曖昧であったりした。ガリレオは宗教上の罪について宗教権力によって刑を科されたのである。

　近代社会に生きる私たちは犯罪というものが疑いようもなく厳密に定義された確実なものと考えがちである。たしかに近代の犯罪は「刑法が規定する条件に該当する有責な違法行為」として規定され，法令や裁判手続きに担保された確かさを備えているように見える。しかしガリレオの時代にも規則や手続きはあった。

　このことは，犯罪が有する，人間の逸脱全体にとっての特異性と連続性を照らし出している。

　社会学において，逸脱とは「何らかのルールや規範への違背」である（→第 13 章）。「何らかのルールや規範」はある意味で何でもよ

127

いので，社会学的に逸脱を語るに当たってはいったいそれがどんな
ルールや規範に反しているのか，を同時に明示しなければならない。
ガリレオは教理から逸脱し，近代の犯罪者は近代的な法令から逸脱
したのだ。仮に何かのルールや規範を前提としたときに，そこから
外れていること——これが罪や悪などの価値判断をできるだけ避け
て対象をとらえようとした社会学的な逸脱概念である。犯罪以外に
も，道徳からの逸脱が悪徳であり，健康からの逸脱が病である，と
いった具合に，「ルールや規範」に何を想定するかによって逸脱の
内容はかなりの幅をもつ。こうした広い内容をもつ逸脱現象に対す
る認識や対応は，時代や地域によって多様である。たとえばガリレ
オのように，ある時代の逸脱は，実は後の時代の模範を先取りする
革新的行動であったと（後世からは）とらえられるかもしれない（ナ
チス支配下のオランダでアンネ・フランクのユダヤ人家族を匿っていた行
為など，こうした例は枚挙にいとまがない）。この章では，犯罪や宗教
的禁忌のみならず病理や革新までをも含むそうした幅を念頭に置き
ながら，社会学的に犯罪と逸脱を考えてみたい。

犯罪学以前　　　犯罪や逸脱を，犯罪者に対する心霊のはた
らきや犯罪者自身の頭蓋骨の特徴から説明
しようとすることは，今日の多くの読者にとってはあまりにオカル
ト的で，受け入れがたいことかもしれない。しかしながら心霊はと
もかく，顔や頭の形から犯罪者を判定できるとする骨相学なる学問
は，たかだか200年前には依然として真剣に取り組まれ，また人び
とに受け入れられていた（さらに言えば21世紀の脳科学やAIによる顔
認識にも，骨相学との間に無視できない連続性がある）。

　この章で考えていく社会学的な犯罪，逸脱のとらえ方はもう少し
微妙で複雑な側面をもっている。社会学では観察や調査の対象とし
ての犯罪，逸脱を決して固定的には考えない。むしろ人びとが時代
によって異なるかもしれない何かを犯罪だとみなし，犯罪として仕

立て上げるような側面を重視する考え方が社会学にとっては重要である。仕立て上げるというのは何も犯罪を捏造するという意味ではない。一見すると疑いようのない殺人のような出来事であっても，場合によっては正当防衛として理解され，場合によっては安楽死という意味を付与される。人が人を死に至らしめることと犯罪としての殺人との間には距離があり，物理現象とは違って，犯罪や逸脱は人間の解釈や意味づけの上に成り立っている。それは法令が一言一句，明確に成文化され，裁判の手続きが厳密に体系的に進行するとしても，そうなのである。

　こうした社会学的な見方が現れる以前の，犯罪学の祖とも言われる C. ロンブローゾや，やや時代が下ってロンブローゾを批判的に乗り越えようとした G. タルドといった 19 世紀の犯罪学者たちは，犯罪をまだまだ固定的なものとしてとらえていた。ロンブローゾの生来性犯罪人説（犯罪者には生まれつきの犯罪者的特徴や素質がある）はもちろん，これを批判して社会的要因を重視したタルドにしても，犯罪概念それ自体を流動的にとらえる視点をもつには至らなかった。犯罪への相対的な，すぐれて社会学的な視点の獲得は，E. デュルケムを待たねばならない。

> **デュルケムと『自殺論』**

デュルケムは『社会学的方法の規準』（1895 年）のなかで，仮想の僧院の例から逸脱の相対性を説明している。一般的な水準から見ればきわめて高潔な僧院での生活においては，その高いレベルならではの些細な事柄が新しく逸脱の地位を占めている。悪への逸脱から離れようとする，まさにその態度の厳しさが，新たな逸脱をつくりだしてしまう。倫理のインフレとも言えるこうした可能性まで含めて，デュルケムは正常なものと考える。むしろ何らかの道徳基準に照らし合わせて逸脱がまったくないような状態があれば，それこそがその社会にとって異常な病理でありうる，というのがデ

第 7 章　犯罪と逸脱　　**129**

ュルケムの立場だ。

こうした視点が自殺という具体的なテーマと結びついたのが『自殺論』（1897年）である。デュルケムは自殺を「当人自身の行為から生じた死のうちで，死という結果が予知されていたもの」として統計的に確認しやすいように定義（これを操作的定義という）したうえで，それまでの自殺に関する説明を4つに分類して批判する。それは，①精神病理学的説明，②人種，遺伝による説明，③宇宙的要因（気候など）による説明，④模倣による説明，の4つである。これらはいずれも自殺の説明に一貫性をもたせることに失敗している。ここで批判される4つの説明が今日に至るまでの犯罪学説の重要な構成要素でもあることが興味深いが，デュルケム自身は自殺について新しく4つの類型を指摘する。その4つとは，自己本位的自殺，アノミー的自殺，集団本位的自殺，宿命的自殺である。

このうちとりわけ近代的と言えるのが最初の2つだ。集団とのつながりや社会への関心が薄れていく個人化の趨勢と結びついているのが自己本位的自殺である。これに対して**アノミー**とは規制の欠如状態を指す。人びとの欲求や欲望の規制が弱まり，そのことで過剰に肥大した欲望が満たされずに起きるのがアノミー的自殺である。欲望が際限なくふくらんでいけば，満たされることはどんどん難しくなる。デュルケムは近代資本主義が欲望を肯定し奨励することから，アノミー的な欲求不満を招きやすいと考えた。

以上のようにデュルケムは，社会からの統制と個人の性質がいずれも大きな社会変動のなかで変化していく，その相互作用のなかにあるものとして逸脱を考えることを重視した。

マートンの緊張理論　デュルケム以後の社会学，とりわけ20世紀初頭にシカゴから始まったアメリカ社会学は，今日フィールドワークとして知られる方法を含めて社会調査に精力的に取り組んでいく。犯罪と逸脱に関する研究もまた，フィ

ールドワークのみならずデュルケムが行ったような公的統計の二次分析も含めて，経験的なデータと理論的な洞察の両輪で進展していった。

シカゴ大学で教鞭を執り，あるいは学んだ社会学者たちはしばしばシカゴ学派と呼ばれる。爆発的に人口の増大する都市，シカゴを舞台に，シカゴ学派は（その全員がというわけではないが）社会調査を精力的に実施した（→序章，**第 12 章**，**終章**）。ホーボーと呼ばれるホームレスの人びとやスラム，あるいは少年たちのギャング集団からホテルで生活する人びとまで，シカゴ学派は支配的な規範から外れる多様な対象に直接アプローチしている。ホーボーの研究がまさにそうであったように，逸脱集団に研究者が自ら入り込み，その活動に参加しながら観察や聞き取りを行うフィールドワークの方法は，社会学が逸脱を研究する際の特色のひとつである。ホームレスやギャングの行為を最初から犯罪の枠組みでとらえようとするのではなく，本人たちの価値観や感情，解釈などについて理解する道が，こうした方法によって開かれる。

ここでシカゴ学派が念頭に置いていたのが**社会解体**のテーマである。移民を含む多様な背景をもつ人びとが大量に流入し続けるシカゴでは，それまで社会を安定させるのに役立ってきた家族や近隣，学校や職場といった組織や制度が必ずしもうまく機能せず，離婚や学校に行かない子どもたちの非行が問題化する。上に挙げたシカゴ学派の研究対象は，いずれもこうした意味での社会解体に対して，人びとが適応していく際のプロセスとしてとらえられていった。

シカゴ学派が 1920 年代から 30 年代にかけて，いくつものすぐれたエスノグラフィを生み出してきたのに対して，ハーバード大学出身の R. K. マートンが 1930 年代末に逸脱の一般的な説明を提起したのは，理論的な立場からであった。それが**緊張理論**（あるいはアノミー理論）として知られる逸脱の説明である。マートンによれば，

第 7 章　犯罪と逸脱　　**131**

その社会で共有されているゴールや関心＝文化的目標と，そのために利用可能な制度的手段との間の均衡がとれていない状態が続くと，デュルケムの論じたようなアノミーが出現する。たとえばアメリカ社会の代表的な文化的目標としては，「経済的に成功して蓄財せよ」といういわゆるアメリカン・ドリームがよく知られている。アメリカン・ドリームは「いかなる出自であれ，誰しもが努力によって実現可能だし，誰しもが挑戦すべきである」という含意をもつが，現実には人種や出身階層によって制度的手段は制限されている。こうした場合，文化的目標が広く普及していればいるほど，人びとは制度的には実現不可能な夢を抱き，逸脱的な方法で目標を達成するよう動機づけられる。

　マートンはこうした見方を一般化し，文化的目標と制度的手段それぞれへの態度（承認／拒否）を組み合わせた四象限の図で，緊張理論を説明している（図7-1）。

　このなかで「反抗」は現行の文化的目標を一新し，新たな目標に対応する新たな制度的手段を提案する革命的な類型である。マートンの図式は，シカゴ学派的に社会解体から諸種の逸脱を個別に説明することを超えて，さまざまな事例の斉一的な把握を可能にする点において優れており，数々の批判にさらされながらも1980年代以降も一般緊張理論や制度的アノミー理論などの後続理論を生み出している。今日から見ても，マートンの緊張理論が射程に収めていた現象の幅の広さには注目すべきものがある。

　　学習理論　　マートンの緊張理論とほぼ時期を同じくして，1940年代に E. H. サザランドが唱えたのが**分化的接触理論**である。マートンの理論の一般性に対して，サザランドはスラムなどの特定地域に犯罪が集中する現象を重視した（→**第12章**）。自身もシカゴ大学で学んだサザランドは，30年代のシカゴ学派の研究から示唆を得て，非行への傾きをもつ価値観は世

132

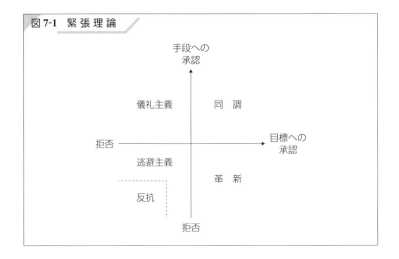

図7-1 緊張理論

代間で伝達され，学習されるものである，という視点を発展させた。学習されるものであるということは，社会的に分化した地域や集団のなかでこそ人びとは非行的な考え方に触れるのだということを意味する。そうした具体的な接触を抜きにして，個人の素質や価値観から非行や犯罪を説明することはできない——これがサザランドの分化的接触理論の考え方であった。

サザランドはさらにこの視点を敷衍し，**ホワイトカラー犯罪**について論じた。貧困や精神的問題が犯罪の原因となる，という当時流布していた見方にとっては，高い社会的地位にあるホワイトカラーや専門職の人びとが常習的，組織的に犯罪——決算の虚偽報告，賄賂，不当な広告，着服，流用，等々——に携わっている事実をあらためて主題化したことはショッキングであった。しかしサザランドの主張がその単なる事実の提示以上にラディカルだったのは，ホワイトカラー犯罪とスラムの犯罪の両者を，同一の理論——つまり彼の分化的接触理論——から説明したことである。非行少年の集団で

第7章 犯罪と逸脱　133

あれ大企業の会社組織であれ，いずれにせよ犯罪は社会的に分化したそうした組織への接触によって学習され，常態化するのだ。

こうした視点はより広義には**学習理論**と呼ばれ，1970年代の社会的学習理論などの犯罪理論へと発展していった。

> ### 社会的コントロール理論

T.ハーシはそれまで主に取り組まれてきた，「なぜ人びとは逸脱するのか？」という問いをひっくり返し，「なぜ人びとは逸脱しないのか？」と問うた。この新しい問いに対して，緊張理論は「人びとと同じ価値観と選択肢にコミットしているからだ」と答えるだろう。また分化的接触理論なら「接触している社会組織の文化が合法的なものだからだ」と答えるに違いない。ハーシはこれらの先行理論が逸脱に関してあまりに「ハードな決定論」となっているとして批判した。ハーシにとって先行理論は，特定の状況がそろえば人は必ず逸脱するとでも主張するかのようであった。

これに対してハーシ自身は逸脱者と非逸脱者の連続性を強調する。ハーシによれば，逸脱者は社会とつながる絆が弱く，非逸脱者は絆が強い。絆の強弱によって人は逸脱したりしなかったりする，というのがハーシの主張であり，このことから彼の理論はボンド（絆）理論とも呼ばれる。絆による個人と社会との結びつきを，コントロールが利いている状態ととらえることから，関連する抑制理論や漂流理論，自己統制理論などとともに**社会的コントロール理論**と総称されることもある（社会統制については→**第1章**，**第13章**も参照）。ここではハーシが逸脱的文化の原因へと探究の焦点をずらしたことも注目される。学習理論において独立変数の地位を占めていた逸脱的文化を，それ自体が説明されるべき対象として設定したところに，社会的コントロール理論の特徴がある。同時に，ボンド（絆）を社会的コントロールの源泉として強調する議論は，家族や地域コミュニティなどの懐古的な回復の主張と親和性が高いことも注意してお

きたい。

レイベリングという視点

20世紀半ばに相次いで現れた以上のような犯罪学理論は，今日に至るまで逸脱を考える際の基礎となる，すぐれたアイディアをその中核にもつものばかりである。しかし1960年代に登場した**レイベリング論**は瞬く間に一世を風靡し，数々の批判と重要な後継者がそれに続いた。

レイベリング論には古くはデュルケムにまで遡る，類似した発想の提唱者たちがいたが，これを明確に定式化して主張し，フィールドワークに基づく鮮やかな事例研究とともに示したのはH. S. ベッカーである。レイベリング（ラベル貼り）という視点をはっきりと打ち出し，マリファナ使用者とダンス・ミュージシャンの事例研究をもってこれを実演してみせたベッカーの『アウトサイダーズ』に以下のような文章がある。「社会集団は，これを犯せば逸脱となるような規則をもうけ，それを特定の人びとに適用し，彼らにアウトサイダーのラベルを貼ることによって，逸脱を生みだすのである」（ベッカー，H. S., 2011, 『アウトサイダーズ』村上直之訳，現代人文社，8頁，強調原文）。

この衝撃的なマニフェストは，当時の学界状況と社会潮流の両者にフィットすることによって広範な影響力を獲得した。裁判所や警察の中立性に疑問がもたれ，人種やジェンダーに関するバイアスが司法プロセスの内に指摘されるようになると，生みだされるものとして逸脱をとらえる視点は単なる議論の反転以上の妥当性を認められるようになる。誰が犯罪者として捕まり，誰が有罪とされるのか——犯罪の件数といった基礎的な統計データもまた，所与の客観的な数字などではなく，それがつくりだされる過程自体が問われることになる。

ベッカー自身はこうした逸脱を，いわゆる犯罪に限定せず，むし

第7章 犯罪と逸脱 **135**

ろ世の中から逸脱者だと考えられている人びとが，自分たち以外を逸脱者としてレイベリングするような事例を取り上げている。ダンス・ミュージシャン（一般的には変わり者とされる）が商業的なミュージシャン（一般人にもわかりやすい「売れる」音楽を演奏するとされる）を「コマーシャル（商業的）な」と批判的にレイベリングする語りからもわかるとおり，ベッカーが提示した視点はきわめて相対主義的なものであった。

　レイベリング論の視点は，社会のなかのいくつかの局面においてとりわけ有効性を発揮する。その代表例が**被害者なき犯罪**である。E. M. シャーによる著作『被害者なき犯罪』（1965 年）はベッカーの引用によるレイベリング論の紹介から始まり，中絶，同性愛，麻薬使用の事例を分析していく。シャーは，被害者が存在しないにもかかわらずこれらの事例を「犯罪性のあるもの」とする社会状況における，逸脱規則の恣意性を批判しただけではなかった。いずれの事例も被害者がいない以上は非犯罪化することも可能であり，たとえば中絶は合法化されたほうが安全に施術されるようになるであろうことを指摘する。これは，それまでの逸脱論が「なぜ中絶が行われるのか」を問い，さまざまな解答を与えようとしてきたのとは対照的な，議論の大きな転換と見ることができる。

　刑務所からの出所者が，出所者であるというレイベリングによって就労が困難になり逸脱的キャリアを再開，強化してしまう，という例のように，レイベリングが逸脱を増幅してしまう側面がレイベリング論に関してしばしば強調される。しかしながらレイベリングされる側の人びとも，常に機械的あるいは受動的にレイベリングを甘受するわけではない。

　E. ゴフマンが**スティグマ**について行った議論は，レイベリングのもつ微妙な性質を明らかにしている。スティグマとはもともとは烙印，つまり焼きごてでつけた印を意味する言葉であった。ゴフマン

136

はこれを社会学の用語に転用し、スティグマの3つの種類として肉体の「醜悪さ」、精神的な「欠点」、そして人種や宗教などの集団的属性を挙げている（その後の論者たちによってこれ以外にも多様な現象がスティグマとして分析されるようになった）。これらの特徴をもつとされた人びとは、もたない人びとから烙印、スティグマを付与される。スティグマ付与によって人の人格はもっぱらスティグマによって特徴づけられ、その他の好ましい属性は無視されてしまう。スティグマ付与とはこのように負のレイベリングの一種としてとらえられるが、ゴフマンはこれを固定的なものとしてではなく、それが付与されるプロセスとして理解することを重視した。スティグマを付与される人びともそれを十分承知のうえで振る舞い、相手の印象を操作しようとする（→第2章）。このプロセスのなかで、スティグマを付与される人びとは完全に自由に振る舞えるわけではないが、同時にスティグマ付与のプロセスをともにつくりあげ、微妙にずらしていく能動的な主体でもある。

社会問題の構築主義　レイベリングの視点をベッカーらとともに提唱したひとりである J. キツセは、1977年に M. スペクターとともに『社会問題の構築』を上梓した。レイベリング論が逸脱を主要な対象とする議論としてスタートしたのに対して、キツセとスペクターは社会問題を起点に据える。レイベリング論と同等かそれ以上に広範な影響力をもったこの**構築主義**というアプローチは、社会問題を**クレイム申し立て活動**として経験的に研究する（すべきだ）、という研究プログラムを提示するものである。クレイム申し立てとは、何かが問題であるとして声を上げることであり、内容は「宇宙人がときおり人間を誘拐している」でも「少年犯罪が凶悪化している」でもよい。

　レイベリング論が逸脱研究にとってのレイベリング過程の重要性を強調し、レイベリングに注目する視点を既存のさまざまな視点に

付加したのに対し，構築主義はその立場をより徹底する。レイベリング論では立論に依然として組み込まれていた「当事者がどう思うかとは別に，客観的に逸脱として存在するもの」の想定を，構築主義は完全に拒否した。レイベリング論においては，逸脱はその基盤となる逸脱文化とのつながりを研究されてもよいし，逸脱への反作用としてのレイベリングを研究してもよい，という具合であったのに対して，社会問題の構築主義においてはクレイム申し立て活動＝社会問題の定義を抜きにした客観的に存在する社会問題というものはない。

構築主義は，レイベリング論の延長線上に，より徹底した対象設定を行っただけでなく，経験研究のための指針を自覚的に含み込んでいた点もレイベリング論の発展形であったと言える。レイベリングの概念はともすれば社会的なカテゴライズ一般へと発散してしまい，社会調査で調べるべき対象が無限に拡大してしまう。これに対してキツセとスペクターの構築主義では人びとが何かを社会問題だと定義してそれに声を上げる，クレイム申し立てという一定の活動を調査することを明晰に提案する。ここにおいて客観的な立場から判定される社会問題というものは消え，人びとのクレイム申し立て活動がいかに発生し，他の活動とどのように関連しながら持続，変容，消失していくのかを調べること，このことこそが社会問題についての研究なのだ，ということになる。

このように，構築主義のアプローチは徹底的に経験的であることを目指し，逸脱現象に規範的な判断を下すことを厳しく禁欲する点に特徴がある。その意味で，よく誤解されるように，（専門家を含めて）人びとが規範的な判断を下すことを揶揄したり，それらの無効化を目指すものでは（本来は）ない。キツセとスペクターも採用した表現を用いれば，「自然史」のように社会問題化のプロセス——問題発見や問題の定義，政策の提案や形成等々——を記述，分析す

138

ることが，構築主義の目的なのである。すなわち，個々の事例につ
いてそうしたプロセスの生起する順序や特徴，あるいはその事例が
置かれた文脈との相互作用を記述し，複数の事例から共通のパター
ンを取り出すことが，社会問題研究のプログラムとして「自然史」
の語に託されている。何がどのように「ある」のかという意味での
「事実」と，それがどのように「あるべき」なのかという「規範」
とを峻別し，ともすれば規範的に議論されがちなテーマをあくまで
事実の水準で把握しようとする，すぐれて相対主義的な態度が，こ
こには見出される。

犯罪化と医療化

すでに述べたように，本章の用語法では犯
罪とは逸脱の特殊例である。しかし逸脱現
象全体のなかで犯罪がもつ意味合いは決して軽いものではない。む
しろ犯罪には立法府の制定する明文化された法令，法の解釈共同体，
警察，裁判所，刑務所などの高度に発達した制度の複合体が関わっ
ており，社会的な意味づけの重大さも含めて，逸脱現象を考える際
にはきわめて重要な特殊例である。

　歴史的に見るとアメリカの禁酒法時代にはアルコールが犯罪化さ
れ，のちに非‐犯罪化されたし，ほかにも薬物の使用や，売買春，
同性愛，婚外恋愛（不倫）……といった数多くの事例が地域と時代
ごとにしばしば犯罪化と非‐犯罪化の対象となってきた。殺人です
ら，どのような事情での殺人にどの程度の重さの刑罰を科すかにつ
いてはさまざまなバリエーションがあり，条件さえととのえばまっ
たく罪に問われない場合もある。近年の日本ではストーカー行為が，
それまでのように個人間の恋愛問題として法の外に置かれるのでは
なく，「ストーカー行為等の規制等に関する法律」の制定に伴って
新たに犯罪化された例などが記憶に新しい。また，軽微な犯罪行為
をも見逃さず徹底的に取り締まる警察政策であるゼロ・トレランス
などは，必ずしも法令の変更を伴わずとも法執行の方針変更によっ

第7章　犯罪と逸脱　　**139**

て事態を変化させる。とりわけ割れ窓理論ではこうした軽微な逸脱の取り締まりが重大犯罪の抑止につながると考えられた（後述）。割れ窓理論において典型的なように，犯罪化を推進することは貧困層や社会的弱者の社会的排除（→第6章）を帰結することがある。

犯罪化に対応して行為に科されることになる刑罰にも幅がある。たとえば犯罪者の自由を奪うことを主眼とする，懲役や禁固として知られる自由刑がある。それ以外にも，罰金などの財産刑，生命を奪う刑罰である生命刑（死刑），鞭打ちなどの身体刑などは罪刑法定主義の国々でも見られる。中世には結果が偶然に左右され再度の執行がなされない（絞首刑の縄が切れたり枝が折れたりして受刑者が死ななかった場合であっても，贖罪の儀式が済んだとして放免されるなど）偶然刑とでも呼ぶべき刑罰も存在した。以上がおおむね犯罪者の犯した罪に焦点を当てる応報的司法と呼ばれるのに対して，被害者の受けた被害の回復に焦点を当てる修復的司法のようなアプローチもある。刑罰の行使はおおむね国家に独占されており私的な刑罰は禁じられているものの，法に定められた犯罪以外にも道徳的な罪（犯罪ではない嘘など）や友人間やコミュニティ内での規範からの逸脱については，刑罰とは異なるかたちでのリアクション（いわゆる村八分など）が想定される。こうした犯罪や逸脱への社会の対応もまた，社会的排除と包摂の間を揺れ動いている。

逸脱が法と関連づけられるなかで生じるのが犯罪化であるとすれば，他方で，逸脱が法ではなく医学と関連づけられることは**医療化**と呼ぶことができる（→第5章）。犯罪化の例として挙げた薬物使用や売買春，同性愛などは，いずれも歴史上，医療化の対象ともなってきた。現代日本における薬物犯罪者が刑務所において犯罪への反省と薬物依存症の治療を同時に要求される場合のように，犯罪化と医療化が重なる場合もある。そこでは薬物犯罪者は責任能力を有する主体である犯罪者の役割と，本人の意志ではどうすることもでき

140

ない依存症者の役割の間で，容易ならざる調整を試みなければならない。

犯罪化や医療化にはそれぞれ，さまざまな派生効果が付随する。ストーカーが「個人的な交友関係のトラブル」ではなく「警察が介入すべき事案」とみなされることや，「落ち着きのない子ども」ではなく「治療や処置の可能な疾病である多動症」とみなされることは，本人や周囲にとって，また法や医学の関係者にとっても，事態の意味合いを大きく変化させる。警察官や医師は制度上，自分たちの受け持ちの範囲を決めて各々の事案を担当する。その枠をはみ出して介入してしまえば，その介入自体が逸脱となるから，注意深い棲み分けが試みられる。とりわけ犯罪化が本人の責任を問うのに対して，医療化は基本的に責任を問わない。子どもの医療化は子どもにどの程度の責任能力が備わっているとみなすか，という議論とも絡み合っている。

有責な逸脱とそうでない逸脱が犯罪と病気にそれぞれ振り分けられるとすれば，犯罪化と医療化は相補的な現象であるようにも思われるかもしれない。しかし，社会にとって重大な逸脱への対応が犯罪化か医療化か，の二者択一でしかありえないとする見方の妥当性は必ずしも自明ではない。

全制的施設と生権力　犯罪化によってそれまで犯罪者とはされていなかった人びとが犯罪者とされると，司法手続きに則って刑務所に収監されるケースが出てくる。刑務所は精神科の閉鎖病棟などと並んで現代社会におけるきわめて特異な空間である。空間の範囲が明確に定められた施設の収容者たちは，その経歴と境遇において類似点を共有している。施設のなかでの生活は画一的に管理され，睡眠や食事，誰と一緒に過ごすかといった，施設外では自由に任されている基本的な生活レパートリーも徹底的に指示，指導される。

第 7 章　犯罪と逸脱　　**141**

ゴフマンはこうした性質を備えた社会空間を**全制的施設**（total institution）という語でとらえ，そこにおける相互行為秩序を研究した。施設外では尊重される対人儀礼が侵犯されたり，統一的な身なりの強制によって個々人の個性が否定されたりするなか，収容者たちは秘密の空間や社会関係を保持することで一定の抵抗を試みる。同時に収容者の自己は，そうした全制的施設の文脈に強く規定された相互行為のもとで変容を被る（→**第2章**）。それは，統制に対する反抗も含めて，収容者が「収容者であること」を主体的に学び取らされていく，主体化のプロセスである。

　こうした主体化プロセスは，逸脱に対する社会の対応の1つである訓練や教育にも共通している。たとえば失業は，21世紀初頭の現代社会においては望ましくない状態とみなされており，その意味で社会学的な逸脱の一類型である。社会は失業や貧困を放置せず，機会があれば職業訓練を施して就業させようとする場合がある（→**第4章**，**第6章**）。同様に，売春を行った女性は犯罪者としてではなく，保護と更生の対象として扱われ，非行少年などと類似の対応がとられる。これらの例はいずれも犯罪化も医療化もされていないが，一定の逸脱とみなされることで，訓練や教育の対象とされ，主体化するよう働きかけられていくことになる。

　主体的に学び取らされていくという過程のなかには，自発性が強制されるという矛盾がある。このことをやはり監獄という空間を基盤に考察したのがM.フーコーである。フーコーは18世紀の残忍な死刑執行の場面を描写したあとで，それとは決定的に異なる近代的刑罰の典型として，J.ベンサムが考案した**パノプティコン**（一望監視装置）（図7-2）を取り上げる。パノプティコンは，囚人を中央の監視塔から一望のもとに監視できるようにするとともに，囚人からは監視塔に実際に監視員がいるかどうか見て確かめることができない構造になっている。ここでは究極的には監視塔に実際に監視員

図7-2　パノプティコン

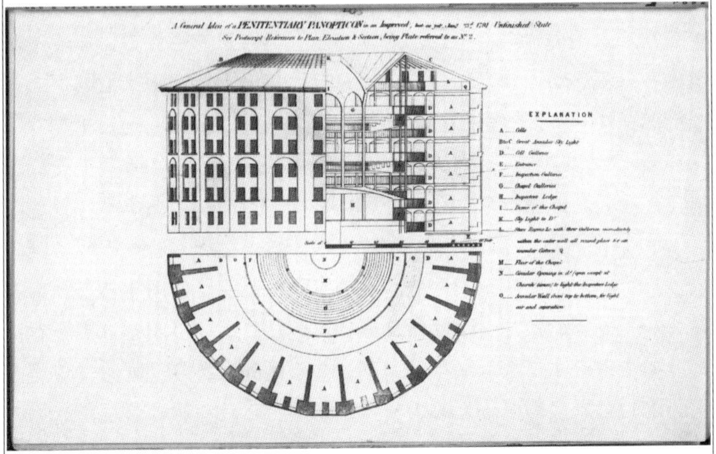

（出所）　akg-images／アフロ提供。

を置かずとも，囚人に監視員からの監視を想像させることで規律を
保つことができる。この意味で，フーコーはパノプティコンが人び
とに規範への自主的な同一化を強いるものであることに注目した。
極刑の見せしめによって人びとを恐れさせる権力ではなく，このよ
うな生権力（→第5章）によってこそ，人びとの身体と精神のすみ
ずみにまで規律が行き渡るとともに，処罰行為の効果が監獄の外，
社会全体にまで広がっていく。フーコーに従えば，監獄は逸脱に対
する統制の具体的なかたちであるという以上に，近代社会そのもの
の基点なのである。
　こうした施設収容は当然，批判の対象にもなる。たとえば精神科
の拘束や閉じ込めを禁止して閉鎖病棟を廃止し，地域社会で精神科
医療を実施しているとされるイタリアの例や，自由を拘束する以外
は可能な限り一般社会での生活と同じように受刑者を処遇する理念

第7章　犯罪と逸脱　　**143**

で刑務所を運営しているとされるノルウェーの例などはよく知られている。しかしイタリアでも理念の実現度は地域によってばらつきがあり，入院の代わりに一部の薬物が大量に処方されていることが指摘されている。また，ノルウェーでは重大犯罪を犯す危険があると認められる対象者を予防拘禁することができるが，日本では1945年の治安維持法廃止以来，危険性の予測だけで拘禁することはできない。逸脱への社会の対応は多様で重層的である。

ライフコース犯罪学

ゴフマンやフーコーは刑務所への収容経験が収容者の内面へと深く作用することを論じたが，外面的にも「刑務所に入っていた」という履歴は出所者にとってネガティブなレイベリングとなる傾向にあり，就労や住居を中心として社会復帰のための支援が必要とされる。こうした成人の犯罪を予測する最も強力な因子の1つとして知られているのが，年少者の比較的軽微な逸脱である**非行**である。非行と犯罪の結びつきには，非行に伴う年少者自身の変化と，年少者に対する周囲からの意味づけの変化の両者が関わっている。犯罪学において非行が常に重要な研究の焦点であり続けてきたのはこのためである。

　学習理論や社会的コントロール理論が特に強調してきたように，逸脱と統制は常にプロセスとして展開する。**ライフコース**の概念が逸脱の社会学にとって重要なのは，このプロセスとしての逸脱／統制のなかで青年期や家族，学校がきわめて重い意味をもつからにほかならない（→**第3章**）。非行は特定のライフコース上の逸脱であると同時に，犯罪と非‐犯罪の境界線上に位置づけられるものでもある。また，少年期の非行を同じように経験していても，就職や結婚の経験など，ライフコースの移り変わりによって自然と逸脱キャリアを離れていくグループと，そうではなく逸脱キャリアを深化させていくグループがある。こうした違いは何によって生じるのだろうか。

このようにライフコースに焦点を当てる研究潮流をライフコース犯罪学と呼ぶことがある。逸脱者の生育歴や逮捕歴などについては犯罪学の歴史のはじめから注意が払われてきたが，時系列分析などの定量的な手法が開発され容易に利用可能になったことは，逸脱キャリアのデータをより大量に，より標準化されたかたちで取り扱うことを可能にした。ライフコース犯罪学は現在中心主義的な犯罪観を相対化し，過去や未来との関係のなかで逸脱をとらえようとする点に特徴がある。

地域レベルで犯罪をとらえる

ライフコース犯罪学は，「社会とのつながり」＝ボンド（絆）が弱まることによって逸脱が生じるとするハーシのボンド理論と発想の一部を共有している。ただし，そこで用いられるのは 1980 年代以降に普及した概念である**ソーシャル・キャピタル（社会関係資本）**である（→**第4章，第10章，第12章**）。ソーシャル・キャピタルは「友人の数」のような，個人に帰属する性質ととらえられることもあるが，R. サンプソンは特に地域社会に備わる資源としてのソーシャル・キャピタル——地域の人びとがどれだけお互いを信頼しているかや，困っているときに助け合えるかどうか——を重視した（→**第12章**）。多くの人とのコネが個人の役に立つように，人びとの相互信頼や相互扶助の強さが地域社会にとってプラスに働く資本となり，であればこそある地域社会と別の地域社会の間に格差をつくりだす。

サンプソンは J. ラウブとともにライフコース犯罪学の代表的な研究者として知られるが，割れ窓理論の批判者としても重要な論文を発表している。割れ窓理論は，割れた窓に象徴されるような街頭の軽微な逸脱が，強盗や殺人など，その地域の重大な犯罪発生につながると主張し，1990 年代以降世界各地の都市の警察政策に大きな影響を与えた。割れ窓理論の帰結として，重大犯罪予防のために

軽微な逸脱も見逃さないゼロ・トレランス政策を採用することが正当化されてきたのである。こうした見方は犯罪の説明にきわめて単純化された合理的選択理論（→第1章）を採用し、厳罰化（＝犯罪のコスト上昇）によって犯罪を抑止できると主張する保守派犯罪学と親和性が高い。

　サンプソンは実際に街頭の「無秩序」を系統的に数え上げる調査を考案し、それとともにマルチレベル分析という当時最新の分析手法を用いることで、割れ窓理論に対する反証を展開した。サンプソンの研究では軽微な逸脱と重大犯罪との間の結びつきは発見されな・・・・・かったが、同時に、個人の属性には還元できない、近隣の社会空間・・・が有している性質が犯罪や逸脱の発生と一定の相関があることも突き止めた。これによって割れ窓理論が反証されるとともに、地区のソーシャル・キャピタルに犯罪を抑止する効果が見出された（→第12章）。

　とはいえここで再び立ち止まって、「犯罪の発生件数」がさまざまな社会的プロセスのなかで生み出される、文脈依存的な数字であることを思い出す必要がある。マクロな統計データを前にすると忘れてしまいがちな、逮捕や起訴、裁判などにおけるミクロな社会的相互行為の連なりのなかでこそ、「犯罪」が生み出される。社会学はそのマクロとミクロの両面を意識しながら、広く病理や革新をも含み込む「逸脱」という視座から社会の構造と変化をとらえる点にその特色がある。日常生活において「犯罪」や「病気」などの言葉は強烈なインパクトをもち、「犯罪者」や「病人」は巧妙かつ隠微に排除されるが、その排除の基準は自明ではない。時代や場所が違えば、同じ現象でも犯罪や病気への分類は異なりうる。いかにしてそれが犯罪や病気とされるようになったのか、それは誰のどのような役割と関わっているのか、そうした分類によって利益を得る／損害を被るのは誰なのか、そしてそれらはさまざまな社会的属性――

ジェンダー，階層，人種など——とどのように関連しているのかなどを問うことで，社会学は逸脱を通じて個人と社会のより望ましい関係性を模索するのである。

📖 読書案内 ● ● ●

R. K. マートン『社会理論と社会構造〔新装版〕』（森東吾・森好夫・金沢実・中島竜太郎訳）みすず書房，2024 年（原著 1949）。
　　さまざまな主題を扱っているが，特に本章との関連では文化的目標と制度的手段の組み合わせから逸脱や適応，革新を説明するアノミー論を含む。

H. S. ベッカー『完訳 アウトサイダーズ——ラベリング理論再考』（村上直之訳）現代人文社，2011 年（原著 1963）。
　　レイベリング論を切り開いたマニフェストであり，ダンス・ミュージシャンとマリファナ使用者の参与観察に基づく事例研究によるレイベリング論の実演でもある。

J. I. キツセ&M. B. スペクター『社会問題の構築——ラベリング理論をこえて』（村上直之ほか訳）マルジュ社，1990 年（原著 1977）。
　　特定の道徳的立場を前提にせず，誰かがクレイム申し立てを行う，その活動と展開の過程に注目する，社会学における構築主義の立場を鮮明に打ち出した古典。

P. コンラッド&J. W. シュナイダー『逸脱と医療化——悪から病へ』（進藤雄三監訳）ミネルヴァ書房，2003 年。
　　幅広い逸脱現象を視野に入れ，犯罪との関係にも目配りしながら医療化現象を論じる。豊富な事例が紹介されるとともに，用語が平易で読みやすい。

平井秀幸『刑務所処遇の社会学——認知行動療法・新自由主義的規律・統治性』世織書房，2015 年。
　　薬物事犯の受刑者は犯罪者として遇されると同時に，依存症者として治療の対象ともなる。犯罪化と医療化の狭間で当事者が抱えるジレンマを聞き取り調査から探究した専門書。

第8章 グローバル化と開発

国民国家と国際化 　ホモ・サピエンス（現生人類）が地球上に誕生してから 20 万年の年月が経過した。人類はアフリカ大陸で誕生して以来，地球上を移動し，狩猟，採集，牧畜，農耕などを生業とする社会を形成してきた。これらの伝統社会に対して，現在私たちが生活している社会は，工業，商業，交通などが高度に発達した**産業社会**ないし**近代社会**と呼ばれる。

　社会形態の変化に対応して政治支配の形態も変化した。近代世界は主権をもった多くの**国民国家**（nation state）から成り立つ。多民族国家も存在するが，一民族一国家（one nation, one state）が国家を組織する原則となっており，現在の国際社会は**ウェストファリア体制**とも呼ばれる。宗教対立を背景として諸侯間が争った 30 年戦争の結果，神聖ローマ帝国が解体して帝国内の領邦に主権が認められることになったウェストファリア講和条約（1648 年）の名にちなんでのことである。

　主権とは，国家の統治が及ぶ範囲内においては，何ものにも制限されることのない権力を意味する。国民国家は国境を定めて領土を画定し，その領土の内部で主権を行使する。近代以前の社会では，国家の支配が及ぶ範囲には曖昧なところがあり，人びとの移動も現代に比べて，ある意味，自由であったが，ある意味，不自由でもあった。遊牧民や交易商人の存在は国をまたがる移動が比較的自由に行われていたことを示すが，他方，国内にあっては関所や検問所が置かれて，自由な移動が妨げられることも少なくなかった（ただし

149

江戸時代の日本は海に囲まれ，また，鎖国政策がとられていたこともあって，大陸諸国とは異なる状況にあった）。

　これに対して国民国家は，国内に関しては，人びとや物品の移動の自由を認めるが，国境を越える国内外の移動に関しては自由を制限する。国境管理が厳格に行われ，移住や交易は制限される。現在の日本でも，国内旅行は県境を越えるとき身分証明書を携帯する必要はないが（携行が義務づけられている国もある），海外旅行はパスポートなしには出発することができない。貿易も輸入品の多くに関税がかけられ，そもそも輸出入が禁止されている品目もある。

　主権国家の成立以降も人びとや物品の国境を越える移動がなかったわけではない。20世紀の前半まではアメリカへの移民は増え続けていたし，先進国は自由貿易を求めた。ところが1929年に世界恐慌が勃発すると，各国は輸出不振に陥り，そこから抜け出すため植民地を含んだ経済圏（ブロック）をつくり，**自由貿易**から保護貿易（保護主義）へと舵を切った。その結果「持てる国」と「持たざる国」の対立が生まれ，第二次世界大戦の原因の1つとなった。

　戦前の保護主義とブロック経済への反省から，1944年にアメリカのリゾート地ブレトンウッズに戦勝国の代表が集まり，第二次世界大戦後の世界経済の枠組みを決めた。この枠組みのなかで「関税及び貿易に関する一般協定」（GATT）が締結され，一定の条件のもとでの関税は認められたものの，自由貿易が追求され，世界の貿易量は拡大の方向に向かった。

　また戦後の復興を遂げたヨーロッパ諸国では，1950年代から60年代にかけて高成長が続き，労働力が不足した。このため旧植民地からの移民労働者がこの労働力不足を埋めた。このためヨーロッパ諸国ではそれぞれの国家内で**エスニシティ**の多様化が進んだ。日本も同じ時期に高度経済成長を経験したが，不足した労働力は国外からではなく，国内の農村から調達されたため，当時の日本では，ヨ

ーロッパ諸国のようなかたちで外国人が移民労働者としてやって来ることはなかった。

こうして20世紀後半は国民国家体制のもとで、世界貿易の拡大や欧州諸国での移民労働者の増加といったかたちで、国際化が進んだ。

国際化からグローバル
化へ

20世紀の第4四半期頃から社会科学の世界ではグローバル化という概念が用いられるようになった。国民国家間の局所的なヒトやモノの移動というよりは、地球規模での移動が目立つようになったからである。国民国家を介した都市同士のつながりに加えて、国民国家を介さない異国の都市同士の結びつきが出てくる（→第12章）。さらに各都市や各地域が国民国家を飛び越えて他国の都市と結びつくようになって、地球規模のシステムの一部としての動きを示すようになる。そして多国籍企業の発展を背景に世界都市（グローバル都市）が成立する。また国民国家は世界システムのサブシステムとみなされるようになる。

近代世界は国民国家の集合とみなされてきたが、I. ウォーラーステインはこうした国民国家体制のもとで、16世紀以降、資本主義経済によって支えられた近代世界システムが成立したと考える。グローバル化は近代世界システムがより高次の段階に入ったことを意味する。

グローバル化の概念が頻繁に使われるようになった1990年代当時、一方の極には、グローバル化がこのまま進むと「国境のない世界」が成立すると考えた人びともいたが、反対の極にはグローバル化に対する懐疑論者もいた。1つの理由は国民国家の主権は依然として強固であるからというものであるが、他の理由は、20世紀初頭のほうが労働や資本の移動が自由だったからだというものであった。

第8章　グローバル化と開発　　151

しかし21世紀の現在「国境のない世界」は成立していない。国境管理は厳しくなっている面もある。とくに新型コロナウィルスの感染拡大期にはヒトの移動は制限された。とはいえ国境を越えた資本や労働の移動が20世紀後半に比べて一段と多くなったことは紛れもない事実である。またEU（欧州連合）のように国民国家が主権の一部を国際機関に譲り渡すという現象も生じた。

グローバル化の進展　グローバル化はモノ・ヒト・カネ・情報が国境を越えて大量に移動するようになることを意味する。しかもその移動は，単に2か国，数か国の間の移動ということではなくて，世界経済の分業システムの一構成要素としての移動である。そこでは観光客の移動だけではなく，働き口を求めた労働者の移動が重要である。また完成品の輸出入だけでなく，半製品，部品，原材料などの輸出入を通じて，地球規模の分業（**サプライチェーン**）も成立している。

貿易というかたちをとったモノの移動はヒトの移動とともにグローバル化の側面として見えやすい。現代日本社会では，世界中から輸入されたものが溢れている。日本企業の製品であっても，メイドイン・ミャンマーやメイドイン・バングラデシュであることに気づくことも多い。国民国家が強固な時代，各国は関税をかけて国際競争力の弱い自国産業を保護したが，次第に貿易の自由化が進んだからである。

ヒトやモノの移動は物理的に制限することが可能である。このため国境で出入国管理が厳しく行われる。これに対して情報の移動を制限することはほとんど不可能である。マスメディアの発達，衛星放送の開始，さらにインターネットの普及によって（→**第9章**），政府が外国からの情報を完全に遮断することは難しくなった。重大事件は世界中で同時に知ることができる。2001年の9.11世界同時多発テロは世界中のテレビで生中継された。2022年に始まったロシ

ア・ウクライナ戦争や 2023 年のガザ・イスラエル紛争ではソーシャルメディアが戦場をライブ配信した。

　貿易の自由化や通信技術の発達とともに進んだのが金融の自由化である。いまやマネーに国境はなくなりつつある。多国籍企業（グローバル企業）は安い労働力を求めて世界中を動き回る。また法人税率の低い国（**タックスヘイブン**：租税回避地）へと本社を移す。その結果，国民国家は資本をコントロールすることが困難となる。厳しい制約によって**キャピタル・フライト**（資本逃避）が生じることを懸念してのことである。

　労働者も，よりよい労働条件を求め国境を越えて移動する。このため移民労働者の数が増える。資本の移動と同じように労働の移動も自由になれば，世界中の労働条件は均質化するはずである。しかし労働の移動は資本の移動に比べると相当不自由である。このため先進国と開発途上国との間での労働条件の格差の縮まり方は緩慢である。

> ### グローバル化と
> ### 開発途上国

貿易の拡大だけでなく，労働や資本や金融が移動の自由を獲得すると，資本主義のあり方も変わってくる。

　かつて貿易は，ある国の特産品と別の国の特産品を交換することで成り立っていた。互いに欠けているものを輸出入することが貿易だった。ところが産業革命によって各国の生産性に差が生まれた。その結果，国際競争力の強い製品を輸出し，たとえ国内で生産することができたとしても，国際競争力が相対的に弱い製品は輸入するようになった。このような背景により，開発途上国では単一の作物の生産に依存する**モノカルチャー化**が進んだ。

　産業革命と市民革命の進展によって，前近代社会から近代社会への移行が進んだわけであるが，その近代化の現象を研究した社会学者は近代化するにあたって必要となる条件を明らかにしようとし，

第 8 章　グローバル化と開発　　**153**

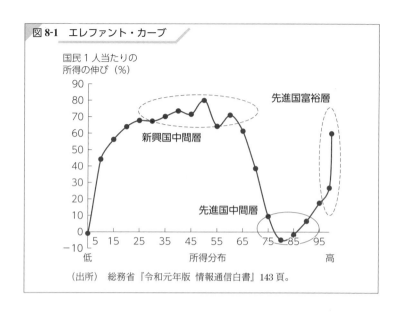

それらが満たされれば，いずれの国もやがて近代化するだろうと考えた（**近代化理論**）。

ところが先進国と開発途上国との格差は簡単には埋まらず，**南北問題**（主に北半球の先進国と南半球の途上国の間にある格差などさまざまな問題）の解決が絶望的に見えた時期が続いた。このため，一時期，「低開発の開発」（development of underdevelopment）といった考え方が生まれた。**従属理論**と呼ばれる議論を展開した人びとは，先進国は自らの地位を維持するために開発途上国に低開発の状態を強いていると主張した。

しかし実際には，その後，開発途上国の人びとの生活水準は上昇し，とくに東アジア諸国では中産階級が擡頭した。経済学者 B. ミラノヴィッチが描いた**エレファント・カーブ**と呼ばれるグラフがこのことをよく表している（図8-1）。すなわち 1988 年から 2008 年ま

での20年間に先進諸国の中間層の所得の伸びは小さかったものの，新興国や開発途上国の中間層の所得の伸びが大きく，開発途上国と先進諸国との格差は縮まったのである（言い換えると，先進諸国の中間層の所得は相対的に低下したのである。このことがアメリカでトランプ大統領が2回当選をはたした背景になったとも言われる）。

SDGs（持続可能な開発目標→第6章）は2030年までに地球上から極度の貧困をなくすことを目標として掲げているが，南半球にはいまだに**絶対貧困**（→第6章）の状態にあり，開発から取り残された人びとが多く暮らしている。このため南半球を中心とした開発途上国は現在，**グローバルサウス**と呼ばれるようになり，その存在が国際政治のなかで注目されるようになった。

グローバル資本主義　すでに述べたように，20世紀の半ばに国際的な経済活動のルールづくりが合意され，**ブレトンウッズ体制**が生まれた。通貨の安定のため為替は固定相場制が採用され，通貨を管理し国際的な経済秩序を維持するためにIMF（国際通貨基金），世界銀行，GATTなどの国際機関が創設された。各国はこの枠組みのなかであれば，国内の経済政策や社会政策に対して大幅な裁量権をもつことができた。

この体制のもとで先進国の経済は約30年間，順調に発展した。戦後日本の**高度経済成長**もこうした国際経済の枠組みのなかで可能となった。

しかし1971年にブレトンウッズ体制は崩壊する。当時のアメリカ大統領ニクソンが金とドルの交換を停止し（**ニクソン・ショック**），1973年には為替が変動相場制へ移行した。第4次中東戦争をきっかけに原油価格が高騰し（**オイルショック**），先進諸国はインフレと経済停滞が同時に進行する**スタグフレーション**に悩まされることになった。

こうした経済的混乱のなかで，**ネオリベラリズム**（新自由主義）を

第8章　グローバル化と開発　　155

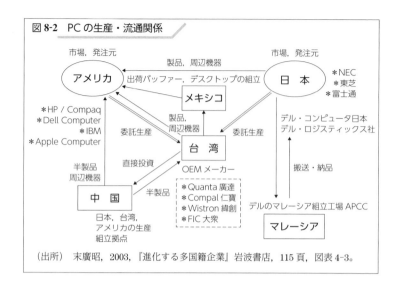

提唱する政治勢力が擡頭し、イギリスでは1979年にM.サッチャーが首相となり、アメリカでは81年にR.レーガンが大統領に就任した。その結果、英米両国が牽引して世界各国で金融や貿易の自由化が進み、グローバル化がさらに推進された。東欧革命（1989年）やソ連の崩壊（1991年）によって旧共産主義諸国が資本主義の陣営に入ってくることになり、世界のグローバル化はいっそう進展した。当時世界最大の人口を有した中国が、2001年にWTO（世界貿易機関）に加盟したことの影響も大きい。

グローバル化が進んだことにより、貿易は完成品の輸出入だけではなく、国境を越えた生産のネットワークが形成されるようになった。たとえば、2000年代にはパソコンの製造に関して、経済学者末廣昭が図8-2のような国際ネットワークが形成されていることを明らかにした。そこではアメリカ、日本、メキシコ、台湾、中国、マレーシアの間で、半製品、製品、周辺機器の輸出入、組み立て拠

点の配置などを通じたネットワークが形成されている。また，フォルクスワーゲン社の自動車生産のためのネットワークは完成車にいたる予備部品，組み立て，個別部品，部品セットなどの製造拠点は日本，中国，南アフリカ，中南米，北米，欧州諸国に及んでいる（スティーガー，M. B.，2010，『新版 グローバリゼーション』櫻井公人・櫻井純理・高嶋正晴訳，岩波書店，57 頁）。

　国境を越えたヒトの移動は，生産労働の領域に目を向けられがちであるが，再生産労働の領域でもグローバル化が進行していることにも注意しなければならない（→第11章）。先進国で女性の労働力率が上昇した結果，それまで女性が主として担ってきた育児，家事，介護などの**ケアワーク**をグローバルサウスの女性が先進国で出稼ぎ労働として担うようになっている。また開発途上国のなかでも都市家族のケアを農村家族の女性が担うこともある。こうしたケアの連鎖を**グローバル・ケア・チェーン**と言う。このため送り出し側では，「頭脳流出」ならぬ**ケア流出**（care drain）が生じることになる。

> ### グローバル文化

国民国家の統一は言語の統一を伴う。英語，フランス語，ドイツ語の統一は国家の中央集権化と結びついていた。日本でも明治政府によって東京の方言を基礎にした標準語が確立され，中央集権化の過程で出身地の異なる日本人同士のコミュニケーションが可能となった。また言語を共通とする人びとの間では国民（nation）としてのアイデンティティが形成され，国民文化が形成されることになる。B. アンダーソンは，このようにして形成された国民国家は**想像の共同体**（imagined communities）（→第3章）であり，その形成にあたっては出版資本主義が重要な役割をはたしたと主張した。

　グローバル化はこうした各国の国民文化にも影響をもたらし，**グローバル文化**とも呼ぶべきものが成立した。

　文化交流は古代から存在していたが，文化のグローバル化はイン

ターネットなどICT（情報通信技術）の発達に支えられて，いわゆる文化交流は単なる文化の国際交流以上のものとなり，グローバル文化が出現した。

　文化のグローバル化は，一方で，各国文化の画一化あるいは収斂を意味する。ハリウッド映画，コカ・コーラ，マクドナルド，iPhone，スターバックスなどは世界中を席捲している。マクドナルドのビッグマックは世界中の店舗で同じ材料，同じ調理法で製造されるから，ビッグマックの価格はそれぞれの国の物価水準の指標ともなりうる。このため為替の領域ではビッグマック平価やビッグマック指数などといった言葉が生まれることになる。上述の商品はアメリカ産のブランドであるが，ユニクロ，H＆M，ノキアなどアメリカ原産でないグローバルブランドも存在する。

　ちなみにマクドナルドで開発された，画一化された作業方法はファストフード・チェーンだけでなく，他の多くの分野で採用されるようになっていると，リッツァは指摘し，これを**マクドナルド化**と呼んだ（リッツァ，G., 1999,『マクドナルド化する社会』正岡寛司監訳，早稲田大学出版部）（→**第4章**）。いまやマクドナルド化は社会福祉の世界にまで及んでいると主張される（ダスティン，D., 2023,『マクドナルド化するソーシャルワーク──英国ケアマネジメントの実践と社会理論』小坂啓史・坏洋一・堀田裕子訳，明石書店）。ソーシャルワークの世界でも効率や標準化が重視された結果，クライエントに対する個別的な対応が失われ，サービスの質の低下が生じたからである。

　とはいえ実際には文化の単純な画一化が進んでいるわけではない。それぞれの地域や国の特性に応じてグローバル文化はローカライズされることが多い。日本のマクドナルドではテリヤキバーガーが販売され，ユニクロも欧米市場向けのコレクションを展開している。またグローバル化によって，ローカルな文化がかえってグローバル文化の隙間を埋めるため，以前にもまして重要な役割を担うように

なるとの主張もある。R. ロバートソンはこうした現象を**グローカル化**と呼ぶ。

　グローバル文化（あるいはグローカル文化）の形成にあたっては多国籍企業（グローバル企業）の果たす役割が大きい。T. アドルノとM. ホルクハイマーは，文化の大衆化と商品化を**文化産業**によるものとして批判したが，現在では，GAFA（Google, Amazon, Facebook〔現 Meta〕, Apple），マイクロソフト，ディズニーのような文化産業がグローバル文化とグローバル資本主義の拡充・強化に積極的な役割を担っている。近年では，日本のマンガとアニメがグローバル文化の一翼を担いつつある。

　　自由貿易と環境問題　　経済活動のグローバル化はネオリベラリズム（新自由主義）の経済政策によってもたらされ，ひとたび始まったグローバル化はそれまでネオリベラリズムと無縁だった国の経済政策や社会政策にもネオリベラリズム的な変更を迫った。またグローバル化が進むなかで，ネオリベラリズムの発祥国ではネオリベラリズムの政策がさらに強化された。こうしたネオリベラリズム化とグローバル化の相乗効果が1980年代以降に形成された。

　すでに図8-1のエレファント・カーブのところで述べたように，自由貿易の拡大によって開発途上国は経済発展し，人びとの生活水準は向上した（ただし格差がなくなったわけではない）。しかしそこには負の側面もあった。その1つが**環境問題**であり，他の1つが**労働問題**である（図8-3）。

　多国籍企業（ほどんどが先進国に本拠地がある）は，グローバル化の過程で，グローバルサウスの環境破壊を引き起こしてきた。先進国では工業化による公害など環境問題を解決するため，世論に押されて，次第に環境基準が厳しくなった。たとえば，日本では1950年代に水俣病が社会問題として認知されて以降，1971年に環境庁

第8章　グローバル化と開発　　159

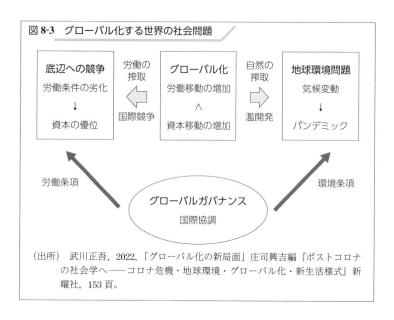

(出所) 武川正吾, 2022,「グローバル化の新局面」庄司興吉編『ポストコロナの社会学へ——コロナ危機・地球環境・グローバル化・新生活様式』新曜社, 153頁。

が設置され, それが2001年には環境省に格上げされた。ところがグローバルサウスでは先進国で守られているような環境基準を確立することが困難だった。開発途上にあるA国が環境基準を厳格にしようとすると, それまで立地していた, あるいはこれから立地しようとする企業が, 環境基準が緩やかなB国に逃避してしまうおそれがあるからである。

その結果, 開発途上国は輸出を増やすために,「生産地拡大のための直接的な森林破壊, 大量の化学肥料・殺虫剤使用による土壌汚染や水質汚濁, 単一作物栽培による土壌の疲弊, 生態系の破壊」等々を経験することとなった（根本志保子, 2007,「グローバリゼーションと環境問題」『日本大学経済学部経済科学研究所紀要』37号, 54頁）。

また先進国や国際機関の開発援助がグローバルサウスの環境破壊につながることもある。援助の内容が必ずしも途上国の人びとが必

要としているものではなく，巨大ダムや火力発電所などの大規模土木事業であったり，石油や鉱物など天然資源採掘の巨大開発プロジェクトであったりするためである。

　モノの移動やヒトの移動と違って，環境問題には文字どおり国境がない。このため環境問題はもともとグローバル化している。グローバルな社会問題の解決のためには，世界政府が存在しない以上，国際協調による**グローバルガバナンス**が不可欠である。そこには各国政府だけでなく，国際機関，国際NGO（非政府組織），多国籍企業などが参加することになる。

グローバル化と労働問題

　グローバル化のもう1つの負の側面は労働問題である。

　労働者は高い賃金を求める。伝統社会と異なり近代社会では国内の移動は自由である。そのため働く場と高い賃金を求めて農村から都市に人口が集中する。グローバル化によって，国内だけでなく国境を越えた移動の制限が緩和されてくると，こんどは国境を越えた労働移動が生じ，先進国では移民労働者が増加する。EUのように単一市場をめざし，労働者の移動の自由が認められているところでは，域内南部やEU加盟候補国の後進地域（イタリア，ギリシャ，トルコなど）から域内北部（イギリス，ドイツ，フランスなど）の先進地域へ移民労働者が集まった。さらに冷戦後のEUの東方拡大によって，旧共産主義諸国からの旧西側諸国への移民労働者も増えた。このため先進地域の労働者は，低賃金で働く移民労働者に脅威を感じ，国内で軋轢が生じている。2020年のブレグジット（イギリスのEUからの離脱で2016年の国民投票で決まった）の1つの要因に，増え続ける移民に対する人びとの反感や巨大組織EUに対する**ルサンチマン**（強者に対する憎悪の感情）が存在した。

　EUのように国境を越えた労働移動の自由を認めている地域（リージョン）は，地球上では例外的である。他の地域の多くの国では，

第8章　グローバル化と開発　　161

移民労働に対しては，自国労働者の雇用機会を奪わないよう，一定の制限を課している（EUも域外からの労働移動に関しては同様である）。

ところが金融の自由化によって，資本の国境を越えた移動は労働に比べてはるかに自由になっている。言い換えると，高い賃金を求めて労働者が移動するよりも，安い賃金を求めて資本が移動するほうが簡単だということである。こうしたなかでキャピタル・フライト（資本逃避）が生じることを畏れて，各国政府は**底辺への競争**（race to the bottom）に巻き込まれていく。

たとえば，日本の1980年代の法人税率は40％を超えていたが，グローバル化の時代に順次引き下げられ，2025年3月末現在23.2％となっている。それでもアメリカやイギリスに比べるとまだ高い。

労働条件の規制緩和　また労働条件の規制緩和もグローバル化とともに進んだ（→第4章）。職業安定法では民間事業者による労働者供給事業は禁止されていた。業者による人身売買，強制労働，中間搾取などを避けるためである。ところが1960年代頃から業務請負というかたちで事実上の労働者派遣がビジネスとして行われるようになっていた。それを追認するため政府は1985年に**労働者派遣法**を制定し，86年には16業務に限って派遣事業を合法化した。96年に対象業務が拡大され26業務となったのち，99年には原則解禁し，専門的業務や製造業などをネガティブリストとして禁止するにとどめた。2000年には，それまで禁止されていた紹介予定派遣を解禁した。2004年以降は，派遣可能業務や派遣期間に関する規制が緩和・撤廃され，**製造業への派遣**も可能となった。

このように先進国で労働条件の規制緩和が進むなかで，グローバルサウスが独自に労働条件の規制を強化することは難しい。このため劣悪な労働条件が放置されることになる。

社会政策の歴史のなかで19世紀イギリスの工場法が最初に手がけたのは児童労働の禁止と労働時間の制限だった。SDGsでも「2025年までにあらゆる形態の児童労働を終わらせる」（目標8ターゲット7）となっている。ところがILO（国際労働機関）の推計によると世界で2000年から16年まで減少の傾向にあった児童労働に従事する子どもの数が反転し，20年には1億6000万人にまで増えている。

社会保障の歴史のなかで早い段階に制度化されたのは労災保険である。ドイツで1884年，イギリスで1897年，いずれも19世紀のことである。ところが21世紀の現在，グローバルサウスでは労働安全に関する法規が未整備であったり，整備されていたとしても不十分であったり，また適用範囲が不十分だったりする。そのため労災事故が後を絶たない。

労働条件における「底辺への競争」も，地球環境問題と同様にグローバルな社会問題となっている。そしてグローバルな社会問題の解決には，環境問題と同様に，**グローバルガバナンス**が不可欠である。

> 脱グローバル化？

グローバル化は今後も進展していくのだろうか。あるいはグローバル化は終わりを告げるのだろうか。この問題を考えるうえでは以下の点を考慮に入れる必要があるだろう。

第1に，反グローバル化の社会運動が存在する。グローバル化が地球環境や各国の労働条件に負の影響を及ぼしてきたことから，自由貿易に対する反発は根強い。1999年にシアトルで開催されたWTOに対する大規模な抗議行動はよく知られている（写真8-1）。その後も，2003年にフランスで開催された主要国首脳会議やメキシコで開催されたWTOの会議でも同様の抗議行動が繰り広げられた。農業者による自由貿易に反対する運動も多くの国で見られる。

第8章　グローバル化と開発　　163

写真 8-1　シアトルの反グローバリズム運動（1999 年）

ロイター／アフロ提供。

　第2に，グローバル資本主義の担い手である金融システムの瑕疵から 2008 年には**リーマン・ショック**が起き，一時，世界経済は混乱に陥った。株式市場が急落し，国際貿易が減少した。その後の各国政府の介入により，世界経済は数年かけて回復した（2010 年に世界のGDP成長率や貿易量はリーマン・ショック前の水準に戻った）ものの，グローバル化が止まったかのようにも見え，**脱グローバル化**（deglobalization）が叫ばれた。

　第3に，2020 年には新型コロナウィルス感染拡大によって，世界中で人流や物流が滞った。グローバル化がヒト，モノ，カネ，情報の国境を越えた移動の増加だとすると，少なくともヒトの移動に関してはグローバル化が停止したことになる（ただし，世界全体のGDP成長率はマイナスとなったが，翌年にはプラスに転じ，2022 年の世界貿易は名目ベースで過去最高となった。つまり経済のグローバル化の再開は早かった。またヒトの移動に関しても，デジタル技術の進化にともない

164

国境を越えたバーチャルなヒトの移動が可能となってきており，C国の労働者がD国で遠隔サービスを提供することが可能となりつつある。要するに国境を越えたテレワークが可能となっている）。

　第4に，ロシア・ウクライナ戦争やガザ・イスラエル紛争の結果，サプライチェーンのグローバル化が後退する可能性がある。ロシアのウクライナ侵攻によって欧州諸国ではロシアから天然ガスや石油の供給が途絶えて経済的混乱に陥った。ウクライナの穀物輸出が滞り，アフリカ諸国では食糧危機が生じたことは日本でも報じられた。またガザ・イスラエル紛争の結果，スエズ運河と紅海の航行が危険となったため，日本でも物価上昇が起きた。安全保障上の理由から，今後はサプライチェーンのローカル化が進むものと見られる。

　21世紀の第1四半期が終わろうとしている現在，世界が1980年代以前の姿に逆戻りするとは考えにくい。とはいうもののリーマン・ショックやパンデミックを経験した現在，これからグローバル化がこれまでの40年間と同じかたちで進んでいくとも考えにくい。2025年にはそれまでグローバル化の推進国であったアメリカで，グローバル化に反対し，アメリカ第一（MAGA：Make America Great Again）を掲げるトランプ政権が誕生した。その意味では，今後，グローバル化が反転し，脱グローバル化が進む可能性も否定できない。

M. B. スティーガー『新版 グローバリゼーション』（櫻井公人・櫻井純理・髙嶋正晴訳）岩波書店，2010年（原著2009）。
　　グローバル化に関する論争と歴史，またグローバル化の経済，政治，文化，エコロジー，イデオロギーの次元について平易に解説する。

I. ウォーラーステイン『史的システムとしての資本主義』（川北稔訳）岩波文庫，2022 年（原著 1995）。

　　15 世紀末ヨーロッパに起源をもつ世界システム論の提唱者として大きな影響力をもった著者が，中核，周辺（辺境），半周辺（半辺境）からなる資本主義的世界システム論のエッセンスを解説する。

第9章 メディアと文化

概念としての
「メディア」「文化」

この章で論じようとするメディアも文化も，固有の拡がりと意外な深みをもつ概念である。そして社会学が関心をもつ〈社会的なるもの〉の基底の考察において，重要で効果的な道具立てとなると意識されてきた。

　社会学的想像力の特質は，一言でいえば関係主義による解明である。心理学や政治学・経済学あるいは医学などが，ときに人間理解の基本単位とする「個人」を，社会や文化のありように深く規定される関係的な存在として描き直そうとする点にある。すなわち，社会学は「私」という個人を，それ以上分割できない（individual）単位，独立の（independent）存在，バラバラに隔てられた（separate）実在としては理解しない。いわば編み物の「結び目」のような存在として，事物や心意や制度や技術などの諸関係が絡み合う，社会の構造のなかでとらえかえす。そして，その身体＝主体がつくりあげ，また組み入れられる諸構造の動態とともに，その固有の存在形態を理解し分析していく。

　そうした関係主義の方法意識に，メディアの概念は重要な視座と考え方とを提示してきた。人間の文化を，単なる意識や観念の**集合表象**としてではなく，「媒介性」と「道具性・技術性」の交じりあった力において，生みだされた構築物あるいは社会的構成（social construction）としてとらえ，論じる。そうした方法性において，メディア概念は新たな論理を生みだしてきたのである。

167

まず，メディアという視点が重要な位置を占めてきたプロセスを，関連する他の諸概念との複合において論じ，その言葉が開いた可能性について考えてみよう。

> ### マスコミュニケーションの歴史的な発見

展開の起点に置くべきは，「マス（mass）」（塊，大量性，集合性）のかたちで発見されたコミュニケーション現象である。具体的な契機となったのは，20世紀初頭にかつてない大きな力を社会的にもつようになった新聞（news）やラジオ（radio）であり，そうしたメディアが生みだした**世論**（public opinion）の分析であった。

今ふりかえってみると，この主題が1950年代前後に「マスコミ」という短縮語形の一語で普及することになったのは，象徴的であった。報道機関の力を指す用語として，日本社会の日常でも盛んに使われるようになった。この概念の萌芽は，すでに1910年代の第一次世界大戦の現実のなかにもあったが，広くその力が認識されたのは，総力戦として展開した第二次世界大戦（1939〜45年）下である。報道と宣伝とが融合し，国民を戦争に総動員する現象が，グローバルにも観察されたからである。そうした動員が可能となり，また必然となった状況の認識や，その新しい力への危惧は同時代的なものであった。それゆえ総動員・全体戦争（total war）に対する反省は，必ずしも敗戦国の側だけのものではなかった。戦勝国とされた側においても**マスメディア**が国民を統合し，情報を統制する力の巨大さが認識され，それを警戒する向きがあったのである。

他方で，新たに効用が認められ広く採用された技法である**世論調査**の受けとめ方は複雑であった。単に意見や態度を調べる技法以上の意味も生まれていた。その実施それ自体がまるで民主主義の実現でもあるかのように受けとめるムードは，戦後日本社会においてとりわけ顕著であったかもしれない。別な言い方をすると，新聞社などの取材や報道活動の自由を，全体主義からの無条件の解放である

かのようにとらえてしまう感覚が，敗戦国であった日本には存在したのである。その歴史も，忘れ去ってしまうには早すぎる。

そうした懸念と期待との両極への大きな振れ幅を含みつつ，**マスコミュニケーション**という概念の中核は，さまざまな媒体のもつ「不特定多数の大衆に情報を伝達する」テクノロジーの力であった。光があてられた共通の特質は，情報の大量複製（生産）と広範囲をおおう撒播（種を土地全体に一様に撒き散らすこと）の力能であり，そこに組み込まれることで実現した**情報の流れの一方向性**であった。もともと双方向性を有していた対話・コミュニケーションが，マスメディアの回路のなかでは，一方向的な伝達に変容してしまっていることが問題にされた。マスコミュニケーションでは，媒体を所有し情報を生産する送り手が強い影響力を有し，受け手としての視聴者は他人指向型で孤立した**孤独な群衆**（D. リースマン）（→第2章）として，情報を消費するだけの受動性を刻印される，と批判された。

この構図はしばしば情報の「伝達モデル」としてとらえられている。しかしそれよりも，情報の生産と消費とを一連の流れにおいて把握する，いわば「産業モデル」であったと理解するほうが適切である。すなわち，**メッセージ**あるいは**コンテンツ**の社会的な生産・流通・消費の流れのなかに，送り手＝生産者／受け手＝消費者を位置づけたからである。そして巨大な機構を所有する送り手の権力と，消費する大衆としての受け手の受動性とを，現代的な主題として浮かびあがらせたのである。

一方向性・直線性の超克　マスコミュニケーション現象の理解をめぐっては，古典的な刺激−反応理論を下敷きにしつつ，「弾丸」や「皮下注射」などの危険性を強調する比喩が持ち出された。直線的で直接的で扇情的ですらあるマスメディアの効果が危惧とともに語られ，その極端な一方向性に対する批判が繰り返し提示された。いわゆる**弾丸理論**では，

第9章　メディアと文化　　**169**

メッセージのもつ意味がそのまま視聴者の理解に打ち込まれるというイメージにおいて，効果の強さへの懸念が前面に出されたのである。

しかしながら最近では，この効果の強力なイメージそのものが，実は仮想敵を批判せんがために構築されたイデオロギーの側面をもっていたことが指摘されている。すなわち，時代のメディアの産業的な利害の対立が，この図式的な理解に過度に反映されてしまっていたのではないかという無意識のバイアスへの反省である。

すでに1930年代には，新しいメディアとしてのラジオが注目を集め，かつて19世紀に輪転機による大量高速印刷を実現して巨大化した新聞との対抗と緊張とが，一定のリアリティをもちつつあった。そこにH. キャントリル『火星からの侵入』（1940年）研究のインパクトが加わる。ニュース形式の「**火星人の襲来**」というラジオドラマを信じた一部の人びとが，実際に避難行動を始めたという現実に光を当てた分析だった。さらに1950年代から60年代にかけてアメリカでも日本でも一般家庭にテレビが普及しはじめるようになるなかで，そのコンテンツの低俗さが話題になるなど，視聴覚メディアの功罪が一般にも意識されていた。

そうした経緯と時代状況のなかで「弾丸理論」という，強いイメージの批判的な性格づけが，1970年代に用いられはじめていることは，偶然の符合ではない。むしろ，こうした時代の危惧や懸念に共通する傾向を総括するものでもあった。現実からは超越しているかのように思われている「理論」の様態も，社会の気分や諸構造の規定力と無関係ではない。であればこそ，それぞれのメディアの特性や存在形態について，現代からはとらえにくくなっている同時代の環境・状況をもあわせて明らかにする，冷静で丹念な把握・分析が必要である。

「弾丸」や「注射」の比喩が，群衆性・大衆性のもつ感染・盲従

という事態への批判を目的とするフレームアップであったにせよ，その比喩に託された強い効果への懸念は現実にあった。そうしたなかで社会学の実証研究が，もうすこし複雑な現実のメカニズムを冷静に見つめていたことも見落とすべきではない。

1940年代における『ピープルズ・チョイス』（P. ラザースフェルド，1948年）の大統領選挙分析や E. カッツとラザースフェルドのコミュニケーションの二段の流れ論は，受容の構造をめぐる社会学的な修正モデルの1つであった。マスメディア情報の一方向的で均質で直接的な影響力の想定に対して，媒介要因として作用する集団の存在を説明に導入した。ラジオや新聞等のメディアを通じて大規模・広範囲に発信された情報が，そのまま受け手に受けとめられるのではなく，人はオピニオンリーダーとして身近に影響力をもつ人格の声を介して，あるいは親密圏（→第3章）などの「一次性」（対面的・直接的な関係性）をもつ集団を介して，現実的な影響力を受けとることを明らかにした。

1960年代に提示された沈黙の螺旋（E. ノエル-ノイマン）も，情報の一方向的な流れとは異なるメカニズムの理解を醸成した。すなわち，マスメディアによって多数派だと認定された意見に対して，孤立を恐れる人間たちは社会的な同調圧力を感じてむしろ沈黙し，一方の多数派を標榜する意見だけが表立って公的に表明され続ける，というメカニズムである。その明白な不均等性のなかで，世論が螺旋状に収斂していくことをモデル化している。

効果研究における直線性や線状性（linearity）に対するこうした批判は，やがて受け手の能動性に注目したアクティブ・オーディエンス論を発展させ，その要素を受け継いだカルチュラル・スタディーズや，読者のもつ批判的な読解力に焦点をあわせたメディアリテラシー論などを生みだしていく。さらに，メッセージに埋め込まれているコード（規則・暗号）をどう生成的かつ批判的に読みうるかを

第9章 メディアと文化　　171

めぐって，K. マルクスの生産／消費あるいは再生産の概念を援用した「**エンコーディング**（記号化・コード化）／**ディコーディング**（復号化・コード解読）」（S. ホール）論が提起され，テレビなどの視聴者という主体がとりうる立場（position）の複数性をめぐるエスノグラフィーなどが生まれている。

> 内容分析と
> コーディング

分析手法の展開からも，このマスコミュニケーション現象の重要な特質について学ぶことができる。

社会学的探究の手段として大きな役割を果たしたのは，選ばれた対象者に対して質問紙を使って回答（反応）を収集するクェッショネアサーベイ（質問紙調査）であった。しかしながらメディア研究の領域では，それに加えてまったく異なる別な手法が積極的な意味をもって展開した。メッセージ分析手法としての**内容分析**（content analysis）である。

広い意味での内容分析は，メッセージの内容や特質を整理して記述し，分析し，解釈・評価する方法の全体を意味し，新聞記事に限らず広告や会話の分析などの幅広い手法を含みこむものであった。他方で狭い意味では，メッセージ内容を数量的な処理を通じてとらえる諸手法を指し示すものとして使われてきた。さらに近年では，キーワードなどをコンピュータで剔出し定量的に分析する**テクストマイニング**（後述）の諸技法をも引っくるめて理解する傾向すら生まれている。

内容分析は，歴史的にはまず新聞記事の長さを測るところから始まった。新聞の本文の活字は大きさが均質で，その印刷では段組みが標準化されていたため，記事の行数すなわち長さが，そのまま内容としての「量」をあらわしたからである。素朴な操作化だが，ある主題の量やその変化を考察し，社会的な注目度の変動や理解の変貌を検証する効率的な方法であった。そこでは，たとえばジェンダ

一，偏見，民族など，ほぼあらゆるテーマを取り上げることができた。

　しかしながら，そもそも測るべき記事をどう選ぶか。分析するうえでの重要な「課題」が，すでに対象の「抽出」などの操作の具体的な手順のなかに埋め込まれている事実に意識的である必要がある。すなわち，測るべき記事の選択の作業それ自体において，当該の主題が含まれているか含まれていないかが問われる。その選別と認定は，不可欠かつ不可分であったからである。その判断それ自体が，すでに**コーディング**（分類符号付与，記号化，概念化）の実践である。コーディングという概念は，見出しや記事本文などにおいて，主題に関する特定の単語やフレーズを検出するための規則や，選択・分類の作業で使われるが，すでに対象選択の局面にも原理的には当てはまる。素材・データとなる対象の抽出でも，記事に含まれたメッセージの中身の分析においても，コーディング規則の妥当性（適切さ）が求められ，適用処理の信頼性（正確さ）が問われてきた。

> **データの質を活かす**

　一般に指摘されているように，大量の資料・データのコーディング処理においては，信頼性をめぐる問題が起きやすい。多人数で作業を分担した場合には，各個人の間で基準の適用が一致しているのか，などに問題が生じる。また，一人がすべて対応したとしても，最初から最後まで一貫してルールを保つことができたかの保証は難しい。一面で，評価者を複数にして，重なり合った判断を活かすほうが適切であるという議論もある。そうした方法で信頼性を確保しようとすると，残念ながら手続きが複雑になるばかりか，ときに決定が不能となるような状況をも生みだす。また分析の人間的・時間的コストが増えざるをえない。

　一方において，1990 年代頃から**新聞データベース**などの利用が可能になり，検索機能などを活用した記事分類や対象抽出に，機械利

用の正確さが生まれ，比較的容易になった。その利点はフルに活用してしかるべきであり，現実に研究に利用されている。さらにはSNS上でのテクストなど，最初から電子化された形態で社会的に流布するがゆえに，利用しやすい資料の領域が急速に拡大している。しかしながら，その情報の内容（コンテンツ）だけでなく，存在形態も丁寧に解読される必要がある。それは社会学の探究の基本である。誰から発信され，誰に読まれ，どう受けとめられ，いかなる社会意識の指標となりうるのか。そうした分析が手順そのものにおいて問われる。

　どのみち，万能の解決策はない。常に当該資料の社会的存在形態に刻み込まれている**データの質**を検討しつつ，対象の範囲を確定して明確化し，活用を構想することの大切さを忘れてはならないということに尽きる。

　新聞データベースでの検索・抽出は，いまだごくごく小数の大新聞に限られている。国民新聞・都新聞・二六新報など現実に刊行された全国紙も数多くの地方紙なども，流布した実態の全体を覆えていない。自らの主題にあわせてその存在形態や特質を検討せず，手続きをブラックボックス化して全面的に既存のデータベースに依存することは危うい。インターネット上での情報交信が活発になり，さまざまな情報が最初から電子化されて蓄積されるなかで，いわゆる「内容分析」としてのメッセージ分析が簡単に試みることができる環境が生まれてきている。であればこそ，素材となりうるものの見定めや，対象とすべきものの設定を，自覚的かつ注意深く行うことが求められる。

　さらに踏みこんで，主題の操作化すなわちメッセージ内容の分析においても，論ずるべきことは多い。事前の「コーディング」のような分類・認定の作業を最初からは行わず，ビッグデータに対する計算処理を優先させる方法も，研究法の選択肢のなかに入ってきた。

対象とするデータのなかから自動的に「言葉」としての形態素を抽出し，対応分析やクラスター分析などの多変量解析を行って，言葉（文字列）と言葉との間での「共起」（ある文書のなかで一緒に出現すること）などの関連性を分析する，そうした試みも盛んに試みられている。**計量テキスト分析**とか，テクストマイニングと呼ばれる方法であり，この20年で大きく発展した。

これが目視による走査でコーディングを行っていた手作業の時間コストを節約し，コンピュータ利用の網羅性と正確性を活かして量をこなすことで，それまで論じられていなかった意外な発見をもたらしうることは確かであり，また他者による再度の検証という再現性に開かれていることも評価しうる。

しかしながら，その可能性を認めたうえで，なお手法そのものが提供してくれる利便に，無自覚に依存してはならない。これまで以上に，対象の社会的存在形態に対する洞察が深められなければならない。「理論的実践」（L. アルチュセール）の対象を明確化し，データ操作の方法を，再検証可能な開かれたかたちで具体的に設定することは不可欠である。何を明らかにする研究なのかという自らの本願にそくして，その応用の特性，長所・短所を検討していく必要が，かつての社会調査以上に求められていることも忘れてはならない。

「疑似空間」と
第一次世界大戦

さて，マスコミュニケーション研究において，W. リップマンの『世論』（1922年）が論じた**疑似環境**（pseudo-environment）論は，現代社会分析への貴重な遺産であった。私たちの社会を私たち自身がどうとらえるかという論点において，現代につながる重要なレイヤー（仮設的な層）をつけくわえたからである。

リップマンの『世論』が取り上げた最初の光景は，電信も通じず郵便もまばらなために，戦端が開かれた後もなんと6週間にわたり，第一次世界大戦の勃発を知らずに島で平和に，まさに何ごともなく

仲良く暮らしている，英・仏・独の住民たちの交流である。そうした事実の「誤認」，あるいは情報からの「隔離」の生活について，実はヨーロッパ大陸でも「この島民たちの状況とさして変わりはなかった」のではないかと事態を論じたとき，この世論研究者は，何に光を当てようとしていたのか。

　単なる情報伝達の遅れや，正しい報道の不足の問題ではなかった。そこで問われたのはもっと普遍的で根底的な問題であり，社会そのものの存立にも関わるものだった。

　すなわち，私たちの認識や意思決定が，いかに身体を取り巻く「環境」としての情報に依拠し，依存しているかという事実である。その基本原理から世論が再検討される。それはまた，ある情報をそこに当然であるかのように存在させている，テクノロジーの作用を問うものでもあった。

　私たちはどこにいても「自分たちの頭に映じたイメージ」を信頼し，周囲の状況を実は間接的にしか知らない。そして「現在行動のよりどころにしている信条」もまた，その生みだされたイメージに規定されてしまっている。すでにメディアが伝える情報が人びとの行為の根拠となり，それぞれの行動の環境となってしまった。そうした世界の根本的な間接性・構築性に基づくイメージをリップマンは「疑似環境」と名づけ，「人の行動はこの疑似環境に対する1つの反応である」ととらえた。

　その発見は，メディアに媒介された間接的な情報環境が，実際の身体が存在する現実環境にかぶさる時代においてこそ，より深刻な問題提起となる。メディアに媒介された世界において，真偽を見分けることが難しくなる原理的な苦境（predicament）を主題化していたからである。その意味では，バーチャル・テクノロジーによって現代社会に加えられた，さまざまな情報技術による「疑似空間」が，先駆的に論じられていたともいえる。

176

だから，この「疑似」を「非現実の」「ニセの」「虚偽の」という否定的な意味でとらえてはならない。

　単に「ニセの」間違った情報と等置して，真の現実あるいは正しい情報と対立させるような理解が，残念ながらメディア研究者のなかにも根強くある。そうした「虚偽（疑似）／真実（現実）」の単純化の切断から，社会学は始まる。マスメディアの媒介において環境化された情報に対し，その真偽を常に超越的に判定できる特権的で例外的な場所など，アプリオリには存在しないからである。そのことこそ，リップマンの問題提起の中核であった。

　確かに，この疑似環境においては「虚構が切実に求められているために，虚構が真実と取り違えられる」ような，いわば遂行的な逆転が起こる。そうしたリップマンの指摘は，なるほど**偏見**や**ステレオタイプ**（固定観念・画一化されたイメージ・紋切り型）の批判であると同時に，まさしく能動的な受け手すなわちアクティブ・オーディエンスがつくりだす，認識の構築主義的な再帰性の問題でもあった。すなわち，疑似環境に導かれた行動・行為の遂行それ自体が，前提となる環境をすでに思い込まれ望まれていたイメージに合致するものにつくりあげてしまう。それがある意味で「認知的不協和」の解消でもあるがゆえに，多くの人びとを巻き込んでいく。

　ナチズム，ファシズムという全体主義台頭の社会心理学的なメカニズムを，**権威主義的パーソナリティ**（→第13章）という社会的性格の類型において分析した E. フロムの『自由からの逃走』（1941年）も，まさに一面からみれば「能動性」「主体性」のように見えるものにインストールされたゆがみと自己疎外のえぐり出しだったのである。

| 「メディア」への注目 |

　すでに指摘したように，大衆（mass）現象としてのマスコミの研究は，未分化でさまざまな萌芽を含み込んでいた。対象となる現象そのものの歴史性へ

第9章　メディアと文化　　177

の注目とともに，メディアのテクノロジーとしての特質から人間の
コミュニケーションの固有性を考えようとする志向が含まれていた。
つまり，コミュニケーション論であると同時に，**メディア論**でもあ
ったのである。

　そこにおける「メディア」とは，いわば媒体そのものの形式・技
術・特質を指し示す概念であった。これに対して，「コミュニケー
ション」の概念は，むしろ媒体が生みだす内容・現象・現実に光を
当てることが多い。単純化していうと，メディアはつまり現象を支
えている「容器」の形態であり，コミュニケーションはその現象を
満たしている「中身」である。

　そうしたなかで，マスコミュニケーション研究は，中身としての
メッセージの分析に視野を限定しがちだった。その傾向に対してメ
ディア論は，送り手／受け手の間の関係の分析や，テクストに作用
する多様な技術やモノの作用の解読へと，理論的実践を拡げていく
機能を担った。

　いわゆるメディア論の外延を驚くほどに拡大し，その内包に質的
な転換をもたらしたのは，M. マクルーハンである。

　社会学の世論研究・マスコミ研究のなかでのメディアは，ほとん
ど報道・放送などの領域での伝達の技術に限定されていた。しかし，
マクルーハンに代表されるメディア論は，そうした情報通信の手段
の狭い意味からメディア概念を解放した。活字アルファベットの印
刷革命から，自動車による移動も，ナイロン靴下もハンバーガーも，
そのすべてを身体的存在としての人間を拡張する媒体機能において
とらえ直す。そして，そうしたメディアの受容が，人間の主体的な
行為，たとえば見る・聞く・感じる・考える・愛する等々の身体的
な実践にいかに深い影響を及ぼし，変化を生みだすか。そうした視
座の構造的な転換の徹底と普遍化において，社会をとらえ，論ずる
新たな見方を提出したのである。

178

事物の社会的な存在形態が，人間と社会とに新たな関係をもたらし，それまでなかった現象や行為を生みだす。メディア論の可能性を，そこに求めるならば，いくつもの応用と発見の事例を思いつくことができるだろう。

　たとえば，今日ではあたりまえの光景となった，スマートフォンでの即興的で記録的な写真撮影の誕生からも，私たちはいくつものメディア論的な変動理解の補助線を引くことができる。

　物質的な電話（通信）線の存在から解放された「**移動体通信**（mobile communication）」としての携帯電話（広い意味でコードレス電話器を発展させた PHS や，やがて現れる多機能のスマートフォンを含む）は，日本では 1990 年代に普及が本格化していく。そこに，それまではまったく通信とは関係ないカメラ機能が搭載されたのは 2000 年前後であっただろうか。その付加機能は，それほど明確な利用のイメージなしに開発され，導入された。

　しかしながら，このメディアがインターネット空間に接続できることで，当初の想定を大きく超えた共有の便宜をひらき，すでに軽量化し簡易化していたはずの従来のデジタルカメラを，駆逐するほどの利便を組織しえた。その実感と機器の普及とが，人びとの撮影行動をもまた大きく変えていくことを，開発者たちは予想していなかった。

　さらに，この小さな機器の日常への浸透が，かつて「電話」としか呼んでいなかった機器を**固定電話**と名指すような，生活慣習の変化を生みだす。そして，かつて家族や職場で共有されていた電話のもつ「集団としての利用」「私用の排除」という，慣習のなかにひそんでいた無意識の特質を浮かびあがらせた。そのことも，まさに遂行的・再帰的な新たな発見である。

　この移動体通信のメディアによって，個人と個人とが直接かつ親密につながりあう。そうした関係性が，ある不安定さを含みつつも，

強化されたのである。

そのメディアの発展はクレジットカードという通貨の取引・決済の機能を取り入れ，自動改札化した駅やバスに切符を買わずに自由に乗り降りする行動を生みだし，さらには身心の状態すら測定し健康を管理する機能まで準備しつつある。私たちはこのメディアの存在形態と力能をたどって，現代社会に新たに生まれつつある，実にさまざまな変容を浮かびあがらせることができる。

**人間の拡張／
社会の構築**

考察すべきは，テクノロジーの特質ではない。むしろ，メディアと人間との**インターフェース**（接合形態）である。

すなわち，社会を構成するさまざまな事物と主体との対話的相互作用（コミュニケーション）の実態であり変動である。その変化が，いかなる想像力を生みだすのか。それが使用主体にも，研究者にも研究実践にも，問われているのである。

B. アンダーソンは『**想像の共同体**』（1983 年）において，新聞というメディアが果たす役割を，かつてのマスコミ研究とはまったく違った射程において考察した。それはまことに示唆的で，社会学的であった。そこで注目されたのは，私たちが新聞の本質だと漠然と思っている，ニュースの情報の「新しさ」ではなかった。この印刷物が毎日発行されるというシステムとしての形態的な特質が，人びとに生みだす固有の慣習であり，その想像力のありようこそがポイントであった。すなわち，日刊の新聞がいかなる共同体の想像を，人びとの日々の認識や経験のなかに立ちあげたか。その転換があざやかに分析されている。

あたりまえであるがゆえに見過ごしてしまっているけれども，新聞は毎日新しいものが発行される。その事実は見かけ以上に重要な，社会的な意味を有する。つまり，その日々の定期刊行は，みんなに見上げられて参照される広場の教会の時計のように，時を刻む標識

となった。そして毎朝の食卓で，あるいは職場で，その日の新聞を儀式のように読み，関心を寄せる人びとの身体に，かつての社会にはなかった「新しい同時性の観念」をインストールしたのである。新聞に載せられている事件や犯罪やイベントや**ゴシップ**は，まさにその社会的な時計の想像された同時性のなかで，すなわち，この社会という空間の共同生活の想像において新たに加えられた「事件」なのだと感じられるようになった。つまり，新しい情報が伝えられたのではなく，ニュースの「新しさ」そのものが，このメディアによって生みだされたというのが，発見のポイントである。

　こうした時間と空間とを想像する枠組みこそが，メディアがつくりだした「容器」としての共同体であり，新聞を読む受け手が生みだした社会のイメージなのである。「新しさ」もまた，まさにそこで普遍化した時間軸のうえで定義され，受容される。

　こうした分析の積み上げのなかで，新聞もその重要な一部をなす出版資本主義が，近代性が刻印された「国民（nation）」と古くて新しい「ナショナリズム」を構築し，さまざまな**創られた伝統**（ある集団の正当性を再確認するものとして社会的・政治的な必要からつくりだされた伝統）を定着させたことが，そこで明らかにされている。この理論的実践の骨格は，そのような認識の生産のメカニズムの解明において，まさしくメディア論であった。

> 「文化とはなにか」という問いかけの罠

文化もまた，同じような構築性の認識において，問い直されるようになった。文化とはなにか。社会学が強く関心を寄せてきた「文化」の理解にもまた，メディアとコミュニケーションの理論枠組みが侵入し，その相貌を変えてきた。そのいくつかのポイントを，ここで取り上げておきたい。

　「文化とはなにか」という，一見率直にみえる疑問文が，すでにねじれを抱えこんでいる。この問いは，対象としての文化の特質を

第9章　メディアと文化　**181**

探っているだけではない。ある現象を「文化」ととらえ、そう意味づけている主体の認識枠組みそれ自体を、同時に問うているからである。だから見かけほどに、単純でない。

それゆえ「文化」を、対象にするための過不足ない定義や、普遍的で国際的な共通性の同定を、ひたすら急ぐのは得策でない。その先回りは、ともすれば社会の現実や実態の具体性を見失いかねない危うさを宿し、観察や思考の運動の勢いを削いでしまう。

価値ある高さ／残余の領域／科学と哲学

であればこそ、文化の日常的な用法のなかにひそむ、制約の自覚化から始めよう。文化の理解を歴史的にしばってきた意味の作用を、まずは自覚する必要がある。

第1に切断すべきは、文化を価値的にすぐれて高く、生命史的に進んだものとして位置づける傾向である。ここには、社会進化論的な進歩の概念が投影され、「未開／文明」を分類してきた帝国主義や植民地主義の**オリエンタリズム**が侵入している。しかし、アームチェア（現地に行かずに旅行記などからだけ考察する）からフィールドワークへと展開した人類学は、そうした外的な価値基準の密輸を排して、それぞれの集団が内生的につくりあげ、継承され再生産される行動様式をとらえようとした。

第2に対象化すべきは、文化を法や政治や経済の残余領域として、漠然と理解し、周縁化する傾向である。この理解は、人間の社会生活の分析を細分化する。成文法（→**第13章**）のもとで規範として共有され遵守されている行動や、権力が関わる秩序形成の局面は法学・政治学が扱い、財・サービスの交換やそれを通じた社会関係の分析は経済学が主に分担し、文化はそれ以外の残余を意味するものへと囲いこまれてきた実態を反映している。この分断・分業も意味のない制約であり、その桎梏は方法の内側から、無意味な分類として崩れつつあると私は思う。

182

第 3 に克服すべきは，文化を科学と対立させ，その双方をさまざまな専門に分断させる傾向である。そうした理解は，かつての学知の古典的な理想のなかで，philosophy（哲学）と science（科学）の実践に，共通の基盤を見ていた感覚を忘却せしめる。ここには 20世紀前半の科学技術の急速な発展が影響しており，C. P. スノーの**二つの文化**における慨嘆，すなわち物理学に象徴される理系の学知と，文学に象徴される文系の学知との隔離・断絶に対する危機感と対応する。この断絶は大学の専門分野の制度や研究教育のもとで，なお再生産され続けているのも事実である。しかしながら，情報ということばで指し示される領域の発展は，この境界がいかに無意味な手かせ足かせとなっているのか，その現状を明らかにしている。

> ### 自文化中心主義と文化相対主義

第 1 の論点は，前述の第 3 の指摘とともに，「文化」を理解する枠組みそれ自体が，1つの文化であることを暗示している。自らに内在している枠組みを，どれだけ自覚し，認識し，相対化してとらえうるか。つまり，自文化中心主義をいかに遂行的に乗り越えることができるかが問われている。

自らの文化の固有性に無自覚であることが他者認識をゆがめたり，固有であると認識し実感することが，かえって他者排除に結びつく傾向をもったりする。**カルチュラル・スタディーズ**が掲げた「カルチュラル・ターン」（文化論的展開）が主題化したのは，そうした特質に基づく分断・分裂の副作用である。だからこそ文化の理解のなかにひそむ意味づけ・秩序化の作用の認識論的な切断と，脱構築を目指した。そうした実践は，実は 19 世紀の帝国主義的な世界秩序を内包した社会進化論を批判しながら，文化人類学が方法としての**文化相対主義**を鍛えていった原点の時代とも共鳴している。文化相対主義も，自文化中心主義を克服する試みであったからである。

文化相対主義による社会進化論批判は，先進西欧世界の自文化中

心主義の反省でもあった。

それは 2 つの異議申立てに基づく。1 つは，それぞれの伝統生活文化には，価値のうえでの序列があるわけではない。自身のものとは異なる風習や伝統であっても，固有の価値に基づいた秩序で構造化されているのだから，内側から理解すべきである，との主張である。この論点は，古典的な近代化の変動論に**内発的発展**の重視をもたらした。

もう 1 つが，そうした固有の価値を把握するためには他者理解に開かれた寛容と対話とが不可欠であり，それを生みだす方法として**観察や調査やフィールドワーク**がある，との主張である。その文化に固有の伝統としての価値を主張するだけの立場は，自文化の特権化や他の文化の排除を，安直かつ容易に呼び寄せてしまう。それゆえ，寛容の精神と開かれた対話は，方法としての文化相対主義に必要かつ不可欠の契機である。なぜなら，対話に開かれていない相対主義は，結局のところ「神々の争い」を克服する契機をもたず，自文化中心の絶対主義を乗り越えることができないからである。

> ### 文化の公共性

対話という実践それ自体が，歴史的・社会的に構築された文化としての側面をもつ。たとえば J. ハバーマスは，**討議の文化**の生成と変容にそくして，**公共圏／親密圏の構造転換**を社会史的に論じている。これもまた，メディア論の応用問題として理解することができるだろう。

近代社会においては，「公」の要素と「私」の要素の分離と自律とが，社会のさまざまな局面で生成する，基本枠組みのなかで成立していく。

たとえば宗教改革は，教会権力による支配を批判して，内面の信仰の自由という個人の自律を用意した。その改革は，逆説的ながら私有財産に基づく資本主義の基盤をつくり，商品取引の市場経済を力強く発展させていった。また，過渡期の絶対主義国家のもとで，

官僚制や常備軍，裁判所のような「公」領域の制度整備が進んでいく。その一方で，一定の独立性を認められたさまざまな中間集団（商人や手工業者たちの同業者組合，身分制議会など）が織りなす「私」領域の確かな拡大が見られた。つまり「公」としての国家装置と，「私」としての親密圏の間に，社会と呼ぶべき公共性を有する拡がりとつながりが伸長していくことこそ，近代社会への変動の本質であった。

その社会領域における人びとの討議・談話（discourse）は，確かに国家の介入や規制に対抗する力を有し，「私」領域の「個人」の自由を支えた。あるいは，閉じられた親密性ゆえになかなかに克服されにくい，「恩」や「愛」に媒介された権威主義の圧迫や，不干渉主義を掲げた排除を批判するなどの動きを含みうるものだった。

そうした社会領域の拡張のなかで，貴族間の宮廷の社交を参照しつつ，ハバーマスのいう「文芸的公共圏」の会話が，具体的にはサロンやコーヒーハウスの集まりとして成立してくる。活字印刷というグーテンベルク・テクノロジーが，雑誌の性格をあわせもつ新聞を成立させるのは 17 世紀であったが，新聞は当初はむしろサロンやコーヒーハウスのような場との結びつきが強く，もともとの形態は商品取引のための情報共有の媒体であった。やがて広く見聞や批評や文芸までが記事になり，社会に読書する公衆を生みだしていく。

しかしハバーマスの討議の「文芸的公共圏」から「政治的公共圏」「市民的公共圏」への変容，すなわち会話から議論への転換の基本図式は，あまりにも理性的なコミュニケーション行為の理念のほうに引き寄せられていた。そのことによって，身体性を媒介とする親密圏の構造転換の把握との呼応が切断され，「手触りの公共圏」がとらえきれていない点は，これからの課題である。

文化の身体性　　文化を論ずる最後に，メディアとしての身体の基本的な重要性について，論点を補っ

第 9 章　メディアと文化　　**185**

ておこう。ハバーマスのコミュニケーション行為も公共性も，どこか理念としての抽象性が高く，身体をもつ人間が話す言葉の具体的で個別的な実践から，公共圏という空間を満たす内実の普遍性を解読するような姿勢に乏しい。人間という生物がコミュニケーションを構築している言語，すなわち「声」としてのことばがもつ「共振」「共鳴」の身体性と社会性については，すでに『ケータイ化する日本語』（大修館書店，2012年）で論じた。そこでの理解のポイントは，ことばが拡張された身体であることだ。人間のことばは，意味を運ぶ「手」であり，考える「脳」であり，感じる「皮膚」である。

　この章で論じてきたメディアは，この言語の身体性を拡張するテクノロジーとしても理解することができる。リースマンが展開した人間主体の社会史的な類型論，すなわち「伝統指向型／内部指向型／他人指向型」の3分類（→第2章）は，メディア論者たちの「声の文化／印刷の文化／ラジオ・テレビの文化」の3段階と対応する。さらにコンピュータと通信テクノロジーの発展は，かつての「疑似環境」をはるかにしのぐ規模と厚みにおいて，インターネット空間が生活を支える時代を生みだした。

　そのイメージ共有の強さと，撒播・流布の速度と，参照可能性のもろさ等々は，かつてのマスメディアと同じく，注意深く検討されなければならない，

　技術の発展がもたらす変化は情報・知識の局面だけでない。現実の世界を仮想の世界に再現するVR（Virtual Reality：仮想現実）や，情報を付加し現実の世界と融合させたシミュレーションをつくるAR（Augmented Reality：拡張現実）の環境のなかに位置づけられた身体など，新たな問題設定のもとで論じなければならない「リアリティ」や「感覚の拡張」があらわれつつある。

　そこにおいても，人間を関係的な存在として身体を基盤に把握し，

分析しようとする社会学は有効であり，その基本となる想像力は理解を生みだす力を失っていない。メディア論の可能性の中心もまた，そこにある。

📖 読書案内 ●●●

W. J. オング『声の文化と文字の文化』（桜井直文ほか訳）藤原書店，1991 年（原著 1982）。

　　メディアとしての文字が，声としての言葉が組織してきた感覚や思考の世界に何を生みだしたかを丹念に問う。複製技術としての活版印刷やラジオ等の二次的な声の文化も考察している。

E. L. アイゼンステイン『印刷革命』（別宮貞徳監訳）みすず書房，1987 年（原著 1983）。

　　印刷術のもつ複製技術としての特質と，それが生みだした人間の意識・精神活動そのものの歴史的な変化を，豊富な図版を用いて解明している。地道で着実な印刷物が生み出した世界，すなわち「グーテンベルクの銀河系」研究。

R. L. ロスノウ & G. A. ファイン『うわさの心理学——流言からゴシップまで』（南博訳）岩波現代選書，1982 年（原著 1976）。

　　W. オルポートと L. ポストマンの『デマの心理学』（1947 年）以来さまざまに展開した流言研究を，実験的な研究を中心に広汎に見渡し，理論的に手際よく整理し紹介しており勉強になる。

佐藤健二『ケータイ化する日本語』大修館書店，2012 年。

　　声の身体性を軸に，ことばのもつ「もうひとつの手／脳／皮膚」としての特質を考察し，ケータイ電話というテクノロジーが生みだした特異な空間における他者認識について分析している。

P. du ゲイほか『実践カルチュラル・スタディーズ——ソニー・ウォークマンの戦略』（暮沢剛巳訳）大修館書店，2000 年（原著 1997）。

　　カセットテープとほぼ同じサイズの再生装置として最初に登場したウォークマンは，音楽享受をはじめて場所の制約から解放し，街頭に連れ出した。その文化の誕生を多面的に分析した実験。

第 9 章　メディアと文化　　**187**

佐藤健二『文化資源学講義』東京大学出版会，2018 年。
　「文化」「資源」「情報」などの基礎概念を枠づける問題意識について論じ，新聞錦絵・戦争錦絵・絵はがき・新聞文学・実業・流言などの事物・現象の分析方法について実践的に解説する。

第10章 社会階層と不平等

均質でない社会

社会の成り立ちや仕組みを理解しようとするとき，行為する個人を出発点とするのが1つの有力な方法だった（→第1章）。このとき，社会を構成する諸個人は明らかに均質ではなく，多くの点で異なっている。年齢，ジェンダー，エスニシティ，学歴，支持政党，好きな音楽，住んでいる場所，結婚しているか，子どもはいるか，など，挙げていけばきりがない。社会を知るうえでは，人びとの生活・暮らしぶりを大きく左右するようなタイプの資源——収入，資産，権利，権力，身分，地位，威信（prestige），等々——における違いが重要になってくる。これらもまた人びとの間で不均等に分布しており，つまりそこには**不平等**がある。言い換えると社会は，保有している資源の質や量が同程度であるような人びとのグループとして最も恵まれた集団から最も困窮している集団まで，**層**（stratum）によって序列的に構成されていると見ることができる。

このような**社会の階層**（化）（social stratification）がどのような基準によって生じるかはその社会の歴史，文化，制度，経済などによって異なる。たとえば前近代ヨーロッパに見られるような**身分制**（estate system）の社会であれば，人びとは制度的に認められる権利・義務がまったく異なる政治的身分へと生まれによって配属され，就ける職業を含めどのような人生を送るかはその身分に大きく左右された。一方，南アジアの**カースト制**（caste system）の社会ならば，宗教的な意味を与えられた生まれついての序列的身分としてのカー

189

ストが社会・経済生活において重大な意味をもつ。そして現代日本を含め多くの先進国は，経済的な要素によって階層化された社会として特徴づけられる。そこでは政治的・宗教的身分ではなく経済的な面での不平等によって最も大きく暮らしぶりが異なってくると考えられるからだ。経済状況を共有する人びとの集団は**階級**（class）と呼ばれる。より詳しく階級をどのように定義するか自体が学術界では論争の的となるのだが，ここでは，政治的身分やカーストと対比して，経済状況を同じくする人びとの集団を階級だと考えておけばよい。以下では，日本社会を念頭に，経済的要素を中心とする基準で切り分けられた集団を一般に**社会階層**（social stratum）と呼ぶことにしよう。この章では社会階層と不平等の問題について社会学的に考えていく。

**結果の不平等：
所得格差とジニ係数**

まず，人びとがすでに得ているものに関する不平等，すなわち**結果の不平等**を取り上げよう。不平等を静的にとらえるには多くの切り口があるが，ここでは所得を例にとって現代日本社会の状況を見ると，明らかに世帯によって大きな差がある（図10-1）。中央値が423万円なので，半分の世帯は年間所得423万円以下（残り半分が423万円以上）ということになる。100万円未満の世帯が6.7%ある一方，1000万円以上を得ている世帯も12.6%を占める。各世帯の所得が均等でないという意味では不平等であり"格差"があると言っていいだろう（「格差」は厳密な定義のある学術用語ではないが，社会的な不平等を指す言葉としてしばしば用いられている）。では，その不平等ないし格差の程度はどれくらいと考えればいいのだろうか。

不平等の度合いを評価・比較するためよく用いられているのが**ジニ係数**である（この名称はイタリアの統計学者 C. ジニに由来する）。ジニ係数は完全に平等なとき 0，完全に不平等なとき 1 に近づく。ここでいう「完全に平等」とは，社会の全所得が世帯ごとに均等割に

図 10-1 所得金額階級別世帯数の相対度数分布

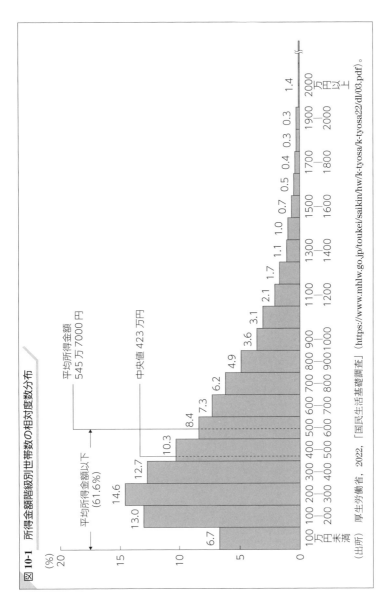

(出所) 厚生労働省, 2022, 「国民生活基礎調査」(https://www.mhlw.go.jp/toukei/saikin/hw/k-tyosa/k-tyosa22/dl/03.pdf)。

なっている状態であり、逆に「完全に不平等」とは1つの世帯が社会の全所得を独占しているような状態を指す。社会の不平等をジニ係数によって比較する際には、計算の方法——どの所得を含めるか、税金や社会保険料を控除した値を用いるか、世帯のサイズで調整するかなど——によって値が大きく変わるので解釈には注意が必要になる。算出方法によるが、収入から税や社会保険料などを差し引き世帯規模で調整した等価可処分所得で見ると、日本は0.3を超えておりOECD加盟国のなかではやや高いグループに属する（OECD, *Society at a Glance 2024*, Figure 6.1）。

機会の不平等と社会移動

社会における不平等にはもう1つ別の側面がある。前項で見たように、ほとんどの社会においてすでに人びとが得ているもの、すなわち結果の不平等があることは明白だ。結果の（ある程度までの）不平等が社会的に許容されるのは、異なる結果を得るチャンスが人びとに対し平等に開かれているときに限ると考えられることが多い。これが**機会の平等**（equality of opportunity）である。

　機会の平等を社会階層という観点から考えてみよう。そもそも人が成人後に属することになる社会階層はどのように決まるのだろうか？　身分制・カースト制の社会であれば"生まれ"の力が圧倒的であり、子どもは親と同じ階層にほぼとどまるしかない。一方、経済的差異のみによって階層が定まるような現代社会は、階層への帰属は原理的には本人によって達成されるものであって、"生まれ"によって自動的・制度的に与えられるものではないという点に特徴がある。

　個人がある社会階層から別の階層へと移ることを**社会移動**（social mobility）というが、移動のとらえ方には2つある。1つは個人の一生を時系列でたどったときに見出される移動（**世代内社会移動**）であり、もう1つが、親の階層（本人の**出身階層**）と本人が行き着いた階

層（到達階層）との対比で把握される移動，すなわち**世代間社会移動**である。機会の平等はこの世代間社会移動に反映されていると考えられる。世代間での社会移動が盛んであるならば，それは"生まれ"によって結果が左右される度合いの低いこと，言い換えれば，階層間の壁が相対的に低く，流動性の高い開放的な社会であることを示している。逆に世代間社会移動が低調ならば，多くの人にとって到達できる階層が"生まれ"によっておおむね定まってしまっており，平等なチャンスが与えられていないと解釈できる。

　社会学では，この世代間社会移動に注目して社会の不平等な構造とその維持・変容のあり方を動的に解明しようとする研究が盛んに行われている。ここで注目されるのが**教育**の役割である。近代社会では，"生まれ"ではなく本人が達成した教育を通じて到達階層が定まっていくというルートが多くの人に開かれてきたからである。

> **社会移動と教育：**
> **OED トライアングル**

出身階層（Origin；親の階層），到達階層（Destination；本人の階層），教育（Education；本人の受けた教育）の関係を示した図10-2 は，3点の頭文字をとって **OED トライアングル**と呼ばれている。出身階層（O）と到達階層（D）との直接的な関係を指すのが〈O→D〉であり，本人の受けた教育によって到達階層がどのように違ってくるかを示すのが〈E→D〉の矢印である。一方，どれだけの教育を達成できるかが"生まれ"によって影響される度合いを示すのが〈O→E〉だ。これら3本の矢印——それぞれの要素間の関連——がどれくらい強力なものであるかによって，その社会において機会の平等が本当の意味で成立しているかどうかが変わってくることになる。この点を見る前に，次項以下でまずそもそも階層・階級をどうとらえるかに関する主要な理論を紹介しておこう。

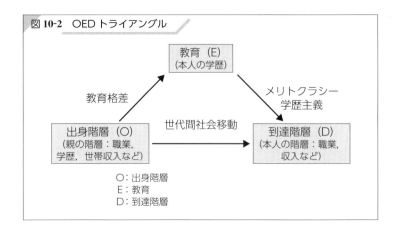

> 階級と社会階層をめぐって(1)マルクス

近代以降の工業化した社会における階級について明確な理論を示し,強い影響を与えたのがドイツの経済学者 K. マルクスであった。マルクス理論において階級は生産手段に対して共通の利害関係をもつ人びとの集団として定義され,根本的には,生産に必要な工場,機械など資本を所有する**ブルジョワジー**(資本家階級)と,生産手段ではなく資本家に売る労働力しかもたない**プロレタリアート**(無産階級・労働者階級)の2つの階級に集約される。階級の違いは生活条件だけでなく価値観や考え方にまで及ぶ。すなわち生産に関わる社会的な関係こそが「現実の土台となって,そのうえに,法律的,政治的上部構造がそびえたち,また,一定の社会的意識諸形態は,この現実の土台に対応している。物質的生活の生産様式は,社会的,政治的,精神的生活諸過程一般を制約する。人間の意識がその存在を規定するのではなくて,逆に,人間の社会的存在がその意識を規定する」(マルクス,K., 1956,『経済学批判』武田隆夫ほか訳,岩波文庫,13頁)というのである。

労働者は資本家が彼らに支払う費用(つまり労働力への対価として

の賃金）以上の価値をもたらす生産を行っており，この**剰余価値**が資本家の富の源泉となる。資本家がこれを再び生産に投資することで資本は増え続けるが，労働者は貧しいままにとどまるしかない。このように一方が他方の犠牲のもとに利益を得るような関係を**搾取**（exploitation）という。やがて 2 つの階級間で階級闘争が起こるとマルクスは論じたが，歴史的には，産業化が進むにつれて多くの国で労働者の困窮状態は改善されていき，マルクスの見通しとは異なり**中産階級**が拡大することになった。

階級と社会階層をめぐって(2)ヴェーバー

生産に関わる関係を特に重視したマルクス階級論とは異なり，社会階層をより多元的に考えたのが M. ヴェーバーであった（→第 1 章）。ヴェーバーによれば，消費財，生産手段，資産，仕事の能力などを自由に使用できる力をどれほどもっているかに応じて，人の階級状況が定まる。この階級状況は商品や労働の市場状況に左右されるため，これによって人びとの生活機会（社会において希少で価値あるものを手に入れる見込み）もまた異なってくることになる。ヴェーバーは，人びとの間で広く統一的な階級状況が構成されるのは資本をもたない労働者たちが非熟練で就業が不安定であるような場合だけに過ぎないと論じている。

　階級とは異なる社会的区分としてヴェーバーは，生活様式や教育，出自，職業への（肯定的・否定的）社会的評価によって定まる**身分**と，同じ政治目標を共有する人びとが形づくる集団としての**党派**にも注目した。つまりヴェーバーは，経済的秩序における階級，社会的秩序における身分，政治的秩序における党派といった複数の観点から社会階層をとらえようとしたのである。

階級と社会階層をめぐって(3)ブルデュー

P. ブルデュー（→**第 1 章**）によれば，蓄積可能でさらなる利益を生む元手となるという意味での資本は，経済的なものに限定さ

第 10 章　社会階層と不平等　　195

れない。特に，たとえば，知識・嗜好（鑑識力 taste）・言葉遣いのように人が身につけるものも一種の資本——**文化資本**（cultural capital）——と見ることが可能だ。これを豊富に所持していれば，制度化された文化資本としての学歴資本を容易に手にすることができ，学歴資本は利益を生む社会的ネットワークとしての**社会関係資本**（social capital）にも変換される（これに関連する概念としてのソーシャル・キャピタルについては→**第4章，第7章**）。両者は併せて職業への影響を通じて経済資本へと転化することでまた利益（各種の資本）を生み，さらにその子どもたちへと受け継がれる。つまり，これらの資本をそれぞれどの程度保持しているかによって，すべての資本を豊富に備えている人びとから，いずれについても最も乏しい人びとまでに分かれる社会階級の空間を考えることができるのである。ブルデューにおいて階級とは保持している資本に関して似通った人びとの集まりであり，総量だけでなく，その構成（文化資本は豊富だが経済資本は僅少，またその逆といった所持パターン）によっても区別されることになる。

　注目すべきは，ブルデューが社会における位置（階級）を，人びとの知覚・思考・評価・行為などを生み出す傾向性としての**ハビトゥス**（→**第1章**）の生産条件であると同時にその帰結だとしている点だ。すなわち，さまざまな資本によって規定される社会的位置において個人のなかにハビトゥスがつくりあげられ，逆に次はそのハビトゥスの生み出す実践が人を一定の社会的位置へと導いていくというのである。このように，人びとが保有している資本を基盤として，時間を通じたその変化——場合によっては同じ構造の"再生産"——によって社会空間を理解するのがブルデュー社会理論の特徴となっている。

　階層論として見れば，マルクスよりもヴェーバーやブルデューがより多元的な見方を打ち出していることがわかる。経験的な階層研

究では，ヴェーバーの枠組みに基づいて社会階層を記述的に分類して分析する手法が主流であったが，近年ではブルデューのように文化的要素を重視した研究も進められている。実際の経験的研究で用いられている詳しい階層分類は後で紹介することにして，次に，OEDトライアングルにおける3つの矢印について見ていこう。

「能力」による支配？

人がどの社会的地位に就くことができるかという点で比較すると，前近代の社会と近代以降の社会とでは大きく異なっている。簡単に言えば，社会的地位はその人がもつ生得的な属性に応じて割り当てられるものから，人がその能力や努力によって達成するものへと変わってきた。前者を**属性的・生得的地位**，後者を**獲得的地位**という（R. リントン）。たとえば身分制の社会では，人の社会的地位はほぼ自動的に配分されるものであったが，近代社会においてそれは個人が自らの才覚で達成しなければならないものとなったのである。社会的な位置がその人の**能力**（merit）によって定まるような社会を**メリトクラシー**（meritocracy）と呼ぶ。これはイギリスの社会学者 M. ヤングがフィクション作品で用いたことで知られる造語だが，いまでは"能力に応じて地位が配分されるシステム"を指す用語として広く用いられるようになっている。

日本を含め多くの現代社会は，生まれによって自動的に社会的地位が決まってしまうような社会との対比において見る限り，メリトクラシー化された社会だと言っていいだろう。しかし，何をもって「能力」とするのかは難しい問題である。職業や収入が学歴に代表される教育資格（取得された学位）によって左右される度合いの高いことを**学歴（教育資格）主義**（credentialism）というが（credentials は各種の証書のこと），「学歴＝能力の証明」という前提がなければメリトクラシーと学歴主義は厳密には一致しない。ただ，学歴の到達階層への影響が強いことをもってメリトクラシー化とみなされるこ

第 10 章　社会階層と不平等　　**197**

とも多い。広く現代社会では学歴主義的なメリトクラシーが程度の差はあれ成立していると言えるが，なぜそのように変化してきたのかについてはさまざまな説明が提起されている。

現代日本における
学歴と収入

では〈E→D〉の関連は実際のところどの程度のものだろうか。抽象的な概念で表現された関係を実証的に確かめる際には，E（教育）とD（到達階層）をそれぞれどのように測定したデータを用いるのかが重要になる。ここでは，ごく単純にEを最終学歴で，Dを収入で表すことにして両者の関連を現代日本について確認してみよう。2023年のデータによると（図10-3），ピークとなる55-59歳時の男性平均賃金は高卒者で約36万円，大卒者は約52万円，大学院卒で約66万円となっており（院卒のピークは60-64歳），学歴による収入の差は明確である。同じような学歴差は女性でも観察できるが，全体的な水準は男性より低く抑えられている。男女いずれについても，若いうちはさほどの違いはないものの，年齢が上がるにつれて学歴による収入の差は広がる傾向にある。男性であれ女性であれ，少なくとも最終学歴と収入という側面で見る限り，教育が到達階層と関連していることがうかがえる。

背景としての教育拡大

次に〈O→E〉，すなわち出身階層と教育との関連を考えるとき，背景として教育機会の拡大に留意しておく必要がある。これは多くの先進国で生じた現象だが，日本でも特に1960年代以降，教育の機会が大きく広がった。まず，高等学校への進学率は男女ともに一貫して上昇して高度経済成長期の終わりには9割を超えやがて95％に達し，高校進学に関して日本ではほぼ拡大の余地はなくなった。一方，大学（4年制）進学率では，高度経済成長期に伸長した後はしばらく停滞するが，1990年代に入ると再び上昇に転じ，2010年代には全体で5割を超えた。大学進学率は長きにわたって男子が女子を上回っている

図 10-3 学歴，性，年齢階級別賃金

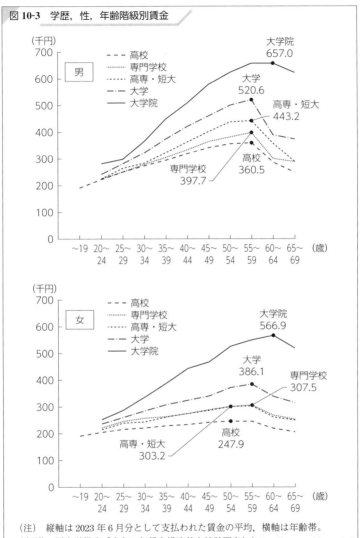

(注) 縦軸は 2023 年 6 月分として支払われた賃金の平均，横軸は年齢帯。
(出所) 厚生労働省「令和 5 年賃金構造基本統計調査」(https://www.mhlw.go.jp/toukei/itiran/roudou/chingin/kouzou/z2023/dl/03.pdf)。

が，近年その差は徐々に縮小してきており，2023年では男子60.7％，女子54.5％となっている（過年度高卒者を含む。短大と合わせると男女いずれも6割となる。文部科学省「2023年学校基本調査」総括表4参照）。戦後まず後期中等教育が広く行き渡り，その後に高等教育の拡大が（波はあるものの）続いており，現在では6割近くの若者が大学・短大に進学するようになったわけである。1955年の大学進学率が男子でも13.1％，女子では2.4％に過ぎなかったことを思えば，高等教育の機会そのものは大きく拡大してきたと言っていいだろう。

出身階層による
"教育格差"

このように戦後日本では全体として高等教育を受ける人の割合は増え続けてきた。ごくわずかな若者しか大学に進学できなかった時代と比べるなら，教育を受ける機会はより平等になったと考えることもできそうだ。しかし，全体として絶対的なレベルで高等教育の機会が開かれてきたことと，高等教育に関する出身階層ごとの相対的な違いが薄れているかどうかは別の話である。

　図10-4は2015年に実施されたSSM調査データ（SSM調査については後述する。分析対象は調査時点に20〜28歳であり，性別・学歴・15歳時の暮らし向きが測定された641名）を分析したものである。横軸は，「中学3年生のときのあなたのお宅のくらしむき」という質問に対する5段階の選択肢に対応している。縦軸は該当する対象者のうち大学または大学院に進学した者の割合であり，それぞれ父母の学歴パターンによって異なる線が描かれている。ここで教育（E）は大学・大学院の進学率によって，出身階層（O）に関しては経済状況を反映した変数としての「15歳の頃の暮らし向き」に加えて，父母の教育レベルによって測定したものになっている。

　親の教育レベルが同等である（同じ線でつながれている）ケース群を比較すると，高校進学期の経済状況が良好であったグループほど，

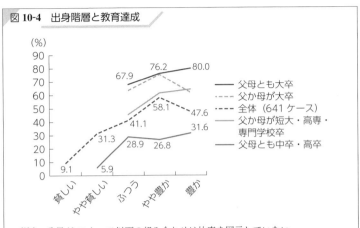

図 10-4　出身階層と教育達成

（注）　分母が 10 ケース以下の組み合わせは比率を図示していない。
（出所）　平沢和司，2018，「世帯所得と子どもの学歴――前向き分析と後ろ向き分析の比較」中澤渉編『2015 年 SSM 調査報告書 5　教育 II』2015 年 SSM 調査研究会，1-20 頁（https://www.l.u-tokyo.ac.jp/2015SSM-PJ/05_01.pdf）。

概して後の大学進学率が高い。さらに，父母の学歴パターンの違いによる差も生じている。かつて同程度の暮らし向きであっても，両親に大卒者が含まれている家庭の子どもたちほど後により高い割合で大学・大学院に進学する傾向が見られるのだ。つまりこのデータからは，出身家庭の経済状況や親の学歴（という階層の文化要因）と本人の教育達成レベルとの間に関連のあることが推測される。教育拡大によって全体としては 6 割近くが大学に進学するようになった日本社会でも，若者は出身階層によらず"均等な割合で"進学しているわけではなく，両者の間には無視できない結びつきが残っていそうである。

文化資本と"再生産"　ではなぜ教育に関してこのような階層差が生じるのだろうか？　この問題にはさまざまな仮説が提起されているが，本章では文化的要素を重視したアプ

ローチとしてよく知られるブルデューによる説明を紹介しておこう。

ブルデューが研究対象とした当時（1960年代），フランス社会の学校教育では「正統文化」（古典芸術，古典語など）が重視されていたが，これらは，豊富な文化資本をもつ階級の子どもたちであれば労せずして親から受け継ぐことができるものであった。抽象概念や論理を操る能力といった文化資本も豊富であるそのような階級出身の子どもたちは，スタートラインから自ずと学校教育で有利になり，高い学歴を得ることが容易となる。さらにこれが同窓生コネクションとしての社会関係資本や，学歴を活かして就いた職業を通じて経済資本へと転化していく。このように世代をまたいで社会の階級構造が維持される（＝“再生産”される）にあたって文化資本が大きな役割を果たしているとするブルデューの理論は「文化的再生産論」とも呼ばれる。

特定の階級出身の子どもたちが学校教育システムで自ずと有利になるのであれば，機会の平等は実質的に崩れているとして，ブルデューは次のように指摘している。すなわち，このシステムの「擁護者たちは，正当な根拠をもって，社会的身分と生まれにもとづく選別システムとは反対に，競争試験はすべての人々に平等な機会を与えていると主張することができる。しかしこの考え方は，競争試験が保証する形式的平等は社会的な特権を個人の功績に変換するにすぎないということを忘れている。というのも競争試験は，もっと隠れた方法によってではあるが，出身階層が影響を及ぼしつづけることを可能にしているのだから」（ブルデュー，P. & J. -C. パスロン，1997，『遺産相続者たち —— 学生と文化』石井洋二郎監訳，藤原書店，124頁）。かたちのうえでは平等に見える教育システムの介在によってむしろ出身階層の隠然たる影響力は覆い隠され，教育達成は本人の成し遂げた正当な功績として社会的にも承認されることになるというわけである。

**教育における階層差を
どう説明するか**

ブルデューの文化的再生産論は新たな視角を与えてくれるが，日本など他の社会にそのまま適用できるとは限らない。教育の階層差がなぜ生じるのかについては多くの仮説・理論が提起されている。高等教育に進むかどうかを本人の合理的選択と見て，人は一般に初期状態から下降することを忌避し現状維持か改善を求めると仮定すれば，高い階層出身の子どもはそうでない階層出身の子どもより高い教育に進みやすいだろう。ほかにも，親（広くは家族・親族）の教育期待や家庭内における社会化（→**第1章**）の仕方，高校におけるカリキュラム・クラス編成や進路指導，居住地域・近隣（進路選択時の環境）の影響，また言うまでもなく出身家庭のもつ経済資本も無視できない。それらがどれほど影響するかは社会の側の条件（たとえば高等教育の費用）にも依存して変わってくる。このほか，遺伝的な要因による説明も試みられるなど，〈O→E〉における階層差がどのようなメカニズムでどれほど生じているかに関しては研究が重ねられている。

**社会階層をどう切り
分けるか**

最後に〈O→D〉について，教育を介した〈O→E→D〉というルートも含め，全体として出身階層と到達階層がどれほど関連しているかを世代間社会移動の現況を通じて検討してみよう。

世代間社会移動をデータで確認するには，人を社会階層に割り当てる枠組みを設定しなければならない。上で解説したように，経済的位置づけに注目した階層（階級）に関してはいくつかの理論的立場があり，それぞれに基づいた分類が提案されている。ここではヴェーバーの流れを汲む職業ベースのアプローチを取り上げよう。現代社会における"暮らし向き"を大きく左右する社会的属性として職業が大きな役割を果たしていることは明らかだろう。もちろん経済力をダイレクトに反映している収入そのものをベースとした研究

第10章　社会階層と不平等　　**203**

もあり，後述するように職業による分類が含む問題点も少なくない
が，職業ベースの階層分類に基づいた経験的研究は日本を含め世界
各地で蓄積され，地域ごと・時代ごとの比較も活発に行われている。

　職業をベースとした階層分類として日本社会の調査研究でよく知
られたものに「SSM 職業階層カテゴリー総合 8 分類」がある。
SSM とは Social Stratification and Social Mobility Survey（社会階層
と社会移動に関する全国調査）の頭文字をとったものだ。この調査は
1955 年から 10 年ごとに日本の社会学研究者を中心としたグループ
によって実施されており，日本社会の階層研究に重要なデータを提
供している。この階層分類が含む 8 つのカテゴリ──〈専門〉〈大企
業ホワイトカラー〉〈中小企業ホワイトカラー〉〈自営ホワイトカラ
ー〉〈大企業ブルーカラー〉〈中小企業ブルーカラー〉〈自営ブルー
カラー〉〈農業〉──とその構成要件を示しているのが表 10-1 であ
る。この分類では職種に加えて従業上の地位と勤め先の規模という
3 つの条件を組み合わせている。〈専門〉は医師，法律家，教師の
ように，しばしば資格が必要となるような専門的職業が該当する。
ホワイトカラーとは広く事務的な仕事を指すカテゴリで，ブルーカ
ラーは現場での身体的な業務を主とする職種である。いずれもその
規模と従業上の地位からそれぞれ〈大企業・中小企業・自営〉の 3
種に分けられている。

　このほか同系の階層分類としては，従業上の地位と雇用契約のタ
イプ（限定された労働に単位時間ごとに対価が払われるような短期的契約
か，あるいは長期のコミットメントを前提とするタイプの契約か，など）
に着目した，イギリスの社会学者 J. H. ゴールドソープらの提案し
た階級枠組みがよく知られている。

| 職業による階層分類の
限界と課題 | 個人の職業に基づいた階層分類は調査デー
タから客観的に確定しやすく，社会を記述
する道具として便利であるが，以下に挙げ |

表 10-1　職業階層カテゴリー（総合 8 分類）の構成要件

総合 8 分類	職種（SSM 大分類）	従業上の地位	規模（従業員数）
専　門	専　門		
大ホワイト	管理・事務・販売	経営者・役員	官公庁
		被雇用者	官公庁，300 人以上
中小ホワイト	管理・事務・販売	被雇用者	300 人未満
自営ホワイト	管理・事務・販売	経営者・役員	官公庁以外
		自営業者・自由業者・家族従業者	300 人未満
大ブルー	熟練・半熟練・非熟練	被雇用者	官公庁，300 人以上
中小ブルー	熟練・半熟練・非熟練	被雇用者	300 人未満
自営ブルー	熟練・半熟練・非熟練	自営業者・自由業者・家族従業者	
農　業	農　業		

（出所）　原純輔・盛山和夫，1999，『社会階層——豊かさの中の不平等』東京大学出版会，xix 頁。

るような限界や課題も多く含んでいる。

　最初に留意しておきたいのは，ある分け方が絶対的で正しいといったことはないという点である。社会の特徴をよりよく把握することができる分類方法はあっても，唯一の正解はない。また，各階層は必ずしも一次元に序列化されているわけでもない。ただ，一般に収入や社会的威信の面で恵まれた位置にある〈専門〉階層などへの移動を"上昇移動"（逆にそこからの移動を"下降移動"）と呼ぶことも少なくない。

　職業の特性による基準では，仕事をもっていない人びと（主婦・主夫，失業者，退職者，学生など）を分類できないし，多大な資産を

もつ層の位置づけも正確でなくなる可能性がある。さらに，近年のいわゆる**非正規雇用**の増大を考えると，同じ被雇用者でも正規か非正規かという違いを反映した分類のほうが社会における不平等な関係をよりよく写し出すことができるだろう（→第4章）。仕事という面に関して最も不安定で困窮した人びと ──"precarious（不安定な）"とプロレタリアートを組み合わせて**プレカリアート**とも呼ばれる──や，逆に資産を含めすべてにおいてきわめて恵まれた人びとを社会階層のうちに適切に位置づけられなければ，社会的不平等を分析するうえでは問題である。

　またこのタイプの分類では，ジェンダーやエスニシティによる違いが見えにくい。ジェンダーについて言えば，たとえば同じ〈中小ブルーカラー〉階層に分類される女性でも，シングルマザーとして働いているのと，既婚者が夫の収入を補うためにパートで働いている場合とでは，暮らしぶりは異なってくると推測される。また，結婚している2人について所属階層を別々に決めることに問題はないだろうか。階層は個人でなく**世帯**（household）単位で考えるほうが適切である場合も少なくない（ただそのとき誰の職業を重視するかといった問題は残る）。

　さらに，職業ベースの階層分類では，収入・資産そのものだけでなくブルデューが重視した文化資本や社会関係資本も考慮されていない。同じ職業階層内で生じうる経済的・文化的な格差もまた無視できない不平等である。最後に，ここでいう階層分類は研究者が外から線を引くものであって，私たちが日常生活において自分自身や他の人びとを階層的に分類する際に用いるカテゴリーと必ずしも一致しないことにも注意しておこう。それはたとえば**階層帰属意識**研究の対象となる。

| 社会移動は活発か？ | SSM 調査データ（2015 年・男性）に前記の階層分類を適用して，世代間社会移動の現況を確かめてみよう。ここでは出身階層を父親の職業によって定めることにすると，調査対象者とその父親の主な職業情報によって作成できる表 10-2 のような世代間の**社会移動表**（mobility table）——〈出身階層×到達階層〉という 2 変数クロス集計表——から，社会移動の傾向を読み取ることができる。留意すべきポイントは，出身階層からの"**流出**"（父親と異なる階層に移っていく）と到達階層への"**流入**"（他の出身階層から移ってくる）の区別と，世代間で生じうる階層構造の変化である。

表 10-2 で左上から右下に渡る対角線上の網掛けセルに含まれるのは，出身階層と到達階層が同じである人びと，すなわち世代間社会移動を経験していない人びとである（計 565 ケース）。逆に，この対角線上にないセルに該当する人びとが社会移動を経験したことになる。非対角セルのトータル（2118−565＝1553 ケース）が**粗移動量**であり，その割合（粗移動率）は約 73％ となる。このことから，全体としては多くの男性が世代間社会移動を経験しており，移動はそれなりに活発だと言えそうである。

しかし気をつけなければならないのは，世代間社会移動の絶対的な頻度は両世代での階層構造（各階層に属する人びとの分布）の違いに影響されるという点である。今回の移動表で周辺分布（本人世代・親世代の列和・行和とその割合）を見ると，親世代と子世代の間で階層構造に大きな変化が生じていることがわかる。特に農業階層において顕著で，親世代が〈農業〉である人は 340 人（全体の 16％）なのに対し本人世代では 97 人（5％）に過ぎない。つまりこの階層は世代間でかなり縮小しているのである。逆に，〈専門〉は親世代 153 人（7％）から本人世代 354 人（17％）で倍増している。このような階層構造の変化によって生じざるをえない移動を**構造移動**

第 10 章　社会階層と不平等　　207

表 10-2　世代間移動表（2015 年・男性・総合 8 分類）

出身階層	本人の到達階層								計	％
	専門	大 W	中小 W	自 W	大 B	中小 B	自 B	農業		
専門	65	38	14	9	7	14	5	1	153	7.2
大 W	85	76	47	14	30	38	11	3	304	14.4
中小 W	36	44	26	15	16	34	6	2	179	8.5
自 W	41	37	24	62	16	29	17	3	229	10.8
大 B	30	43	21	9	43	29	11	0	186	8.8
中小 B	45	56	55	15	72	150	24	11	428	20.2
自 B	34	36	27	17	32	75	72	6	299	14.1
農業	18	34	32	12	43	91	39	71	340	16.1
計	354	364	246	153	259	460	185	97	2,118	
％	16.7	17.2	11.6	7.2	12.2	21.7	8.7	4.6		

（注）　データは 2015 年 SSM，対象は調査時に 20–69 歳の男性。本人は調査時の，
　　　父親は調査時までの主な職業により分類。
（出所）　平沢和司，2021，『格差の社会学入門——学歴と階層から考える［第 2
　　　版］』北海道大学出版会，93 頁をもとに作成。

（structural mobility）という。

　全体で見ると，拡大しているのは〈専門〉（+201），〈大 W〉（+
60），〈中小 W〉（+67），〈大 B〉（+73），〈中小 B〉（+32），一方で縮
小したのは〈自営 W〉（−76），〈自営 B〉（−114），〈農業〉（−243）
であり，増減のトータルはともに 433 となる。すなわち構造移動量
は 433（構造移動率 20％）であり，租移動量から構造移動量を差し引
いた 1120 が階層構造の変化によるのではない移動という意味で**循
環移動**（exchange mobility）と呼ばれる（循環移動率は 53％）。このよ
うに階層構造の時間的変動を考慮に入れた循環移動率でもなお，移
動を経験しているケースは半数を超えていることになる。

　さて，これは現代の日本社会では出身階層と到達階層の関連が弱
いことを意味しているだろうか？

> **"移動のしやすさ"は平等か？**

世代間社会移動について，全体としての量ではなく階層ごとの相対的な違いを調べてみよう。ここでは比較的恵まれた階層と考えられる〈専門〉に注目すると，**流入率**——本人が〈専門〉である人びとのうち他の階層出身者が占める割合——は 82％ であり，他の階層出身者にも開かれていると言えそうである。**流出率**——父親が〈専門〉である人びとのうち他の階層へと移っていた人の占める割合——も 58％ で，出身階層が〈専門〉であってもそこにとどまれる人のほうが少なかったことがわかる。以上から，〈専門〉階層に関して出身階層の影響はないと言っていいだろうか。

　出身階層ごとに〈専門〉階層へと流入した人の割合を計算してみると，〈農業〉出身者では 5％（340 人中 18 人）に過ぎず，最も高い〈大 W〉でも 28％，ほかは 10％〜20％ である。一方，〈専門〉出身者のうち同じ階層にとどまったのは 42％（1−流出率）であって群を抜いて高い。すなわち，父親が〈専門〉階層である子どもたちのほうが他の階層出身者と比べれば明らかに〈専門〉階層に到達しやすいのである。〈専門〉階層は時代の変化によって大きく拡大した階層であった。つまり流入者の受け皿が大きくなったということであり，これに伴って絶対的な移動量が増えたのは確かである。しかし出身階層と到達階層の関連そのものは依然として残っており，「比較的恵まれた階層への到達しやすさ」が出身階層によって異なる状況は続いていることがわかるだろう。

> **社会移動と機会の平等**

本章では，結果の不平等よりむしろ，その結果を得る機会の不平等に焦点を置いて社会学における階層研究について概説してきた。鍵となるのが世代間の社会移動であり，近代以降の社会ではここで教育が重要な役割を果たしているのだった。OED トライアングルでいえば，出身階層（O）によって到達階層（D）が自ずと定まってしまう社会から，教

第 10 章　社会階層と不平等　　209

育（E）を通じて望む到達階層を目指すルートが開かれたということである。しかし，たとえ形のうえではルートが開かれても，出身階層が教育と強い関連を維持していれば機会の不平等は残り続ける。教育拡大や産業構造の変化といった重要な時代背景を踏まえて，3者が互いにどの程度関連しているのか，また時代によってどのように変化してきているかなどについて，各地で経験的研究が積み重ねられている。

階層研究の広がり

社会階層の社会学は世代間移動の研究にとどまらない。1つの重要な方向性は，階層によってどのような違いがなぜ生じているかという点である。ライフスタイル，趣味，文化・社会活動，政治・社会意識などのほか，とりわけ人びとの生命に関わる事象（健康，寿命，疾病率など）における階層格差は重大なテーマである。また，社会移動した人びとの経験も注目される研究対象となっている。社会移動の当事者は，慣れ親しんだ出身階層から新しい階層へと言わば"移り住む"ことになる。このとき，新しい環境や周囲の人びとへの適応がうまくいかない，階層移動のために払った犠牲に苦しむ，元の階層にとどまる家族や友人を裏切ったような感覚に陥るといったことが生じうる。社会移動は単なる客観的属性の変化にとどまらない影響を人に与えうるのである。

　この章では，社会階層と社会移動の理論的解説だけでなく，データによってそれを確かめる方法も紹介してきた。最後に心にとどめておいてほしいのは，本章で行ったのと異なるやり方で測定・構成された変数や指標，分析方法を用いれば，あるいは別のデータやケースを選べば，結果がまた異なる様相を呈することは十分にありうるという点だ。たとえば，不平等度を測るための指標はジニ係数だけではない。出身階層（家庭）の経済状況も，「15歳時の暮らし向

き」についての記憶に基づいた主観的評価ではなく本当の世帯収入や資産状況で見ればまた異なってくるだろう。移動表の作成に関しても可能な選択肢は数多い。SSM 総合 8 分類ではなくゴールドソープらによる階級枠組みや経済資本・文化資本を含んだブルデュー流の階級概念を用いることもできた。使用するデータ（対象ケース）に関しても，女性を対象としたり，あるいは生年コーホート（同時期に生まれた集団）で分ければまた異なるパターンの移動表になる（上記の移動表は幅広い年齢層を一括して扱っているので，実は"親世代・子世代"といっても年齢は一様でない）。加えて，本章では調査のための標本抽出に伴う変動に由来する不確実性は考慮していない。実際の研究では，数多ある研究上の選択肢から目的にとって最適な手法を選び，不確実性を考慮に入れた分析・推論を行わなければならない。

平沢和司『格差の社会学入門——学歴と階層から考える〔第 2 版〕』北海道大学出版会，2021 年。
　　本章で紹介したアプローチを中心に，"格差・不平等"をめぐる社会学を平易に解説している。

原純輔・盛山和夫『社会階層——豊かさの中の不平等』東京大学出版会，1999 年。
　　使用しているデータは 1995 年 SSM までとやや古くなっているが，社会階層という角度から日本社会を分析するとはどういうことかを明快に示してくれる。

P. ブルデュー & J.-C. パスロン『遺産相続者たち——学生と文化』（石井洋二郎監訳）藤原書店，1997 年（原著 1964）。
　　ブルデュー最初期の著作で，われわれにとっては扱われている社会も時代も大きく異なるが，学校・文化・階級の関わりを印象的か

つ（後の著作に比べれば）シンプルに解き明かしてくれる。

荒牧草平『学歴の階層差はなぜ生まれるか』勁草書房，2016 年。

　一方こちらは，現代の日本社会について，まさに書名となっている問いに対してさまざまな理論・データを駆使して答えようとする研究書である。

M. サンデル『実力も運のうち　能力主義は正義か？』（鬼澤忍訳）ハヤカワ文庫，2023 年（原著 2020）。

　社会的な不平等について考えるなら，功績（成功者はその成功に値しているのかなど）や運（人がある種の能力を備えているのは運ではないのかなど）に関わる問題は切り離せない。著名な政治哲学者による本書は，データも参照しつつ能力主義の意味に深く切り込んでいく。

第11章 ジェンダー

社会によって構築
される性

女性と男性の経験はどのように異なるのか，男らしさ，女らしさとはどのようなものか。そもそも，性に関わる特徴はあるのか。20世紀後半から社会学をはじめとする人文社会科学では，性や性別をめぐる性質や違いが重要な主題となってきた。

性別をめぐる偏見やステレオタイプはさまざまな場面で見られる（「男なんだから泣くんじゃない」「女なんだからおしとやかにしなさい」など）。このような性をもとにした決めつけは，現代では少なくなっているものの，性をめぐって特定の役割を期待したり想定したりすることはなくなったわけではない。たとえば，「聞こえてきた声」という広告（図11-1）を見てみよう。おそらく，それぞれの場面で聞こえる声には特定の偏りが生じているのではないか（ただし，その声も，後で見るように性別に関わるアイデンティティと一致しているとも限らない）。私たちは，特定の役割を特定の性に結びつけてしまうことがある。

性別に関する偏見やステレオタイプは社会を介して維持され，再生産されることがある。また，性別による偏見やステレオタイプは，ジェンダーによる評価や期待の違いを生むこともある。たとえば，女性が政治家や経営者，専門職になったときに，容姿がことさらに強調されることがある。逆に男性に対して，仕事のスキルだけではなく，組織への献身性が考慮され，男性に多く残業が割り当てられることも見られる。それは最終的にはたとえば賃金格差や仕事上の

図 11-1 聞こえてきた声（AC JAPAN）

協力：（公社）AC ジャパン。

地位の格差につながってしまう。

　性は，さまざまな振る舞いや期待を生じさせる強い力をもつ社会的なカテゴリ（ただし，その境界は明確ではない）である。このような，性に関わる性質や区分は，歴史的にあるいは，状況的に変容しない「本質的」なものとは言えない（特にカテゴリやその期待が社会

的に構築されてきたことを重視する立場を構築主義と呼ぶ→**第2章**）。社会学は性に関わるカテゴリの性質や考え方がどのように形成されているかを明らかにしてきた。本章では社会と性の関わりに関して検討していく。

ジェンダーとセックス）　**ジェンダー**は，性別に関わって期待される役割，こうあるべきだという規範などの，性差に関わる社会的な分類やその知識のことを指す。一方で，生殖器の差異，体のサイズなどをもとにした生物学的な分類は**セックス**と呼ばれ，ジェンダーと区分される。

　ジェンダーとセックスの区分は性に関わる現象を理解するための重要な手がかりである。ジェンダーとセックスを区別することで，社会的な役割や規範が，生物学的・解剖学的差異と必ずしも結びつかないことに気づくことができる。

　生物学的な差異（骨格の大きさ，生殖器の差異）は一見するとわかりやすいものであり，その結果，自然的差異が，社会的差異の根拠とされることがある（ただし，生物学的な性差も明確な分類を見出すことは難しく，多様な性質をまとめたものとされる）。ジェンダーとセックスを同一視し，強く結びつける考え方は，初期の社会学も含めて広く人びとに受け入れられていた。

　それに対して，セックスとジェンダーが同じではないこと，生物学的性差によってジェンダーの差異を正当化する考え方が妥当であるかは，20世紀の半ば以降，社会科学者や思想家によって問われてきた。たとえば，ジェンダー研究の古典である『第二の性』（1949年）のなかで，思想家のS.ボーヴォワールは，女性の経験が男性と異なることや，男性に比べて劣位に置かれる傾向にあることについて，女性と男性の置かれる「状況」に注目して説明した（ボーヴォワール，S.，2023，『決定版　第二の性　Ⅰ・Ⅱ』河出書房新社）。『第二の性』の第二部の冒頭の「人は女に生まれるのではない，女にな

第11章　ジェンダー　　**215**

るのだ」という有名なフレーズは，ジェンダーが生物学的な性差から自然に決定づけられない側面を示している。

　自らがどのような性別であるかを認識するジェンダーやセックスに関するアイデンティティを**ジェンダー・アイデンティティ**と呼ぶ。ジェンダー・アイデンティティは生物学的な性と一致しないこともある。自らの生物学的性とアイデンティティが一致しない場合を**性別違和**と呼ぶ。性別違和によって，さまざまな生活における困難が生じる。個人は，多くの場合，身体的特徴による分類（セックス）に従うかたちで，教育や仕事，公共の場で扱われることが多く，性別違和を抱える人びとの生活は困難を伴うことになる。

　与えられた性を超えて，自らが生きる性を生きる人びとを，**トランスジェンダー**と呼ぶ。セックスと性自認の不一致への対応は人によりさまざまである。ホルモン治療や性別適合手術といった医療的移行や，振る舞いや服装をジェンダー・アイデンティティに合わせるといった社会的移行によって性別違和への対応が試みられている。

　日本の場合，生まれたときの生物学的な性が戸籍に記録される。戸籍上の規定は就学や就職の際に開示が求められることが多いため，戸籍上の性とは異なった性で生きるトランスジェンダーの人びとにとって社会生活を送ることに大きな困難を伴う。戸籍の変更は2003年に成立した性同一性障害特例法によって認められたものの，戸籍変更に伴うハードルは高い。

　個人は，性による役割の違いを内面化することで，ジェンダー役割を遂行するようになる。ジェンダーは知識や規範として人びとの振る舞いに影響する。人びとが社会における役割を内面化し，そのような行動をとるようになることを**ジェンダーの社会化**という（→第1章）。

　具体的なジェンダーの社会化機能を担う制度として教育がある。日本社会でも家庭科教育は，以前は女性だけが履修するという時代

があった。このような公式のカリキュラムでの男女の差異によって，性別役割が内面化される。また，公式のカリキュラム以外に，意識されずに存在するカリキュラムが性別役割の社会化に寄与することがあり，これを**隠れたカリキュラム**（hidden curriculum）という。性に応じた制服，性別ごとに分けられた名簿や部活動においてのマネージャー役割がその例である（現在では以前と比べてそのような区別は減っている）。隠れたカリキュラムの存在も，性に関するステレオタイプを受け入れる傾向に影響する。

　一方で，子どもたちは一方的な社会化の受け手になるばかりではない。たとえば，ごっこ遊びや授業での性別役割の違いを踏まえた振る舞いによってジェンダー構造が維持されたり，また，反対にあえてその役割から距離をとることで，逸脱をしようとする側面もある。日本でも，保育園や学校でのフィールドワークによって，子どもや生徒は，相互作用のなかで，ジェンダー秩序の再生産に寄与する側面が見られることが示されてきた（たとえば，藤田由美子，2015，『子どものジェンダー構築 —— 幼稚園・保育園のエスノグラフィ』ハーベスト社）。

　ジェンダーに関わる知識が，生物学的な性に対する認識や知識に影響を及ぼすこともある。たとえば，女性や男性に特定の身体イメージ（筋肉質な体，ふくよかな体）をもっている社会において，美容整形などを通じて，身体が性別ごとの理想的姿を目指して改変されることがある。また，ジェンダーによって性差があるという信念によって，心理学において男女の性格の違いが実際以上に強調されてきたこともある（コンネル，R.，2008，『ジェンダー学の最前線』多賀太監訳，世界思想社）。

　ジェンダーとセックスは複雑に絡み合い，社会における性差を取り巻くさまざまな現象が生じている。性別をめぐって社会的な区別と生物学的な区別を同一視しないことや，その結びつきがどのよう

につくられたかを明らかにすることで，性に関わる現象の多様性や動態を理解することができる。

> セクシュアリティ

性に関わる重要な概念として**セクシュアリティ**がある。セクシュアリティとは性や恋愛に関わる欲望や現象を指す。ドラマやリアリティショーでも明らかなように，性や恋愛は世代にかかわらず関心をもたれる主題である。多くの人びと（後で示すようにすべての人ではない）はさまざまな場面で，誰を好きになったか，嫌いになったか，好きになるべきか，そしてどのような相手と子をもちたいか，など，恋愛や性愛に関わる事柄に関心をもつ。

私たちは性や恋愛に関して，自然で正しい関係や振る舞いがあると考えがちである。すなわち男性と女性が知り合って，告白をして，セックスをして，結婚をして……といったようにである。しかし本当に自然で正しいものがあるのだろうか。社会学は，さまざまなかたちでセクシュアリティの社会的な規定性を示してきた。社会学者のJ. ウィークスは，第二次世界大戦後のイギリスにおいてセクシュアリティが結婚，生殖，異性愛などと切り離されていく過程を描いた（ウィークス，J., 2015，『われらが勝ち得し世界』赤川学監訳，弘文堂）。さらにウィークスは，社会的な要素によって規定されるだけではなく，当事者やそれを取り巻く人びとによって新しい規範や制度が形づくられていくことも強調した。望ましいと考えられている性愛のかたちは，あらかじめ定められているというよりも当事者も含めたさまざまな相互作用のなかでつくりあげられるものである。

セクシュアリティ自体が個人や社会にとって重要な事柄になった過程を歴史的に描いたのが，M. フーコーである。フーコーはセクシュアリティが，近代化する社会で抑制されたという通説から距離をとり，時代や状況ごとに特定の語られ方をするようになる過程を描いた（フーコー，M., 1986，『性の歴史1 知への意思』渡辺守章訳，新潮

社)。出生や人口に密接に関わるセクシュアリティは，16世紀以降，キリスト教における告白の重要な主題となり，さらにセクシュアリティに関わる科学のもとで，正常な性，異常な性が分類されるようになる。フーコーは現代ではきわめて個人的なものだとされるセクシュアリティが実は権力の焦点となって社会が編成されることを示した（→第5章）。

　セクシュアリティの対象を示す概念を**性的指向**という。現代社会では，マジョリティである異性愛者（heterosexual）に限らず，多様な性的指向を表す概念が一般的に使用されるようになっている。最近広く用いられるLGBTという概念は，レズビアン（lesbian：女性の同性愛者）・ゲイ（gay：男性の同性愛者）・バイセクシャル（bisexual：両性愛者）と，先に見たトランスジェンダーの頭文字からとられた言葉である。さらに，LGBTではくくることができないセクシュアリティやジェンダー・アイデンティティをもつ人（たとえば，女性や男性という性のカテゴリのどちらにもアイデンティティをもてない人や，セクシュアリティ自体を感じない人）を含めて，「LGBTQ（Qはクエッショニング／クィア）」「LGBTQ＋」という言葉を用いることもある。性や恋愛に関して強い欲求をもたない場合を表現する，否定接頭辞のAをつけたアセクシャル（無性愛）という概念もある。

　クィアは，セクシュアリティやジェンダーの区分を問い直すうえで注目されている概念である。さまざまな性愛やジェンダーのカテゴリは人びとに適切であるかのような振る舞いを要請するが，その分類自体を揺るがす実践が注目されている。クィアはもともと英語で「変態」を意味する侮蔑的な表現であったが，当事者が，その言葉をあえて積極的に自らのアイデンティティとして利用し，人びとが意識的，無意識的に用いるジェンダーやセクシュアリティに関わる規範を相対化するための鍵概念として用いられた。

第11章　ジェンダー　　219

| 仕事とジェンダー |

仕事や労働は，ジェンダーに関わる地位や待遇の差が先鋭に表れる領域である。ジェンダーに関わる研究の1つの論点は，男性は企業での生産労働を担い，女性は家庭での再生産労働（後述）を担うべきであるというジェンダーをめぐる社会的な分業関係であった。このような性別による社会的役割の特定の分業関係を**性別役割分業**と呼ぶ。

性別役割分業のなかで，女性は企業においては不利な立場に置かれやすい。社会学者の R. M. カンターはアメリカの大企業での1970年代のフィールドワークをもとに，女性が大企業のなかでどのような状況に置かれているかを示した（カンター，R. M., 1995,『企業のなかの男と女』高井葉子訳，日本生産性本部）。

フィールドワークのなかで，カンターは職場における男女比に注目した。女性が少数派だったり，紅一点となる職場では女性はトークン（象徴）としての役割を果たさざるをえない。そのような状態のなかで，女性は異質性が目立たなくなるように必要以上に服装や振る舞いに注意し，男性に同化を試みたりあるいは女性のステレオタイプに自らを閉じ込める。その結果，女性は孤立を感じたり，同性の部下からの批判を受けることもある。何よりも仕事上の評価が属性的な評価と強く結びついてしまう。「彼女（彼）らは，特に失敗したときにはそのカテゴリの代表となり，成功した時には例外的な存在とされる」のである（同書261頁）。カンターは，職場のジェンダー格差に対応するためには組織的な企業全体の対応（女性を1人ではなく複数群として配置することなど）が必要であることなど，現代のアファーマティブ・アクションなどの視点につながる論点を指摘した。

現代社会ではワークライフバランスへの配慮が重視され，女性活躍を重視する企業も増えた。アメリカでも日本でもカンターが研究の対象とした1970年代からは，女性の就業をめぐる状況は変容し

図 11-2 年齢階級別の就業形態

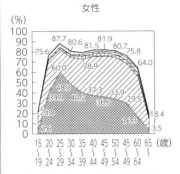
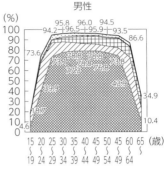

(注) 1. 総務省「労働力調査（基本集計）」より作成。
2. 労働力人口比率は，「労働力人口（就業者＋完全失業者）」／「15 歳以上人口」×100。
3. 正規雇用労働者は「役員」と「正規の職員・従業員」の合計。非正規雇用労働者は「非正規の職員・従業員」。

（出所）『男女共同参画白書』（令和 5 年版）。

ている。しかし，実際の職業的地位や賃金を見るとジェンダー格差は根強いことがわかる。

　日本社会における男女別の生産労働における格差を見よう。日本社会では正規雇用と非正規雇用での労働条件には大きな差があるが（→**第 4 章**），女性は男性に比べて正規雇用で働く割合が低い（図 11-2）。また，正規・非正規といった同じ雇用形態で比較してもジェンダーによる賃金格差が見られる（図 11-3）。この背景には，企業内でのジェンダーをめぐる公正ではない慣行がある。たとえば，正社員／派遣・契約社員という雇用契約による区別によって，男性が中

第 11 章　ジェンダー　　221

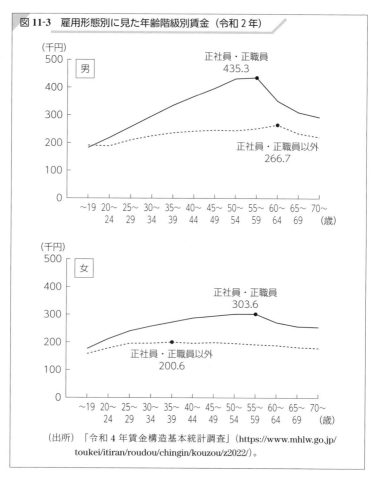

図 11-3 雇用形態別に見た年齢階級別賃金（令和2年）

（出所）「令和4年賃金構造基本統計調査」(https://www.mhlw.go.jp/toukei/itiran/roudou/chingin/kouzou/z2022/)。

核的な仕事を担い，女性が補助的な役割を担うことは少なくない。また，同じ正社員であっても，総合職／一般職というかたちで責任の範囲や昇進の速度の違いがみられることもある（コース別人事管理制度）。そして，結果的に男女別の管理職比率（管理的従事者に占める女性の割合）には大きな差がみられる。

また，職種間や産業間において女性と男性の比率が大きく偏っていることを**性別職域分離**という。たとえば，看護師や介護士などのケアに関わる仕事は女性がつくことが多く，医師は男性がつくことが多い（ただし，2024 年の医師国家試験合格者に占める女性比率は 34.2％と過去と比べて上昇傾向にある）。地位や報酬も両者には差がある。

　性別役割分業を企業の行動から説明する考え方として，**統計的差別**がある。女性は女性全体の水準では男性と比較して，結婚・出産などで仕事を辞めたり，休職したりする可能性が高いのだから，利潤を高めるという経営合理性からは，同じ能力であれば長期勤続が期待できる男性をより高い地位につけるという考え方である。統計的差別は，個々のキャリアを考慮しないかたちで処遇が決まるという意味でミクロレベル（個々の人びとにとって）での不公正を生む。さらに，女性に対する訓練機会が不足するなど，最適な人的資源投資ができないというマクロレベル（社会全体）でも不利益が生じる。これは個々の企業の対応だけでは解消が難しい社会的ジレンマの状態であり，政府などによる規制が求められる。

　このような賃金格差は，性別役割分業に基づく個々の意思決定だけではなく，さまざまな諸制度によって，維持・拡大される。たとえば，1990 年代まで日本的雇用はその高い柔軟性から評価されていたが（→**第 4 章**），その背景には女性であれば低賃金で雇うことが可能であったという雇用慣行があった。さらに，性別役割分業や賃金格差は，労働政策や社会保障制度，税制などによって強化・維持される。たとえば，日本の年金制度では専業主婦世帯の場合，実質的に保険料の納付をしなくても基礎年金を受給できる制度となっており，労働市場からの女性の退出を促す側面がある。生産・再生産労働の特定のパターンを前提とした制度は性別役割分業を再生産することに寄与している。

| 家事・育児・介護と
| ジェンダー

仕事や労働に関わるジェンダー格差は，家族における家事や育児，介護などにも見られる。家事や育児，介護など，主には家庭で担われる人びとの生活を維持するための労働を**再生産労働**と呼ぶ。生産労働のジェンダー格差は再生産労働のジェンダー格差と表裏一体である。

日本では，家事・育児時間に大きなジェンダー差があることが知られている。図 11-4 は男女別の家事・育児参加時間の国際比較である。これを見ると，第 1 に，日本では特に女性の家事・育児時間が長いこと，第 2 に，日本では特に男性の家事育児時間が短いこと，第 3 に，家事時間の総和をとればどの国もさほど違いがないこと，第 4 に，どの国でも女性が家事・育児時間が長いことが読み取れる。

家事の時間的な負担の差だけではなく，その内容や時間には表れない役割にも相違がある。仕事と家庭生活の両立が尊重される社会のなかで，それでもなお女性と男性でワークライフバランスに関わる経験が異なることを示したものとして，A. ホックシールドの研究がある。彼女は，ワークライフバランスを特に尊重するアメリカの企業のフィールドワークを通して，仕事と家事・育児のなかで時間の管理に悩む女性の姿を描き出した（ホックシールド，A. R., 2022,『タイムバインド──不機嫌な家庭，居心地がよい職場』坂口緑ほか訳，ちくま学芸文庫）。このなかでは時間管理に悩む女性たちにとって，さまざまなタスクの処理に追い込まれる家庭は安らぎの場ではなく，むしろ職場が居心地のよい空間になっている姿が描かれる。

性別役割分業や女性が家事を一手に担うことは，どのような社会でもみられるというよりは，産業化以降の変化であることに注意が必要である。A. オークレーは『主婦の誕生』（1986 年）のなかで，イギリス社会において産業革命によって仕事の場と生活の場が分離されたことで，女性は家庭での活動に追い込まれ，主婦という役割

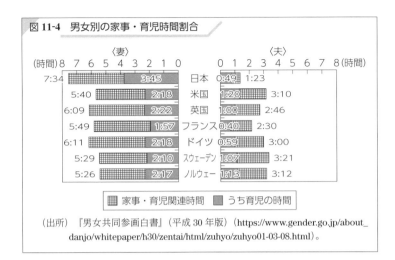

図 11-4 男女別の家事・育児時間割合

(出所)『男女共同参画白書』(平成30年版)(https://www.gender.go.jp/about_danjo/whitepaper/h30/zentai/html/zuhyo/zuhyo01-03-08.html)。

が誕生したことを示した。

現代社会では，とりわけ育児や介護などのケア労働が，家庭外で担われることも増えた。特にケア労働が家庭外に移動することを**ケアの社会化**という。日本においても，たとえば，2000年の介護保険法の施行に伴い，高齢者介護が営利企業や非営利組織によって担われることが増えた。

国際的にみるとケアの社会化には2つの方向性があると言われる。第1に，「両立支援型」である。これはスウェーデンなどの北欧諸国が該当する。これらの国々では政府による保育サービスなどの家族支援による仕事と家庭の両立が強調される。第2に「市場志向型」である。これはアメリカなどのアングロサクソン諸国が当てはまる。これらの国々では，政府による家族支援は弱いが，代わりに市場を通じてベビーシッターなどのかたちでケアワークが提供されることが広く行われている。

このようなケアの社会化は，家族外のジェンダーに関わる不公正

につながる可能性が指適されている。市場志向型の社会では，ケア役割が移民労働者などの社会のなかでの階層が低い女性によって負担されることが顕在化している（両立支援型でも同種の問題が存在しているが顕著であるのは市場志向型の社会である）。国境を越えたケア労働者のネットワークは**グローバル・ケア・チェーン**と呼ばれることもある（→**第8章**）。性差に加えてエスニシティの問題が重なっており，社会的対応が求められている。

> **フェミニズムが提示したこと**

性差による不公正はいまだ重要な社会問題であるものの，先進国では長期的には差は縮まってもいる。性別格差が是正されてきた1つの背景には，**フェミニズム**の広がりがある。フェミニズムとは，性差をめぐるよりよい認識や平等を目指す，研究および実践的な運動である。

大きく分ければ，フェミニズムは，19世紀から20世紀初頭にかけての第一波フェミニズムと，1960年以降の第二波フェミニズム，その後の第三波フェミニズムなどに分けられる。

第一波フェミニズムは19世紀末から20世紀初頭にかけての女性解放運動のことを指し，特に政治などの公的領域での女性と男性の平等を追求した。第一波フェミニズムの出発点とされる人は，イギリスの作家であるM. ウルストンクラフトである。彼女は女性の教育を受ける権利や参政権を擁護した（ウルストンクラフト，M., 1980,『女性の権利の擁護——政治および道徳問題の批判をこめて』白井堯子訳，未来社）。第一波フェミニズムは，参政権や職業的自立，教育を受ける権利などが問題とされた。選挙権・被選挙権の平等が，アメリカや日本で確保されたのは20世紀以降のことであった。参政権，自由権の獲得を目指すフェミニズムは**リベラルフェミニズム**と呼ばれる。

一方，1960年代以降影響力を持ち始めた，第二波フェミニズム

は，私的な問題だと当時考えられた経済の領域や家族の領域を問題化し，公私の境界区分自体を問い直した。先にも触れた1949年に出版されたボーヴォワールの『第二の性』はその先駆けとなった。

第二波フェミニズムは大きく2つの潮流に分けられる。1つは，性別役割分業を問い直し，経済的な地位のジェンダー格差の是正を求めるような動きである。B. フリーダンの『新しい女性の創造』（原題『女性の神話』〔1963年〕）がきっかけとなった。ジャーナリストだったフリーダンは，当時，女性に教育を受ける権利が保障され，高等教育への進学が拡大する一方で，卒業後は家庭に置かれ専業主婦の仕事に従事するしかないことによる悩みを明らかにした。そして，女性が男性同様の主体的な職業生活をおくることの重要性を主張した。

もう1つは，男女の社会におけるさまざまな非対称性や抑圧の経験を批判する**ラディカルフェミニズム**と呼ばれる立場である。そのスローガンとして有名なものに「個人的なことは政治的なことである」（The personal is political）があり，女性が経験する個人的だとされる抑圧もまた，社会全体の女性と男性の権力関係の非対称性から生じるものとする。フェミニズムやラディカルフェミニズムは，特に現代社会における男性と女性の権力の非対称性を家父長制という概念をもとに批判し，現代の性差別や性別役割分業の公正化をめぐる議論に関連する論点を提供した。

その後，第三波フェミニズムと呼ばれる，女性内部の多様な立場の声を踏まえた運動やジェンダーに関わるほかの立場からの運動も見られるようになった。

たとえば，ブラックフェミニズムは，主として黒人女性からの論点の提起である。第一派にしても，第二派にしてもフェミニズムは主として，白人女性と白人男性の問題を中心的に取り扱う傾向にあった。しかし，ブラックフェミニズムは，白人中心的なフェミニズ

ムへの異議申し立てをした。女性といっても，ひとくくりにすることは難しく，女性というカテゴリのなかでも人種をはじめとして，さまざまな格差が存在する。そのような格差を軽視して白人間の性別の公正性だけを問題とすること自体，公正性に反するのではないかとブラックフェミニズムは主張した。

エスニシティや障害の有無などと性差別との関連を示す概念として**交差性（インターセクショナリティ）**や複合差別などの視点がある。これらは性差別をエスニシティや障害の有無，階層などとの関係のもとでとらえる視点である。たとえば，同じ女性というジェンダーのもとでも，先に見たグローバル・ケア・チェーンのようにエスニシティを媒介として地位や役割に差が見られることがある。

また，男性学は，フェミニズムに対する男性からの論点の提起である。女性と男性の権力の非対称な構造や，女性らしさ，男性らしさを期待する考え方は女性だけに不利益を生じさせるわけではない。男性もまた「男らしさ」に縛られることがあり，不公正にさらされることがある。

ジェンダーに関わる不公正について異議申し立てをするフェミニズムに対して，通念的な性別による役割分業などを望ましいと考える立場からジェンダー役割を維持することを擁護する動きも先鋭化している。日本でも，2000 年代以降，学校での性教育に関しての保守的な政治家からの反応や SNS における表現の自由をめぐる対立などがみられる。

性（ジェンダー，そしてセクシュアリティ）に関わる論争は，フェミニズムの形成の過程でさまざまな時代で見られた。そして，多くの場合，多数派の自明性を問い直しながら，より公正な社会に向けて変化が起きたと言える。フェミニズムが提起する論点とそれによる論争は，ボーヴォワールが『第二の性』を書いたときにも生じた。しかし，その内容が現代と同じではないことは明らかである。現代

における，ジェンダーの内部の多様性や性をめぐるカテゴリの権力的な非対称性のなかで，その自明性を疑い，状況に応じた性差の経験を反省的に問い直す社会学的探求は重要な意味をもつだろう。

加藤秀一『はじめてのジェンダー論』有斐閣，2017 年。
　　ジェンダー・セクシュアリティにかかわる諸論点が身近な話題を出発点に網羅されている。規範性を伴うジェンダーというカテゴリをいかに理解すればよいかの手掛かりを与える。
江原由美子・山崎敬一編『ジェンダーと社会理論』有斐閣，2006 年。
　　進化生物学，構築主義，合理的選択理論など，社会学にかかわる諸理論や，身体，ケア，ナショナリズムといった現代社会の重要な論点とジェンダーとのかかわりを学ぶことができる。
上野千鶴子・江原由美子編『挑戦するフェミニズム――ネオリベラリズムとグローバリゼーションを超えて』有斐閣，2024 年。
　　フェミニズムの立場から，2020 年代におけるジェンダーにかかわる論点が提示されている。2020 年代におけるジェンダーに関する網羅的な入門書。
大沢真理『企業中心社会を超えて――現代日本を〈ジェンダー〉で読む』岩波書店，2020 年（初版 1993）。
　　なぜ女性の仕事は男性と比べて低い評価に置かれるのか。1993 年に出版された本書だが，日本的雇用のかかわりで女性労働者の賃金の低さを説明する視点は，現代でも重要な意味をもっている。

第12章 都市・地域

　（あなたが都市部に住んでいるとして）登山，あるいは海水浴に出かけたあと，電車やバスに乗ってたくさんの人びとが行き交うターミナル駅などに戻ってくると，「ここは都会だなあ」と今さらながらにあらためて感じることがあるだろう。この「都会」の感覚は曖昧なもので，山や海を基準にすればどんな駅の駅前でも都市的に感じる一方で，東京や大阪に比べれば地方都市はどこも鄙（ひな）びた空気を帯びているように思えたりもする。それでは私たちは単にさっきまでいた場所と今いる場所との落差に「都会」を感じているだけなのだろうか。

　社会学で最も有名な都市の定義は，L. ワースが 1938 年の論文で示した「社会的に異質な諸個人の比較的大きく密度の高い永続的な居住地」であろう。しかしワース自身がこれを「最小限の定義」としているように，都市はそれらの条件に還元し尽くせるものではない。むしろ都市や都会は，高密大量のヒトやモノが，近距離から遠距離に至るさまざまなスケールにおいて膨大なネットワークの交点でもあるという，そうした結びつきのありようが生みだすうつろいやすい像である。もちろん，結びつきのほとんどは手に触れることも，目で直接みることもできず，当人の自覚も必ずしも伴わない。しかし私たちが都市に圧倒されるのは，目の前のヒトやモノの大量性によってであると同時に，その背後でそれらヒトやモノが世界とつながっている，そのつながりの高い密度と大きな多様性によってでもある。これらのネットワークにおいて都市は人間の生を豊かに，

231

自由にもしたし，また縛りつけ，圧し殺しもしてきた。

　本章では社会学が地域社会をどのような関心のもとで探究してきたのかについて，特に都市に関する研究を導きの糸として見ていく。地域社会とは，「地域」という空間の範囲に関連づけられた社会のありようのことである。都市だけでなく郊外や農村もこの「地域」に含まれるが，社会学において地域社会に関する探究はまず都市への注目から始まった。産業化や民主化，あるいは大衆社会といった，近代化の趨勢を構成する要素が集中的に現れたのが都市であり，そうした都市空間の発生と膨張それ自体もまた都市化現象として社会学の焦点となった。都市について考えることは常に非‐都市について考えることでもあったから，本章の都市に関する記述は都市と非‐都市を包含する語としての「地域」と深く関わる。

空間と社会の関係：スラムとシカゴ学派

地域社会が地域空間に関連づけられているからといって，境界線を区切ってそのなかのことだけを限定して取り上げるのではない。外部といっさいつながっていない地域は存在せず，ヒトもモノも必ずその地域を出入りしている。そのようなヒトやモノの流動性に対して，あまり動かない建物や道路，環境として地域空間はある。地域社会を考えることは，動かないものに注目するがゆえに動くものに目を向け，その地域の外とのつながりを把握することでもある。

　以上を踏まえて，本章のテーマは，空間と人間の関係についての社会学である，とも言い換えられる。

　このテーマについて社会学で最初に注目されたものの1つが，大都市に発生する**スラム**である。スラムという概念のなかには，劣悪な居住環境（過密，不衛生など）と，そこに暮らす貧困層の人びとがつくる特殊な社会のイメージの両方が含まれている。つまり，空間と社会の特別な（問題のある）結びつきが，スラムという言葉にすでに含意されている。

19世紀から20世紀初頭にかけて世界各地の大都市に発生したスラムは、他のさまざまに特徴的な地区——富裕層の集まる高級住宅街やホテル、あるいは野宿者の集まる小空間など——とともに、一定の法則性をもって膨張または収縮し、その立地を移動させていくように見えた。後に**シカゴ学派**と呼ばれるシカゴ大学の社会学者たちは、これら特徴的な地区や人びとについて、その構造や動態を記述することに力を注いだ（→序章、第7章、終章）。R. E. パークらの手になる『都市』（1925年）はその代表的な業績であるだけでなく、現在も読み継がれる記念碑的な作品である。

シカゴ学派はその後の社会学という学問を特徴づける経験的な調査研究の出発点としても重要である。シカゴでは1840年に5000人に満たなかった人口が、80年には50万人を超え90年には100万人を超えた。さらに1910年には200万人を超えていく、そうした爆発的な成長には必ずしも行政施策や制度の整備が追いつかない。突如として誕生し膨張したシカゴの特質は、都市の非‐制度的な部分に関する調査研究、とりわけ必ずしも統計調査が容易ではない対象へのフィールド調査と親和的であった。

アーバニズム

これはシカゴ学派に先立ちヨーロッパでM. ヴェーバーが都市を取り上げた文脈とは対照的である。ヴェーバーは都市空間に焦点を当てるのではなく、ヨーロッパの歴史ある都市の城塞都市としての性質、つまり都市の自治制度とでも言うべき側面を主に論じた。ヴェーバーが「都市ゲマインデ」として定式化したのは、相対的に自律的な「団体」としての都市である。

A. コントやH. スペンサーなど最初期の社会学は社会を有機体とのアナロジー（類推）から理解しようとしたが、シカゴ学派の都市の社会学もまた、人間生態学という一種のアナロジーからスタートした。動物や植物のグループがどのようにその支配圏を拡大／縮小

したり，あるいはいかなる外界からの影響によって生息域を移動さ
せたりするのか。この運動法則を観察のなかから抽出する動物生態
学／植物生態学の視座に着想を得たのが人間生態学であった。E.
バージェスの「同心円モデル」は，地区の特徴を地図上に同心円的
に示すことができるとした，人間生態学の最も古典的にして鮮やか
な例証である（図 12-1）。最中心部のすぐ外側には工場やスラム，
移民街などが混在する「遷移地帯」があり，都市において最も変化
の激しい地域として注目された。ここは後に荒廃やジェントリフィ
ケーション（後述）の舞台としてインナーシティという用語でとら
え直されていく。

　同心円モデルでは土地用途が中心地から同心円状に分布し，都市
の発展とともに同心円構造を維持したまま拡大していくことが示さ
れる。

　近代の曙において産業化や大衆社会化，あるいは消費社会化の焦
点ともなった都市社会は，1 人ひとりの人間そのものをも，それ以
前のあり方から変容させずにはおかなかった。ヴェーバーとほぼ同
時代に同じくドイツを生きた G. ジンメルは，人間の精神が大都市
においていかに変容するかを論じている。ジンメルの影響を受けて
いたシカゴ学派の都市研究では，人間の都市における生き方，生活
のありようが**アーバニズム**という言葉で表現され，理解されていく。
そこでは都市に特徴的な要素として，一時的で匿名的な相互行為の
優勢が指摘される。伝統的農村における持続的で顕名的な相互行為
と対照的なそれは，一面からは慣習的なしがらみや束縛からの解放
と自由と見られたが，同時に社会的紐帯や連帯の弱体化であるとも
された。

　全地球的に都市化が完成されつつある 21 世紀において，アーバ
ニズムがもはや一般化しつつあるとしても，以上のようなテーマ群
の重要性が失われたわけではない。開発途上国における過剰都市化

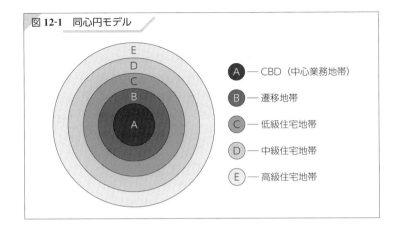

図 12-1 同心円モデル

A — CBD（中心業務地帯）
B — 遷移地帯
C — 低級住宅地帯
D — 中級住宅地帯
E — 高級住宅地帯

のような現象は，現代における古くて新しい都市問題である。そこでは貧困と過密居住，上下水道の不備，交通渋滞，大気汚染などの問題が，爆発的に成長する都市空間に集中的に現れる。これは 20 世紀初頭にシカゴ学派が取り組んだスラムの再来であると同時に，グローバル化や情報技術などが無視できない要素として加わり，製造業中心だった 20 世紀の都市に比べてサービス業の比率が高まっている点で新しい現象でもある。

コミュニティ　近代化に伴う都市化に対する社会学の関心は，スラムのような貧困の現象に限定されなかった。すでに触れたアーバニズムがそうであったように，必ずしも貧困とは関係なく，人びとの精神に影響をもたらすものとしての都市化というとらえ方がある。その力は，人びとがつくりあげる共同体のありようにも及んだ。

コミュニティという概念がここにおいて浮かび上がってくる。伝統的農村を典型とする前近代の空間に存在したコミュニティが都市化によって失われつつある，とする見方が 20 世紀初頭には支配的であった。

コミュニティはこの意味で近代化に直接的に関係する，社会学全体にとっても重要な概念であるが，わけても都市や地域の社会学はコミュニティとの特別な関わりがある。というのも，コミュニティの語にはしばしば地域性のイメージが含まれているからだ。「趣味のコミュニティ」や「科学者コミュニティ」などのように地域性を含意しない用法も珍しくないが，それでもコミュニティの中心的なイメージには近代以前の地縁的あるいは同族的な共同性を備えた集団がある。徐々にその共同性のイメージを非－地域的な集団のうちにも見出すなかで流用されてきた結果として，地域性を含意すると同時に含意しないという二重性が「コミュニティ」概念のうちに生じた。しかし都市と地域について説明する本章では，地域に関わるものとしてのコミュニティ，つまり「地域コミュニティ」の意味で単に「コミュニティ」の語を用いることとする。具体的には後述する町内会のほかにも部落会や婦人会，老人会，そして地域の共有資源（入会地など）管理のための組織を指したり，それらを包含した地域社会の共同的な様態を指す言葉である。

　以上の意味での地域的なコミュニティは，R. M. マッキーヴァーが用いたような，個別の関心を追求する部分的な集団としての「アソシエーション」にとって包括的な基礎となる「コミュニティ」とは，概念を使って見ようとしたものが少しずれている。あるいは歴史と「意志」との関連づけから「ゲゼルシャフト」と対になって提示される，F. テンニースの「ゲマインシャフト」もまた，地域性よりは共同性に軸足が置かれている。これら類似の概念群と比べて地域性に関連づけられているのは C. H. クーリーの第一次集団（primary group）の概念である。クーリーは第一次集団を，家族や近隣を典型とする対面的な親密性（→第2章）から規定しており，その意味で primary の語には「原基的」とでもいうべきニュアンスが込められている。

236

都市化によって衰退していった，という見方がコミュニティに関していっとき支配的になったことからもわかるように，地域性と結びついた共同体は，今日ではありふれたものとは言えなくなってしまった。日本の伝統的農村は地理的にまとまっている（＝集村である）うえに農業という産業／職業をおおむね共有していて，農事や祭礼がほとんど必然的に農村共同体によって担われていたが，職業においても習俗においても多様な人びとからなる都市という場所では，そうした共同体の存在は必ずしも自明ではない。

> **町内会，コミュニティ，ソーシャル・キャピタル**

町内会はその意味で興味深い存在である。町内会とは日本のおおむね都市部に存在する住民組織で，地理的に範囲を区切って，その範囲内の世帯の全戸が加入することを基本とする。実態としては自治会の名称をもつことが多いが，日本の社会学では主に町内会の語で研究されてきた。町内会は自主的に防災訓練を行うような自治組織であるが，これが都市においてこそ必要とされた点は，コミュニティについての議論にとっても示唆的である。しかし町内会は地縁による自治組織であると同時に，それゆえに行政機関から「地域の代表」として（しばしばアリバイ的に）遇され，行政の下請け的性格が見出されることがある。その典型として太平洋戦争中に国家の末端として機能した経験があり，戦後日本の都市社会学は町内会の位置づけや評価に関して盛んに議論を交わした。1970年代以降の日本で，地域の共同性を活性化しようとコミュニティ施策を展開した自治体は，前近代社会の残存たる封建遺制と見られる町内会のあり方を乗り越え，民主的に地域の問題解決に取り組む住民自治の姿を理念的に指し示す語として「コミュニティ」を採用した。

　今日のソーシャル・キャピタル（社会関係資本）（→第4章，第7章，第10章）についての関心の高まりを見ると，町内会やコミュニティは21世紀の社会学にとってもなお意義深いテーマであると言え

る。ソーシャル・キャピタルはそれが帰属する対象として個人，特定集団，地域社会などの水準が想定されるが，このうち地域社会に帰属するソーシャル・キャピタルは，地域社会内部のネットワークの密度や一般的な他者への信頼，あるいは地元組織の数や活発性などによって測定される。ソーシャル・キャピタルが影響を与えるとされる対象は，政治へのコミットメントや地域の治安，教育達成などのみならず，そこに住む人びとの健康状態に至るまで幅広く，1990年代以降の社会科学，そして一般社会においても大きな注目を集めてきた。そうしたなか，ソーシャル・キャピタルの基盤となるコミュニティやその具体例としての町内会には，新たな意味や期待がもたれている。とりわけ阪神大震災や東日本大震災などの大規模災害において，避難生活や生活再建のプロセスについてもソーシャル・キャピタルがポジティブな効果をもたらすことが示されており，非常時に町内会／コミュニティが果たす役割への期待は災害のたびごとに浮上する。

　以上で紹介してきたように，コミュニティはその地域の「住民」によって構成されることをしばしば暗黙のうちに前提とする。しかしながら日本の都市社会学者，磯村英一が提起した**第三空間**の概念は，コミュニティの担い手が必ずしも住民に限定されないことを明確化した。磯村はまず，家族や近隣からなる第一空間と，職場の第二空間を区別するが，都市には移動の途中の盛り場や通勤電車など，第一，第二のいずれにも属さない空間が存在する。これが第三空間である。第三空間では第一空間とも第二空間とも異なる，顔なじみであることに基づくゆるやかな秩序が生まれる。磯村はこの第三空間のコミュニティに，居住地域や勤め先のしがらみに縛られない自由な結びつきの可能性を見出した。アメリカの社会学者 R. オルデンバーグが磯村のこの業績を知らずに，かなり類似したかたちで「サード・プレイス」を論じていることは興味深い符合である。家

238

庭や職場のほかに存在する集まりに着目することは，町内会的ではない流動的な空間への社会学的想像力に基づいている。

都市と農村

流動的な社会関係の特異点として存在するように思われる，この都市とはいったい何なのだろうか。そもそも都市は，「都市でないもの」との区別においてイメージされざるをえない。「都市でないもの」の典型として長らく考えられてきたのが農村である。

戦前日本の社会学にとって，農村は最も主要な研究対象の1つであった。当時，農村人口の占める割合は今日に比べてきわめて高く，農村研究においては経験的な調査と，調査結果を理解するための理論とが，ともに高い水準で発展させられていた。

日本農村社会学の理論の中核をなす概念が，イエとムラである。これは日常的に漢字で表記される家や村とはやや異なる意味合いをもつ。論者によって多少の相違があるとはいえ，イエもムラも，集団として実体視されるよりはむしろ制度としてとらえられる。イエは家産や家業，祖先祭祀，伝統的家父長制等と結びついた概念で，連綿と存続し繁栄することが希求される対象であり，核家族のような具体的集団を指す概念とは異なる（→第3章）。

ムラもまた行政区画としての村というよりは，人びとの実際の社会的結合の一形態を表す。行政区画と生きられる社会との間のこのへだたりを明確化したのが鈴木榮太郎の**行政村／自然村**概念であった。農村社会の構造にとって2つの基軸となるのがイエとムラであるが，これらは農業という生産，労働の活動との関連において組織化されている。イエもムラも，確かに因習的な仕組みではあるかもしれないが，同時に農業生産と生存を可能にする工夫であった側面を無視することはできない。

イエとムラからなる伝統的村落社会は，21世紀の日本列島において必ずしもありふれたものではなくなっている。20世紀後半の

第12章 都市・地域　239

日本は顕著な都市化の傾向にあり，各地で過疎化が問題視され始めた。地域全体で人口が減少し，残った人口も地域内の都市部に集中してしまうと，非都市部では人口がきわめて少なくなる。現代社会のさまざまな制度やインフラは一定以上の人口集中を前提に設計されているから，過疎化は社会生活の根本的な基盤を掘り崩してしまう。食料品店の撤退により食料調達が困難になるフードデザート問題などはその典型である。特に日本の中山間地域において顕著な，人口の再生産に困難を来している**限界集落**は，山林の荒廃が平野部に及ぼす影響という観点からも，全体的に人口構成が高齢化しながら都市に人口が集中する一方の日本社会全体にとって重大な意味合いをもっている。もちろん，行政村にとっての人口としては必ずしもカウントされないような親族や関係者などがムラの担い手となることはありうる。そこに出入りする多様な人びとを指す関係人口という概念は，その外部にまで広がるネットワークを含めた村落社会を探究するための手がかりになる可能性がある。

政治経済学的視点：
新都市社会学

社会学的な都市研究の最初の黄金時代は，20世紀初頭のシカゴ学派が担った。その後，20世紀後半の都市研究は，このシカゴ学派を批判的に乗り越えようとするなかで展開してくる。

シカゴ学派批判の嚆矢となったのがスペイン出身の M. カステルである。カステルは著書『都市問題』（1972年）において主としてワースのアーバニズム論をやり玉に挙げて，シカゴ学派が理論的に破綻していると主張した。背景には当時の急激な都市化と新しい都市問題（都市財政の逼迫など），それに対する都市社会運動の盛り上がりがあった。こうした状況のなか，自治体などの公的主体は都市計画や都市政策を通じて都市空間への関与を強めていく。これらの時代背景はいずれも都市の政治経済学的分析を要請するが，シカゴ学派は必ずしもこのテーマに精力的には取り組んでいなかった。カ

ステルが批判したのはこの点である。カステル自身は都市の社会インフラを「集合的消費」の概念で把握し，これの分配をめぐる都市社会運動に着目した理論，研究を展開していく。都市における公営住宅のような希少資源について権限をもつ「都市管理者（urban manager）」の働きを重視したイギリスの R. パールなどとともに，この時期に主にヨーロッパで生まれた政治経済学的な視点からの都市研究は**新都市社会学**と呼ばれる。

　カステルの『都市問題』と相前後して都市に関する重要な思想を打ち立てた論者に H. ルフェーブルがいる。ルフェーブルは著書『空間の生産』（1974 年）において「空間」を新都市社会学的な政治経済的プロセスのなかに位置づけた。まずルフェーブルは空間を生産／再生産の対象としてとらえる。荒れ地を整地してライフラインを引くことで宅地化したり，ビルを建設して地上何十メートルもの高さにまでオフィスを構えたりするのは，いずれも社会的に利用可能な空間の生産である。それらの空間は古びてくたびれてくればつくり直され＝再生産される。

　ルフェーブルはこの空間の生産／再生産プロセスに関連するものとしての表象の働きを重視した。表象（representation）とは何かをイメージしたりそれを絵や言葉で表現したりすることである。ルフェーブルにとって都市はさまざまな側面をもち，無限に豊かな可能性を備えたどこまでも未知の対象である。しかし都市計画家や科学者，技術官僚などは，都市を自分たちがすみずみまで認識して計画できるものとして矮小化してしまい，そのうえで都市のイメージを語り，図面で表現し，設計しようとする。ルフェーブルは都市計画家らの都市へのこうした関わり方を「空間の表象」としてとらえた。一方，社会的に従属的な立場に置かれている人びとによる，生きられる経験としての空間への関わりは「表象の空間」とされる。というのも，空間の生産者と対置される空間の使用者たちは，さまざま

第 12 章　都市・地域　　241

な映像や象徴を通じて都市空間を生きるのであり，その意味で使用者が経験するのは神話や芸術に連なる，表象の空間なのである。対照的な「空間の表象」／「表象の空間」と併せて，それらのうえでの空間の生産／再生産の活動を指す「空間的実践」を含めた三つ巴が，ルフェーブルのキー概念である。ルフェーブルの著作は空間を所与のものとして扱わない点においてシカゴ学派からの離陸であると同時に，「生産手段」のかわりに「空間の生産」にこだわる点において，脱産業化時代にマルクス主義的な都市論を更新する試みでもあった。

都市を動かす権力と開発

農村においてはイエとムラが基軸的な制度として人びとの生活や生産活動を規定していた。ムラの有力者というような人物は，こうした制度があればこそ，見えやすい。しかし都市において事態はより複雑で不透明である。こうしたなかで地域権力構造（Community Power Structure）論と呼ばれる研究潮流がアプローチしたのは，都市において権力をもっているのは誰か，という問題である。権力が特定の人物や集団に独占されている状態を問題視し，地域社会から民主主義について考えようとする問題意識がその背後にはある。

　地域の民主主義にとって，開発はきわめて重要なテーマである。開発には莫大な資金が投下され，多くの場合利権として地域に痕跡を残す。こうした動きが地域の既存の権力構造に沿って起こる場合もあれば，それを変容させる場合もありうる。いずれにせよ，開発はしばしば中央政府や大企業，あるいは国際 NGO といった，地域社会の「外」の主体によって主導される（そしてそのための連合体を形成しさえする）。地域にとって開発とは権力によって押しつけられるものでありうると同時に経済の問題でもあり，さらには「開発を是とするイデオロギー」とも関わっている。開発は地域社会を劇的に変容させる契機であり，地域をよりマクロな視点からとらえるた

めの足がかりにもなる。

　開発に関連して重要な日本の社会学の概念に，**受益圏・受苦圏**がある。梶田孝道と舩橋晴俊が発展させたこの語において，「圏」は必ずしも空間的なものに限定されない。新幹線の開通やダムの建設といった事例を考えてみよう。新幹線の発着駅周辺の住民は大きな利益を得るが，沿線の大多数にとってそれは立ち退きや騒音，景観の毀損(きそん)を意味する。ダムは下流都市部の電力供給源になったり治水の機能を果たしたりするが，建設地ではしばしば集落がダム湖の底に沈む。これらの事例において，利益を得る人びとの範囲と，苦痛を被る人びとの範囲はずれている。むろん，あらゆる事例でずれているわけではないが，この概念対の持ち味は，ひとまず受益者の圏域と受苦者の圏域とを概念上区別してみせたことにある。2つの圏のずれはしばしば科学技術や開発と結びついており，特定の都市や地域は，そこから遠く離れた空間と対立した利害を有することがある。あなたの受益／受苦は，どこかの誰かの受苦／受益なのかもしれない。

資本による空間変容　　近年の都市研究で最も注目を集めている現象の1つである**ジェントリフィケーション**は，開発の問題でもあり，また受益圏・受苦圏の問題でもある。ジェントリフィケーションとは，低所得層の居住地域が（再）開発されることによって地価や家賃が上昇し，もともといた低所得層が追い出されてミドルクラス向けの高級地域へと変化する現象，を指すものとして基本的には考えられている。そうした一応の了解があるとはいえ，ジェントリフィケーションと呼べる現象の範囲や，さらにそれをどう評価すべきなのか，といった点についてははっきりしないところもある。

　そうした曖昧さをはらむものであっても，グローバル資本主義のもとで侵害されやすい人びとの権利に焦点を当てる語としてのジェ

ントリフィケーションの意義は小さくない。国際貿易が各国経済を左右する現代において，その貿易の主要な担い手たるグローバル企業と，グローバル企業の活動を可能にするような生産者サービス業の両方が集中する都市では，空間の希少性が高まるとともにグローバル経済に否応なく巻き込まれていく（→**第8章**）。S. サッセンが『グローバル・シティ』で論じた生産者サービス業には法律事務所や会計事務所，広告代理店やデザイン事務所などの専門職だけでなく，警備会社や清掃会社など，多くの未熟練労働者を擁する業種も含まれている。先進国大都市の多くでは移民労働力がこうした未熟練労働を支えており，専門職との待遇の格差が大きい。グローバル都市はこうした構造において大きな経済格差をはらんでおり，ジェントリフィケーションの恰好の舞台となる。

　各国の都市に見られるチャイナタウンのような，移民の集住地をエンクレーブと呼ぶ。「飛び地」という意味をもつエンクレーブは，移民の弱い社会経済的地位を背景としてしばしば低家賃，低地価の地域に重なるため，ジェントリフィケーションの標的となる。グローバル経済の巨大な圧力が人びとを住まいから追い出してしまう状況に対して，近年国連は「都市への権利（right to the city）」をキャッチフレーズとして掲げながら対策を模索している。都市への権利はもともとはルフェーブルが，人びとが都市へと関わり続ける権利，都市を自らの作品として製作し続ける権利として提唱した概念である。作家が自らの作品から無理矢理引き離されることと同じように，人びとが自身の意図に反してその都市から立ち退かされるような事態を不当なものとして告発するねらいがここにはある。人びとの暮らしこそが都市の本質的な価値なのであり，その意味で借地や借家に住んでいようとも自らの作品である都市への権利を有するのだという主張は，グローバリゼーションを背景としたデベロッパや自治体によるジェントリフィケーションへの抵抗である。

ハウジング：「住む」ことの見えづらさ

ジェントリフィケーションは低所得層が住処を追われる現象であり，都市への権利はそのようにして損なわれる可能性のある，住む所への権利をあらためて強調するものであった。ここでの焦点は住むことや住宅にある。居住や住宅という社会科学のテーマは，英語圏ではハウジング（housing）と呼ばれる。ハウジングは「居住のための建造物」という，日本語の「住宅」と同様の意味で使われると同時に，「住まわせる」を意味する他動詞である house の動名詞 housing のニュアンス，つまり政府や企業が住宅を供給する側面に力点が置かれることも無視できない。この供給の含意が日本語の「住宅」にほとんど含まれていないのは注目すべきことである。

実はこの章で取り上げてきたトピックの多くは，ハウジングに関するものであった。スラムは直接に住宅を指し示すし，人間生態学は人びとの居住地域の変動プロセスを論じた。カステルやパールなどの新都市社会学が注目した，都市において配分される希少財の代表例が住宅である。地域コミュニティの概念をはじめ，都市や地域が研究される際に取り上げられる主な主体は「住民」であるが，これはその地域の住宅に居住している人びとのことにほかならない。居住する人びとに注目することは都市や地域の社会学であまりにあたりまえのこととされ，特に意識されないことも多いが，第三空間の議論はそうした自明視を相対化してくれるし，限界集落の事例もある地域で「住む」ことを続けていくことが決してあたりまえのことではないことを教えてくれる。

住むこととセットで考えられるべきなのが地域移動（空間的移動）である。前述した磯村の第三空間論は，通勤という地域移動に焦点を当てたものであった。通勤現象が職住分離から発生したように，これもまたハウジングと密接に関連している。郊外に住宅地が造成され人びとが移り住み，都心の職場に通うことが，現代日本におけ

第 12 章 都市・地域 **245**

る通勤の典型である。さらに，通勤と同じかそれ以上に重要な地域移動が転居だ。かつての日本では地方から都市部への集団就職など，転居が大量の社会現象としてあった。さらに移民や難民といった国際移動の例があるように，特に英語圏ではモビリティ（mobility）研究として，地域移動の研究は今日ますます重要になっている。20世紀前半の都市研究を主導したシカゴ学派の後，20世紀末に影響力をもったロサンゼルス学派は，自家用車が人びとの主たる移動手段となることで近隣が分断され，郊外に虫食い状の無秩序な住宅開発が進行するスプロール現象に光を当てた。シカゴの同心円地帯のイメージとは対照的に，ロサンゼルスはその移動性によって脱中心化された，断片的で多中心的な空間としてとらえられた。

　私たちがどのような住宅に住まわされているのか，ということはなかなか意識にのぼりづらい。そのなかで，現代社会において人びとを分断する境界線をハウジングのなかに見出したのが J. レックスと R. ムーアである。レックスとムーアは，従来のマルクス主義階級論が生産手段の所有／非所有を軸に資本家階級／労働者階級の分断をとらえていたことを踏まえたうえで，直接に生産（やあるいは逆に単に消費）に注目するのではなく，生産と消費の基盤となるものとしてのハウジングが階級の分断に果たす役割を論じた。それがハウジングクラス（住宅階級）である。ある時点で「経済的」には同一の階級とみなされる人びとであっても，他の社会的属性──典型的には人種や国籍──によって，望ましいハウジングへのアクセス可能性が異なる。そしてそうしたハウジングにおける分断は，中長期的な格差の拡大，再生産の基礎になりうるのである。

　住宅が供給される側面，あるいはハウジングという財の配分，といった表現が大げさなものに感じられるとすれば，その感覚は日本の持ち家主義と関係している可能性がある。住宅は自動車などと同じで，かなり高額かもしれないが私的に購入，使用されるもので，

公的な問題ではない（あるいは私的な財としてとらえられることが望ましい），という考え方である。実際日本において住宅は公的福祉がカバーする対象としてほとんどイメージされて（期待されて）いないことが，武川正吾らによる福祉に関する意識調査から明らかになっている。

都市と社会的排除　持ち家か賃貸か，といった住宅の所有／利用形態の区別を英語ではハウジングのテニュア（housing tenure）と言い，日本ではたとえば総務省による住宅・土地統計調査で「住宅の所有の関係」として集計されているが，持ち家主義はテニュアに関する個人の好みや「国民性」の問題には還元されない。各国はテニュアごとに異なる税の優遇策を設けており，アメリカや日本などは持ち家が制度的に優遇されている。世界的に見れば賃貸についても一般の市場に応じた家賃が設定される場合と，特に低所得者向けに低い家賃が設定される場合があり，それぞれに異なる税制が適用されることで各種ハウジングごとのシェアは国ごとに大きく異なる。低家賃の賃貸住宅をはじめとする社会的住宅（social housing）のシェアが大きい国では，ハウジングは福祉の一部であり，その意味で「商品」というよりはむしろ「権利」とみなされる傾向にある。そうした考え方のもとでは住む家がないこと（ホームレス状態）は自業自得や自己責任ではなく，人びとの権利の侵害であり政府の怠慢である（→第6章）。

前述のように都市や地域の社会学は「住民」を主な主体とみなし，居住の活動は常に自明視されがちであった。しかしながら人びとのハウジングに対する意識やテニュア，税制などの多様性を考慮に入れれば，都市や地域の構造を生みだす最も主要な焦点の1つとして，ハウジングの重要性が浮かび上がってくる。さらに居住は1人ひとりの人間にとっても生活や安心感の根本的な拠点であり，ハウジングは社会における主体のそうした存立基盤を問うことを可能にする

第12章　都市・地域　247

視座でもある。

　持ち家であれ賃貸であれ，人種などの社会的属性が，ハウジングへのアクセス可能性を制限する場合がある。持ち家取得にあたっての住宅ローン融資や，賃貸住宅への入居などにはいずれも審査があり，恣意的な選別において差別的取り扱いが行われることがままある。さらに，T. C. シェリングの著名なシミュレーション（→第1章）からは，たとえそれがかなり控えめなものであったとしても人びとの選好の意図せざる帰結としてセグリゲーション（凝離，あるいは差別的隔離）が実現してしまう可能性も示されている。シミュレーション上のみならず現実においても，人びとの選好を利用して人種に基づくブロックバスティング——マジョリティ住民に対して「この地域にはこれからマイノリティが増えますよ」などと伝えて安く住宅を売却させ，その後マイノリティにその住宅を高く売る商法——が行われてきた。エンクレーブが移民たちの共同性による自生的な集住を含意するのに対し，セグリゲーションは差別や格差の構造的な規定力が生みだす現象の側面を強調する概念である。

　現実の都市においてはさまざまなメカニズムを通じて，人種や階層ごとに特徴的な地区がしばしば出現する。たとえばアメリカの多くの都市ではアフリカ系貧困層の集住地区があり，ひとたびその地区に生まれた子どもは学業達成や収入が低くなりがちで，差別を受けてその地区外に転居することもままならず，世代を超えてその地区に住み続けざるをえなくなるようなゲットー化の現象が問題になっている。

　こうした地区においては，社会的に不利な条件が集中してしまっていることが問題とされる。この場合の不利の集中とは，個人にそうした属性が集中するのみならず，不利な条件を抱えた人びとが地理的に集中することでもある。

> 近隣効果：都市空間の
> 「真の」効果？

そうした不利の集中地区については，地区それ自体が一種の悪影響をもっているのではないか，という視点がある。近隣の社会的，物理的環境が，個々人の属性を超えて住民1人ひとりに影響を与える，という考え方を**近隣効果**（neighborhood effect）という。たとえば他の関連する変数をコントロールしたうえでの教育年数と収入の関係について，富裕地区と貧困地区ではいずれも右肩上がりの正の相関があるものの切片や傾きが異なっている場合，近隣効果が存在していると考えられる。つまり，他の条件が同一であっても，貧困地区に居住しているだけで教育への投資が収入に反映されづらくなってしまうのである（図12-2）。

　こうした近隣効果が実際に存在するのか，存在するとすればいかなるかたちにおいてなのか，という議論は，政府による低所得者への実験的介入（アメリカの Gautreaux Project や Moving to Opportunity など，低所得層のミドルクラス地区への転居を補助する）と学術研究とが密接に結びつくなかで展開してきた。GIS（地理情報システム）の利用と分析が普及し，マルチレベル分析など統計手法が発展したこととも相まって，近隣効果論は理論，質的調査，量的調査，統計手法それぞれの展開，発展の結節点となっている。

　近隣効果論には依然として理論的，技術的問題も多い。近隣から個人に効果がもたらされる際の因果プロセスにはさまざまなものが想定され，それゆえに「近隣」としての境界や効果の時間幅をどうとらえるかについては曖昧さが残っている。理論の構成上，構造決定論的な傾向があり，主体を受動的な存在として記述しがちである。限られた利用可能なデータもさまざまなバイアスを被っており，新しいデータを得るためには長い時間と多大な費用がかかる。

　しかしこうした問題があってなお近隣効果が注目されるのは，これまで都市や地域に関して社会学が取り組んできた本質的な問題を

第12章　都市・地域　　249

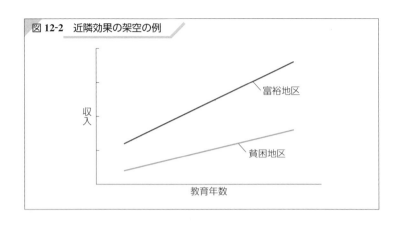

図 12-2　近隣効果の架空の例

直接に主題化しているからである。それは，個人の属性に還元されえない，地域空間（あるいは都市空間）の効果とはいかなるものか，というテーマである。

　言うまでもなく人びとは日常的にさまざまな交通手段を用いて地域空間を出入りし，情報通信技術を用いて遠隔地の相手とコミュニケーションする。この意味で人びとは決して特定の近隣に閉じこめられているわけではない。カステルは，外部とのつながりを本質的に内包した空間を「フローの空間」として概念化し，情報化時代における都市の特徴として重視した。居住地としてはともかく，日常生活やコミュニケーションの水準においては必ずしも近隣に閉じこめられているわけではない住民に対して近隣効果が存在するのだとすれば，外部とのつながりもまた近隣の性質によって構造化されており，そのことが都市の不平等を再生産することに寄与している，そうしたメカニズムを具体的に明らかにすることが次の課題となるだろう。貧困や人種といった要因は，フローの空間にどのような影響を与えるのだろうか。

　私たちがそのなかにおいて生きるローカルな空間を，さまざまな

視点や水準から脱自明化し，読み解いていくことに，都市と地域の社会学の仕事がある。ローカルな空間において生きざるをえない私たちが，それをより望ましいものとしてどのように構想できるのか。都市と地域の社会学が提供するのは，その構想への手がかりである。

『都市社会学セレクション全3巻』日本評論社，2011〜2012年。
　　各巻の「近代アーバニズム」「都市空間と都市コミュニティ」「都市の政治経済学」のテーマ別に，国内外の重要論文を集め解題を付したリーディングス。

鈴木榮太郎『日本農村社会学原理』時潮社，1940年。
　　目に見える集落を短絡的に農村社会と同一視することを戒め，暮らしの仕組みとしての日本の農村を，自然村の概念から原理的に考察した古典。

奥田道大・広田康生編訳『都市の理論のために——現代都市社会学の再検討』多賀出版，1983年。
　　シカゴ学派と新都市社会学のあいだの「論争」を収録しており，両者の関係性の通説を把握するのに便利。ただしすれ違いを含む，その対立図式自体の暫定性には注意が必要である。

倉沢進・秋元律郎編『町内会と地域集団』ミネルヴァ書房，1990年。
　　出版時までに社会学界で提示されてきた，町内会に関する多様な見方が幅広く収録されており，日本の社会学で町内会がなぜ，どのように研究されてきたか，経緯を概観できる。

S. サッセン『グローバル・シティ——ニューヨーク・ロンドン・東京から世界を読む』（伊豫谷登士翁監訳）ちくま学芸文庫，2018年（原著第2版2001）。
　　生産者サービスの理論的位置づけと，各国の統計データ集計の工夫が圧巻の専門書。ニューヨーク，ロンドン，東京の三都市が，グローバル経済の中で特異な位置を占めるとされた。

第13章 権力と自由

行為は制約されている

　第1章では，社会の成り立ちや仕組みを理解する出発点として個人の行為に着目するアプローチを紹介した。私たちは，自分の行為が基本的には自らの意志（will）によって開始され，コントロールされていると考えている。たとえばいまこの本を読んでいる人は，"知らないうちに，そのつもりもないのに"読んでいたわけではなく，自分の意志でそうしているのだと言ってよさそうである。では，そもそもなぜこの本を読むという行為に至ったのだろうか。

　それはたとえば大学で「社会学」科目の単位をとるためかもしれない。単位をとるためにはこの本を読み，内容を頭に入れてテストを受ける必要があるとしよう。このとき，自分の意志で読んでいることに違いはないが，単位を認定する教員という他者の影響は無視できない。教員がこの本を教科書に指定していなければ（恐らく）読んでいないだろうからだ。さらに，そもそもなぜ「社会学」など受講する気になったのか？　この選択には，行為者が誕生以来この社会で積み重ねてきた無数の経験が複雑に関与していることは間違いない。

　私たちがコンビニで欲しい飲み物を買う（欲しいペットボトルを手に取ってレジで代金を支払う）のも行為である。自分の意志で支払っていることは確かだとして，そもそもなぜ支払うのか？　それは，支払うことが社会的なルールであり，それに違反すると各種のサンクションを受けることがわかっているからかもしれないし，端的に

253

「人のものを盗るのは悪いことだ」と考えるからかもしれない。つまりこの行為は，社会的なルール（特に法）や道徳の影響を受けているようだ。またその飲料が炭酸水だったとしよう。なぜ緑茶やコーヒーではなく炭酸水だったのか？ この選択には，そのときの身体の水分量や血糖値など生理学的状態だけでなく，過去に炭酸水を飲んだときの記憶や，何度か目にした広告などが影響しているかもしれない。

　このように，自分の意志で行った行為も，実に多くの社会的・心理的・生物学的な条件や制約のもとにある。社会学の授業を受けることも，炭酸水を買うことも，誰かにそれを強制されたのではないという意味では自由な行為だと言えるが，それでもなお，これらの条件を免れているわけではない。この章では，特に社会学的な観点から重要であるような制約について考える。まず，行為者間で作用する権力と社会を律する法から考えていこう。

　権力と自発性　　社会的行為を考えるときには行為者間の関係が重要になる。私たちの社会では，ある行為者の意志によって他の行為者の行為が左右されるという事態が起こりうるからである。ここで働いている力を**権力**（power）と呼ぼう。M. ヴェーバーは次のような定義を与えている。「『権力』とは，或る社会関係の内部で抵抗を排してまで自己の意志を貫徹するすべての可能性を意味し，この可能性が何に基づくかは問うところではない」（ヴェーバー，M., 1972,『社会学の根本概念』清水幾太郎訳，岩波文庫，86頁）。たとえばこの本を教科書に指定している教員は，教員 – 学生という社会関係のなかで学生にこの本を読ませるという自分の意志を貫徹できる可能性があり，このとき教員は受講生に対して権力をもっていることになる。

　ただ，この力は，物理的な力がそうであるような意味で強制的なものではないということに注意しよう。というのも，教員が学生に

254

決まった本を読ませる権力をもっていると言っても，最終的にその本を読むのは学生自身だからである。教員には教科書を指定し，テストを行い，成績によって単位を認める権限がある。単位が必要な学生は教員の意志に従わざるをえないが，最終的には本人が自発的に読むのでない限り，教員がそれを"強制"することはできない。「単位がとれないぞ」という脅しを超えて，仮にもっと厳しい強制手段をちらつかされてもなお，読むという行為には本人の自発性が必要なのである。ヴェーバーが言うように「関係者がそれにまったくしたがおうとしないかぎりは，どんなに厳しい強制手段も刑罰手段も役に立たない」（ウェーバー，M., 1974,『法社会学』世良晃志郎訳，創文社，60頁）。他者の命令に従わないことがもたらす結果を避けるという動機をもたない相手に，権力は通用しない。逆から言えば，権力は自己の意志を貫徹するために他者の自発性を利用するのである。フランスの哲学者 M. フーコーによれば「自由は，権力が行使されるために存在しなければならないがゆえに権力の前提条件であると同時に，反抗の可能性なしには権力が物理的決定と等しくなってしまうがゆえに権力の永遠の支えでもある」（ドレイファス，H. L. & P. ラビノウ，1996,『ミシェル・フーコー ── 構造主義と解釈学を超えて』井上克人訳，筑摩書房，302頁）のだ。

正当性への信念と
支配形態

前項で述べたような権力は，どんな社会関係においても現れうる。大学という制度内の教員 – 学生関係だけでなく，友人や家族の間でも，一方の行為選択を左右する力をもう一方がもつことはまったく珍しくない。ここから進んで，権力的な関係が一定の人びとが1つの命令に従うというかたちで実現していることをヴェーバーは**支配**（domination）と呼んだ。私たちの社会は，ある命令に対して多くの人びとがそれに従うという支配関係によって覆われている。

支配の成立でもやはり，命令に服従する最小限の意欲を人びとが

第13章　権力と自由　　255

もっていることが条件になる。命令を受ける側の自発的な服従なくして，支配は安定的に維持されないからである。それゆえ支配関係では，人が命令に従おうとする動機がポイントになる。経済的な利害関係や情緒に基づいて命令に服従することも，もちろんありうる。しかし，ヴェーバーはこれに加えて支配の確実な基礎としては**正当性**（legitimacy）の信念が重要だと指摘した。正当性があると人びとから認められた命令は，安定して自発的な服従を導けるだろう。

　この意味での正当性が基礎づけられる根拠の違いによって，支配を大きく3つの類型に分けることができるとヴェーバーは論じている。すなわち，①古くから続く伝統の神聖性と，これによって権威を与えられた者の正当性に対する日常的信仰に基づいた**伝統的支配**，②ある人物の神聖性，英雄的な力，模範的な性質や，その人によってつくられた秩序への非日常的な帰依に基づいた**カリスマ的支配**，③制定された諸規則の合法性と，これによって命令を発する権威を与えられた者の命令権の合法性に対する信念に基づいた**合法的支配**の3つである。伝統的支配では支配者もまた伝統に拘束される。個人が備える超人的資質への評価に基づいたカリスマ的支配では，支配者は伝統やルールに拘束されない。一方，合法的支配はむしろ支配者も含めすべての者が合法的な規則に従わなくてはならない。

　支配にはその正当性に対する判断というプロセスが含まれるのに対し，状況によっては，ある命令に多数者の敏速で自動的な服従が得られるような関係も生じうる。これをヴェーバーは**規律**（discipline）と呼んだ。命令が批判や抵抗もなく習慣的に服従される場合，それはよく訓練された規律の状態である。

合法的支配の究極としての官僚制

　近代以降の社会では合法的支配が広く行き渡った。合法的支配の最も純粋なかたちは**官僚制**（bureaucracy）に見出せる。一般に官僚制とは，大規模な組織を効率的に運営するための，明示化され

た規則に基づいた管理運営のシステムを指す。官僚制的組織では，もっぱら専門資格に基づいて任命され明確な権限を与えられたメンバーが上意下達の階層構造内に配置され，文書による指令に基づいて，金銭的な報酬を受けつつその職務を形式主義的に義務として——ヴェーバー曰く"愛も熱狂もなく"——こなしていく。

　職務が特定の人格から切り離され，明確な権限と規則にのみ基づいているため，官僚制的組織は精確で信頼でき，どのように作動するかに関して高い"計算可能性"がある。組織において誰がどのような行動をとりどのような結果が生じるかを予測できるということである。個人的関係や非合理的な要素（敵意や好意など）が排除された官僚制的組織は，形式的には最も合理的な支配の形態だと考えることができる。また，資格任用性を前提とする官僚制組織は，個別の人格による支配を排していることからも身分主義的ではなく能力主義的だと言える（→第 10 章）。現代社会では，行政組織のみならず大きな組織——企業，政党，労組，病院，大学など——は多かれ少なかれ官僚制的に運営されている。

　一方で，「官僚（制）的」という言葉がしばしば批判的な意味合いで使われるように，官僚制のマイナス面も無視できない。それは，もともと信頼性と効率性を誇る官僚制の長所であったはずの特徴が逆に生みだしてしまう欠陥として現れる。アメリカの社会学者 R. K. マートンはこれを官僚制の逆機能（dysfunction）と呼んだ（マートン, R. K., 2024,『社会理論と社会構造［新装版］』森東吾ほか訳，みすず書房，第 6 章）。たとえば，官僚制的組織では専門的な訓練によって身につけた知識や技能が重視される。ところが，環境が変化してしまうと，それまでは効果的であった行為も不適当なものになってしまうことがある。変化に対して柔軟に対応できないとき，このような訓練された無能力が生じてしまうのである。また，官僚制では規則が重視されるが，組織が追求すべき目標ではなく規則の遵守それ自

体が目的になってしまい（**目標の転移**と呼ばれる），本来の目標達成には適さない対応がとられることも起こりやすい。この結果，いわゆるお役所仕事としての官僚的形式主義が生まれる。あるいはまた，官僚制では職務を特定の人格から切り離して個人的な関係が入り込まないようにする。これは情実やえこひいきなどを排除するためであるが，むしろ個人的な取り扱いを求める顧客などとの間に軋轢を生むことも少なくない。これらはいずれも，官僚制そのものに起源をもつ問題である。効率的運営に適した官僚制の特長がむしろ欠点になりうる場合もあることに注意しよう。

現代社会と法の役割　私たちの社会的行為は，正当性を認められた秩序（規則・慣習の体系）から影響を受ける。それは家族・学校から企業・宗教団体まで種々の範囲にわたり，正当性の源もさまざまである（感情，道徳，宗教的な価値など）。なかでも現代社会で最も特別な効力をもっているのが，正当な手続きによって定められたという合法性への信仰に基づいた**実定法**（positive law）の秩序である。実定法とは現実の社会において人が定めた法を指し，実定法のみを法とみなす考え方が**法実証主義**（実定法主義）（legal positivism）である。逆に，特定の社会や人びとではなく人間の自然／本性（nature）に基づく普遍的な法を**自然法**（natural law）という。実定法には文書のかたちで定められた**成文法**（特に条文形式の**制定法**）のほか，文書のかたちをとらない**不文法**としての**慣習法**や**判例法**が含まれる。

現代社会に生きる限り，法から逃れることはできない。好むと好まざるとにかかわらず，私たちの行為はその社会が備える法体系と関わり合ってしまうのだ。これは私たちの社会的行為が法によって制約されているということだが，立法者や統治者もまた法に従わなければならないということでもある（**法の支配**〔rule of law〕）。

現代社会の法は多種多様である。実際，いまの日本にはおよそ

2000 の法律があり，それぞれ役割は異なっている。たとえば民法が契約や遺言，婚姻などについて規定することで私たちは一定の社会経済活動を行いやすくなっている。健康保険法や介護保険法のような法律があるおかげで，私たちは困ったときに社会保障サービスを受けることができる（→第6章）。あるいはまた，学校教育法などによって大学のような高等教育（資格）を与える社会制度が成り立っているわけである（→第10章）。

社会と刑罰　このように法の役割はさまざまだが，一定の行為に対して否定的な**サンクション**（制裁）を設定する法——典型的には**刑法**（criminal law）——が，私たちの行為に対する制約としては重大だろう。**第1章**でも述べたように，このタイプの法は社会の価値や規範に対する逸脱を統制するための仕組みと考えることができる。たとえば日本の刑法199条は，殺人という行為をなした者に対して最高で死刑という刑罰を与えると定めている。ここでいう**刑罰**（punishment）とは，なされた**犯罪**（→第7章）を理由としてその行為者に対して公権力によって強制的に科される法的な制裁のことである（日本の法律の世界では「刑」と呼ぶ）。通常，刑罰にはそれを受ける側における何らかの害や損失，不利益が含まれていると理解されている。私たちが社会で自由に行為できるためには，どのような行為が犯罪として処罰の対象となりうるかが事前に法律によって定められている必要があるだろう（**罪刑法定主義**）。

　さて，犯罪者であるとはいえ，国家が市民に対して意図的に——場合によっては死という——重大な害を与えることがなぜ許されるのだろうか？　刑罰の正当化は大きく3つの観点から論じられてきた。1つは「犯罪者はその犯罪の重さに比例した報い（deserts）としての刑罰に値する」という**応報主義**（retributivism）である。応報主義では，犯罪行為をなした者に対してその道徳的責任に基づいて

相応の罰を与えること自体が正当だと考えるわけだ。次に，刑罰を設定することによる犯罪行為の**抑止**も重視されている。単純に言えば，人は罰という苦痛と犯罪の利得を衡量して犯罪を避ける（はずである）ので，社会における犯罪抑制という帰結の望ましさから刑罰制度は正当化されるという立場である。特定の犯罪者が再び法を犯すのを防ぐことは特別予防，社会の人びとにおける犯罪の抑止は一般予防と呼ばれる。

　これらとは異なり，刑罰の目的は犯罪者の**更生**にあるとする見方も強い。ここには，犯罪者を改心させるのはそれ自体として正しいことだという考えと，更生させることによって社会においてよい結果（特別予防）がもたらされるだろうという2つの考えが含まれる。実際の刑罰制度はこれら3つの目的が混淆した仕方で運営されている。このほか，犯罪によって損なわれた加害者・被害者・コミュニティ間の関係を，加害者の処罰によらず修復する仕組みを目指す**修復的司法**（restorative justice）も提唱されている。

　日本の刑罰制度では2022年に大きな変化として刑法改正があった（施行は2025年6月1日予定）。これまで刑法9条では刑の種類として「死刑，懲役，禁錮，罰金，拘留及び科料」が規定されていたが，このうち懲役と禁錮が廃され**拘禁刑**に一本化された。懲役刑では刑事施設に拘置したうえで「所定の作業を行わせる」（改正前12条2項）とされていたが，新たな拘禁刑では「改善更生を図るため，必要な作業を行わせ，又は必要な指導を行うことができる」と改められた（改正後12条3項）。これは，応報として作業を一律に課すのではなく，受刑者の「改善更生」や社会復帰を図るための処遇を明示化してより重視する方向へのシフトと理解されている。

　刑罰には，ある種の行為（を犯した者）に対する人びとの不承認や怒りを表現する公的非難（denunciation）という側面もある。社会における刑罰の役割を考えるには，どのような行為類型を処罰の対

象としての犯罪とするかという**犯罪化**（criminalization）（逆に対象から外す非犯罪化）の問題にも注目しておく必要がある（→第7章）。

| 日本人は裁判嫌いか？ |

法は私たちの社会的行為と切り離せないが、それが最も強く意識されるのは裁判においてだろう。日本の裁判官は「この憲法及び法律にのみ拘束される」とされており（憲法 76 条 3 項）、裁判ではまず制定法——憲法と、国会によって制定された法律——が適用される。ただこのほか、過去の裁判で示された判断に含まれる原理としての「判例」、特に最高裁判所の判例も事実上の強い拘束力をもっている。裁判所の扱う事件は大きく 3 つに分かれる。前項でみた刑罰の適用に関わる刑事事件、私人間の関係を律する法律（民法や商法など）に関わる民事事件、行政の権限行使に関わる行政事件である。

一般市民が互いの間で生じたトラブルや問題——法社会学では**紛争**（dispute）と呼ばれる——を解決するための 1 つの手段が、民事訴訟である。日本社会の特徴として、この民事訴訟の件数が少なく、またいわゆる法曹三者とされる裁判官・検察官・弁護士ら法律家も相対的に少ないことがしばしば指摘されている。日本の法曹人口は 2024 年現在 5 万 733 人、そのうち 9 割が弁護士である（『裁判所データブック 2024』）。弁護士 1 人当たりの国民数を比較してみると、日本は約 3000 人であるのに対し、フランスで約 1000 人、アメリカでは約 260 人と大きな開きがある（日弁連『基礎的な統計情報（2019年）』資料 1-2-20）。

なぜ日本では民事裁判が少ないのだろうか？ 民法学者・法社会学者の川島武宜はその著書『日本人の法意識』（岩波新書，1967 年）で、それは人びとの**法意識**——法に関して個人が抱いている考え方・態度・価値判断の総称——の違いによると論じた。すなわち、「伝統的な日本の法意識においては、権利・義務は、あるような・ないようなものとして意識されており、それが明確化され確定的な

ものとされることは好まれない」（同書 139 頁）が，民事裁判とはまさに権利・義務関係を明確にするためのものである。川島によれば，日本社会には近代市民社会的な構造がなく，互いの権利義務が確定的でない“協同体的”な小集団で成り立っており，このなかで生じた紛争は“丸く納める”ことが望ましいとされてきた。それゆえ，「訴訟を忌避する態度は，ふかくわれわれの心の奥底に沈着している」（同書 142 頁）というのである。すなわち，日本社会の人びとに近代以前から根づいていた法――生ける法と呼ばれる――と，明治以降にヨーロッパから移植された近代法との間にあるずれが，日本において民事裁判が少ないことの原因だとする説である。

　法意識の違いによって訴訟など法行動の違いを説明しようとするこの枠組みは大きな影響力をもったが，批判も少なくない。まず，日本における訴訟率の低さはむしろ，訴訟にかかる各種のコスト，裁判所による救済の貧弱さ，弁護士・裁判所の少なさといった制度的要因によるとする指摘は強い。また，どのようなタイプの紛争であるか――たとえば労働争議なのか，交通事故なのかなど――によって，紛争が裁判にまで至るかどうかに影響する制度的要因（たとえば自動車保険）が異なっているという問題も無視できない。そもそも，法に限らず多くの面で異なっている諸社会を，訴訟数や法曹数のような 1 つの要素に関してのみ比較する際には細心の注意が必要である。

法・道徳・社会規範　　上で述べたように，たとえば刑法 199 条は私たちの行為に対する制約として作用するが，一方で，多くの人びとが殺人を犯さないのは刑法 199 条があるからという理由だけではなさそうである。むしろ，“人を殺してはいけない，人を傷つけるのは悪いことである”という道徳が広く受け入れられており，私たちはこの内面化された価値観に従っているという面を考える必要がある。刑法の諸規定や民法の損害賠償責任

262

（709 条）などは日本社会で多くの人びとに共有された道徳観とある程度は整合的であるだろう。

　社会において行為への制約として働くのは法や道徳だけではない。さまざまな社会的状況には，その場に参加するメンバーが同調し従うことが要請・期待される**社会規範**（social norm）が存在する。言葉遣い，服装から道具の使い方，無意識のちょっとした仕草などまで，社会規範が覆う対象は幅広い。これから逸脱したとき他のメンバーから課される負の制裁も，微かに眉を顰（ひそ）めるレベルから場合によっては危害を加えられるなどさまざまな段階がありうる（逆に，規範への同調を強化する正のサンクションとして何らかの褒賞（ほうしょう）が与えられることもある）。他者との関わりにおいて社会規範を無視して行為することは難しい。

　法と道徳とがそれほど食い違わない場合には，法に従うことは大きな問題にならないかもしれない。しかし，いついかなる場合でも，正当な手続きで定められた（と思われる）ものでさえあれば，その中身を問わず法や合法的な命令には従うべきなのだろうか？　現実的な問題として，明らかに道徳的に間違った（と思われる）命令を与えられたとき，私たちはどう振る舞うのだろうか？　前者は「べき」に関わる規範的な問いであり，法哲学のような分野で議論される。以下では，実際に人が法や命令に対してどのように対応したか，対応しうるかに関わる 2 つの事例を取り上げよう。

アドルフ・アイヒマン　1961 年，イスラエルで**アドルフ・アイヒマン**に対する裁判が行われた。アイヒマンは元ナチ党親衛隊（SS）の将校で，ユダヤ人を絶滅収容所へと移送する作業の責任者であった。ナチによるユダヤ人虐殺の実行において大きな役割を果たしたアイヒマンは，しかし，ユダヤ人に対する憎悪に取り憑かれたサディスティックなモンスターではなく，小心で"ノーマル"な中堅官僚——国家保安本部第Ⅳ局 B-4 課長——に過

ぎなかった。というよりむしろ，政治哲学者 H. アーレントが裁判のレポートとして著した『エルサレムのアイヒマン』においてそのように描いたことでよく知られている（そしてその描写には批判も提起されている）。実際のところアイヒマンは，非常な熱心さで自分の職務を遂行していた。裁判で彼は，ユダヤ人の強制移送は法を遵守する市民の義務として行ったことだと繰り返し述べ，権力ある地位にいた連中に自らの服従が悪用されたのだと訴えた。自分はユダヤ人を憎んでおらず，"上からの命令"に従ったに過ぎないというのである。私たちの目から見れば明らかに犯罪的かつ非道徳的と思われる命令だが，アイヒマンはこれに従ってユダヤ人を収容所へと精力的に送り込み続けた。

　ここでは，法的責任を免れるための「上からの命令に従っただけだ」という抗弁を認めるべきかという問題は措くとしよう（ちなみに，裁判の結果アイヒマンは死刑となった）。ユダヤ人虐殺という凄惨な出来事が，法と命令に従って忠実に職務をこなす中堅官僚の指示で実行されていたとすると，次のような疑問が生じてくる。私たちは，正当性があると思われる仕方で命令されさえすれば，その内容や道徳的な妥当性を問わず服従してしまうのだろうか？

> **権威への服従：ミルグラムの実験**

アイヒマンの裁判と同じ頃，アメリカでは社会心理学者 S. ミルグラムが服従に関する実験を行っていた。やり方は少し手が込んでいる。「記憶と学習に関する研究」という名目で新聞広告などを通じて集められた参加者は，1 人ずつ実験室に入る。そこには指示を与える実験者の男性と，単語の記憶をさせられる学習者の男性がいる。まず実験者が「これは罰が記憶に与える効果を調べる実験だ」と説明した後，学習者は"罰"としての電気ショックを受けられるよう椅子に固定されて電極を装着させられる。別室に電気ショックを操作する装置があり，操作盤のスイッチには 15V から 450V

までボルト数が書かれていた。実験参加者はこの装置を使い，学習者が記憶テストで誤答するたびに，最も弱い段階から始めて段々と強い電気ショックを与えるよう実験者から指示される。

　記憶テストが始まり，学習者が誤答するたびに，実験参加者は電気ショックのスイッチを順に入れていく。ショックが強くなるにつれ学習者は苦痛の声を上げ始める。180Vで「出してくれ」と叫び，270Vでは悲鳴になり，やがて絶叫になっていくのだ。別室にいる参加者にもこの声は聞こえている。実はこの学習者は実験協力者でありその苦悶はすべて演技なのだが，この段階で参加者はそうとは知らない。学習者役の発する苦悶の声を受けて，参加者がそれ以上続けることを躊躇して実験者に懸念を示したときは，実験者が「続けてください」「続けなくてはなりません」などと促すことになっていた。

　あなたは，科学実験のためとして指示されたとはいえ，単語テストに誤答しただけの人に電気ショックという"罰"を与えるだろうか？　軽い電圧から進んで，電気ショックが耐えがたい苦痛になっているとわかってもなお，強烈なショックを与えるスイッチを押し続けるだろうか？

　ミルグラムの実験──その著書『服従の心理』で「実験5」とされるもの──では，参加者40名（すべて男性）のうち，最大強度までショックを与え続けたのは半数以上に及んだとされる。「心臓が変だ！　出してくれ！　出せ！」という絶叫が聞こえているなか，ただテストに誤答したに過ぎない人に対して最大限の電気ショックを与え続けた"普通の人びと"がいたという報告は世に衝撃を与えた。この実験によれば，科学実験という状況で，それらしい格好をした人──実験者役の男性は灰色の実験着を着用していたという──に指示されれば，私たちは命に関わるほどの危害を他者に加えうるということになる。

第13章　権力と自由　　265

この結果は，ファシズムはきわだって権威に弱く指導者に対して従順な**権威主義的パーソナリティ**（authoritarian personality）をもつ人びとによって支えられていたという見方とは対立するようにも見える。行為は個人の特性（そのパーソナリティや道徳観）によって左右されるのではなく，置かれた**状況**（situation）がすべてを決めるということになるのだろうか？　ミルグラム自身は，アイヒマン裁判にも言及しつつ，電気ショックを与えた人びとは命令に従う義務感によって行為したのであり，個人が抱く道徳的な価値観の影響力は置かれた状況の力に比べて弱いものだと論じている。

服従と不服従との間

　この実験結果は鮮烈だが注意も必要だ。ミルグラムは前項で紹介したのとは異なる条件でも多くの実験を行っている。たとえば，電気ショックを与える際に参加者が学習者役と身体的に接触しなくてはならない条件や，実験者が部屋からいなくなる条件（その間，指示は電話で与える）だと，最大強度の電気ショックまで進んだ参加者の割合は大幅に低下した。つまり，「テストに誤答した者に罰を与えよ」という命令であっても，条件によっては"不服従"が少なくなかったのである。そもそも，前項の実験条件でさえすべての人が最大限のショックを与えたわけではないのだ。私たちは，どのような社会的・心理的条件によって（著しく非道徳的な）命令への盲目的な服従が生じうるのかを，より多様な人びとを対象として経験的に探索していく必要がある。実験者による具体的な指示や状況，実験参加者の特性など考慮しなければならない要素は多く，何が権威への服従をもたらすかについては引き続き研究が重ねられている。

社会における行為と
自由主義

　本章の冒頭で，誰かに強制されたわけではないならそれは自由な行為だと述べた。他人によって妨げられたり強制されたりしていないという意味での自由を，イギリスの哲学者 I. バーリンは**消極**

的自由と呼んだ。社会的に認められるべき自由の範囲を考えるとき，この側面は重要になってくる。

社会，特に国家権力による個人の自由への制約・干渉はどこまで許されるだろうか。イギリスの経済学者・哲学者 J. S. ミルはその著書『自由論』（1859 年）で，社会が個人に対して刑罰などを通じて干渉することが許されるのは，その行為が他者に危害を及ぼすものである場合に限られるべきだとする見解を打ち出した。これは**危害原理**（harm principle）と呼ばれる。危害原理によれば，他者に対する危害が生じない限り人の自由は社会によって脅かされてはならない。危害原理に基づいて，社会における個人の自由を――一定の制約を認めつつ――最大限尊重するような考え方を一般に（古典的）**自由主義**（liberalism）という。この意味での自由主義は，現代では多くの社会で信奉されるようになってきている。

一般に，危害原理が適用されるのは個人の行為のうち他者（の安全）に関係する部分だけであり，危害原理をもとにした自由主義では"本人にとって害になるから"，あるいは"そうするのが正しいことだから"のような理由で人に何かを強制することは許されない。これに対し，「本人のためだから」という理由で介入すること，たとえば（本人を害から守るという理由で）ある種の薬物摂取を妨げるような強制的介入を認める考え方を**法的パターナリズム**（legal paternalism）という。また不道徳な（とされる）行為を不道徳であるということだけを理由に，たとえ他者に対して身体的・心理的な危害を与えないとしても法による処罰の対象とするような考え方が**法的モラリズム**（legal moralism）である。たとえば同性愛を道徳的な理由で禁じる法はモラリズムに従っていると見ることができる。自由主義の社会において，パターナリズムやモラリズムによる強制的介入をどこまで認めるべきか，言い換えるとどのような行為類型を（非）犯罪化するかはさまざまな事例で議論の的になっている。

第 13 章　権力と自由　　267

> **私たちはどこまで自由か**

他者による強制や干渉がないという意味で"消極的"な自由とは別に，私たち自身が自分の行為をコントロールしているということも自由な行為にとって必要なことだろう。誰か他の人に強制されたわけでなくとも，自分の意志の外にある原因に決定されて行為しているに過ぎないとしたら，真の意味で自由とは言い難いと思われるからだ。自ら決定する主体であるという意味での自由をバーリンは積極的自由と呼んでいる。

　では，私たちの行為はこの意味でもいつも完全に自由でありうるだろうか。たとえば社会学に興味をもったこと自体，（緑茶やコーヒーではなく）炭酸水を飲みたいと思ったこと自体，あるいは科学者の命令に従わなくてはならないと感じたこと自体は，私たちの意識的な決定の結果だと言えるだろうか。第1章で用いた言葉を使えば，私たちの選好や傾向性は意図的につくりあげられるものであろうか。それらはむしろ，社会化を通じた人格形成や生理学的な要因などが複雑に絡み合った帰結として，私たちの行為選択の前提として働いている側面が否定できない。もちろん，社会学を履修しないこともできたはずだし，炭酸水ではなくコーヒーを買うこともできたはずだし，科学者の命令に抵抗して電気ショックのスイッチを押さないことも可能だったはずだという意味で，私たちは自由だったと考える余地は残っているだろう。ただ，人がどこまで自分の行為を意志によってコントロールできるのかという問題は，社会科学・自然科学による経験的な探究の対象となる。たとえば脳の働きから人の意思決定や行動を機械論的に説明しようとする神経科学（neuroscience）は，特に2000年代以降の脳画像技術（neuroimaging）の広がりとともに隆盛を見せている。

　社会学が個人の行為に着目するとき，それが何によってどのような影響を受けているか，逆に言えば，どこまで自由であるかという

問題が切り離せない。これは経験的な事実に関わる問い（言い換えると，科学的探究の対象となる問い）であると同時に，社会はどのような原理によって構成されるべきかという規範的な問題にも通じている。たとえば本章の関心から言えば，私たちの社会はどのような行為を処罰の対象とするべきなのか？　そもそも，人の行為は本人の脳，他者の意志，周囲の状況などによって定められているとしたら，はたして「苦痛の賦課」としての刑罰は正当化されるのか？　人間の行為や行動に対する社会科学的・自然科学的探究が社会はどうあるべきかという規範的な課題にとっていかなる意味をもつのか，常に注意しておく必要がある。

M. ウェーバー『権力と支配』（濱嶋朗訳）講談社学術文庫，2012 年（原著 1947）。
　　本文で紹介した支配の諸類型とそのメカニズム，官僚制の特徴について細密に論じている。

川島武宜『日本人の法意識』岩波新書，1967 年。
　　西欧という外部から社会制度を取り入れてきた近代の日本社会において法がどのような役割を果たしうるか，法についての「意識」という観点から豊富な具体例をもとに探究している。

H. アーレント『エルサレムのアイヒマン――悪の陳腐さについての報告〔新版〕』（大久保和郎訳）みすず書房，2017 年（原著 1963）。
　　アイヒマンという一個人の問題としてだけではなく，政治体制や法を含むある歴史的状況下における行為とそれを裁くことの意味について考えるため，一読の価値がある。

S. ミルグラム『服従の心理』（山形浩生訳）河出文庫，2012 年（原著 1974）。
　　本文で紹介した諸実験を詳細に報告している。上記のようなテーマに対する経験科学的アプローチの具体例として，両者を併せて読

むとよいだろう。

D. C. デネット & G. D. カルーゾー『自由意志対話──自由・責任・報い』（木島泰三訳）青土社，2022 年（原著 2021）。

　そもそも私たちは"自由"なのか，道徳的責任を問うて罰を与えることは正当なのかといった問題について，異なる立場の哲学者が議論を闘わせている。2 人が統一見解に達することは決してないが，説得力の感じられる論法をいずれかの側に見つけることができるかもしれない。

| 終　章 | *方法としての社会学* |

社会学者 P. ブルデューらが 1970 年代に書いた異色の教科書『社会学者のメチエ』は，常識が問おうとしない前提に対するあらためての反省を，この社会学という学問の特徴とする。反省的認識の「方法」「職人仕事」としての重要性を強調しつつ，それを経験的な実践の技法として固定化することなく，そのつど研究者が自ら選んでいく再帰的な行為として，社会学のなかに生成させようとしている。そうした立場の徹底において，社会学を追究する私たちにさまざまな示唆を与えてくれる。

この書物の結びで考えてみたいのは，方法としての局面から自覚すべき，社会学の特質と可能性である。

観察・調査と社会学の方法

たとえば，調査の工程に対するブルデューの警告は，作業への助言という以上に，社会学的想像力の本質に触れている。

批判されているのは，資料やデータの「加工」プロセスをめぐって常識のように思われている段階・順序である。調査研究のプロセスは，観察→仮説構築→データ収集→分析→理論的検証の「継起的な段階」を構成している，としばしば語られる。それは「普通」で「自然」なイメージである一方で，また同時に研究者自身の実践をしばる枠組みでもある。それゆえ，ブルデューは継起的な作業の「列挙」を批判し，次のようにいう。

「しかし，認識論的に有意味と考えられる一連の操作を，官

271

僚制化された分業のメカニズムにしたがって分断された作業の列挙へとすり替えてしまうと，このイメージは二重の意味で欺瞞的なものとなる。」（ブルデュー，P. ほか，1994,『社会学者のメチエ——認識論上の前提条件』田原音和・水島和則訳，藤原書店，118-19頁）

この強い批判は，いかなる問題に焦点をあわせているのか。

その1つが，全体認識の欠落である。分割された工程に知らず識らず閉じ込められたために，対象の全体が見失われてしまう。

たしかに調査という作業には一定の順序がある。しかし，対象の観察，仮説の構成，実験・調査の実施，データの分析，理論の検証などの個々の操作の実践に，認識生産の工程が分解されてしまうことで，対象の認識もまたバラバラに切り離されて，その全体論的特質が見失われてしまう危険性が招き寄せられる。だからこそブルデューは，個々別々の作業手順のように見えても「実際には一つひとつの契機のなかに，全サイクルが存在している」（同書119頁）と述べ，独立しているかのように見える個別のプロセスのそれぞれに，実は対象の全体を認識する課題が貫かれていることを思い起こさせようとする。

もう1つの問題も，ある意味では重なってあらわれる。それは，説明の論理的秩序が見えにくくなる副作用である。

ここで必要とされる論理的秩序とは，手順で保証されるものではない。現象の「説明」を内側から支える論理の組み立てだからである。ブルデューは「論理的秩序は，研究の具体的作業の時系列的な順序とはけっして一致しない」と述べる。さらに「事実は勝ち取られ，構成され，事実として確立されるといっても，それはこれらの認識論的行為がそれぞれ，あれこれの特定の道具を使うそれぞれの継起的操作に対応する，ということではない」（同前）と，念入り

に秩序と順序の混同を否定している。すなわち，現象の生成を説明する論理的秩序と，作業の実践のもつ時系列的順序とはまったく違うのである，と。その本質は，調査の手順を追いさえすれば重要ななにかが発見でき，そのなにかを自動的に説明できるなどと思ってはならない，という忠言である。

論理的秩序とは，すなわち諸々の概念の位置関係であり，説明を支える構造である。構築主義の立場に立つ多くの認識論が，見方・見え方・とらえ方それ自体のある種の「転換」に光をあてているのも，この論理の秩序と深く関係している。既存の説明を「切断」（あるいは「エポケー［Epoché：判断停止］」「カッコに入れる」「脱構築［deconstruction］」など）することで，必要な要因の新たな配置や，以前とは異なる解釈の関連づけが見えてくる，その大転換である。「気づく」とか「思いつく」とか「わかる」という経験が，既存の理解からのある種の「切断」を前提とするからである。切断なしには，新たな説明枠組みは生産されない。

それは同時にまた，新たに生みだすべき論理的秩序が，観察しさえすれば把握できる事実の集合ではないことを意味する。まさに対象に内在する関係やつながりを，論理として再編成することなしにはつくりあげられない認識だからである。理論的対象の「構築」のための認識論的「切断」は，同時に，新たな「関連づけ」すなわち構造の組織化でもある。それまで信じられていた説明の停止が，理解の単なる放棄に終わらないためには，その解体が諸概念の間の新たな関係の発見を準備するものでなければならない。そのような再編成（再配置，とらえ直し）に成功することで，関係の科学としての社会学は批判力をもつ。

この論点において私が思い起こすのは，しばしば社会学の誕生と結びつけられる A. コント（→**序章**）の主張である。この始祖は「観察に基礎をおく」実証の語義を掘り下げて，それは「批判的」「破

終章　方法としての社会学　**273**

壊的」な啓蒙ではなく，「肯定的」「組織的」で構築の実践でなければならない，と論じた。

社会の観察と社会学の誕生

「観察」の方法的重要性を主張したコントが，産業主義による「社会の再編成」を課題とした C. H. サン = シモンの弟子であったのは，偶然ではない。そして，コントを第一世代とする 1820～40 年代に，私たちが社会学の名において継承した学問における実証主義の可能性がはじめて描き出された。しかしながら，それはいまだ「理念」として主張された実証にすぎず，思想としての「観察」の重要性の発見にとどまっていた。

その理念を「方法」の水準に移しかえて，社会を対象とするものに現実化し，事実観察の「実践」に具体化したのは，20 世紀への移行期に活躍した G. ジンメル，E. デュルケム，M. ヴェーバーといった，いわば次の世代の社会学者だった。私たちは社会学史の名において，この移行の時代に盛んに試みられたいくつもの社会学的実証の個別具体的な事例を，数多く拾い集めることができる。

ジンメルの社会的分化や結合の「形式」，デュルケムの社会的自殺率にあらわれる「連帯」の絆の強弱，ヴェーバーの資本主義の「エートス」だけではない。発生しつつある「スラム」の分析や「不良少年集団」の参与観察，貧困に迫るための「家計」の構造の把握，「監獄調査」や「死亡表」づくりの試み，あるいは「自殺者」の統計や検死報告の再集計，「移民」労働者の手紙の内容分析，国民国家を網羅する範囲で行われた「国勢調査」等々，再発見・再解釈を含めてさまざまなかたちでの実証が繰り広げられた。

20 世紀初期の社会学的な実証は，探していけばもっといろいろを，数かぎりなくというほどに挙げることができるだろう。すでに 19 世紀のうちに，ロンドンでは，C. ブースの貧困調査（1889～1903 年）がなされ，日本でも松原岩五郎『最暗黒の東京』（1893 年）の貧

民窟研究や，横山源之助『日本の下層社会』（1899 年）に代表される労働環境の分析が積み上げられていた。そして，「衛生」という観念に導かれつつ試みられた『東京市京橋区月島に於ける実地調査報告』（1921 年）などの地域社会調査があらわれる。まだサンプリングの技法は開発されていないが，やがて世論・態度調査につながっていく問いかけの文が確定した質問項目形式の調査も萌芽的に行われていく。

　そのような社会問題に立ち向かう試みの厚みこそが，社会学の実践的な想像力を支える基盤だった。しかしながら，そうした試みは最初から「社会調査」の方法として意義づけられていたわけではなかった。そのことを社会学史は教えてくれる。実践の蓄積と理論枠組みの整備との間のタイムラグも，同時に思い出さなければならない。つまり方法の個別的な実践を踏まえて，はじめて実践の効果を反省する方法論があらわれる。

　社会調査という組織的観察・測定が，社会学という学問の認識生産の方法論として一般化され，位置づけられるようになったのは，世界的にも 1910〜20 年代前後であろう。

　アメリカ社会学でいうならば「シカゴ学派」（→第 7 章，第 12 章）の活躍が目立つ時代である。この学派が，その組織的な活動の初期において，ジンメルの形式社会学の影響を深く受けていることは興味深い。W. I. トーマスと F. W. ズナニエッキの『ポーランド農民』（1918〜20 年）は手紙などのパーソナルドキュメントとライフヒストリーを素材とした移民研究であったが，R. E. パークの境界的人間と同化の理論，E. バージェスの同心円地帯モデル（→第 12 章），L. ワースのアーバニズム論などが生みだされる前提に，踏査にもとづく生態学的な把握があった。社会や都市へのそうした想像力とともに，S. ストーファーの『アメリカ兵』（1949 年）のような大規模な態度分析の統計学的調査などをも生みだした。

終章　方法としての社会学　275

> **日本における社会調査
> 法の展開**

近代日本社会でも，実証の「理念」から「方法」への着地をめぐって，1920年代以降に同じような展開が観察できる。

H. スペンサーの進化論やコントの「総合社会学」から「特殊社会学」への変化は，日本では外山正一・建部遯吾から戸田貞三への移行に象徴されるが，その移行期に積み上げられたさまざまな「全体調査／部分調査／個別調査」を踏まえて，鈴木榮太郎『農村社会学的部落調査法』（岐阜高等農林学校，1931年）や戸田貞三『社会調査』（時潮社，1933）をはじめとする社会調査法のテクストが方法論としてあらわれてくる。それは一面において，アメリカにおいて集約された社会調査法の，日本における体系的な紹介とも重なっている。

第二次世界大戦後になると，質問紙調査による世論や態度の実証研究が本格的に導入される。サンプリングの技法において「クォータ法（割当法）」の有効性を確立した1936年アメリカ大統領選挙の「ギャラップの成功」と，「ランダムサンプリング」の優越への転換となった1948年大統領選挙の「クォータ法の失敗」は日本でも注目され，重要なものとして受容されていく。ただし，これらがほぼ同じ時代に同時に混ざり合いながら輸入され，世論調査の技法として日本で普及していった。その経緯が，対象選択におけるサンプリングの局面の重要性ばかりを，必要以上に強調することになった。やがて戦後日本の社会学の再出発において，福武直『社会調査』（岩波書店，1958年）や安田三郎『社会調査ハンドブック』（有斐閣，1960，1967，1982年）のような，スタンダードな教科書が書かれるようになった。

いささか先回りになるが，21世紀のいま，そのように着実に展開してきたかのように思われている社会調査の方法論の意義が，あらためて深く問い直されていると思う。

276

社会調査は，なるほど理論的説明が向けられる焦点の位置に「対象」を設定し，それと向かいあう。そして，さまざまな工夫において生みだしてきた観察・収集・記録・比較・分析のプロセスを，社会学という学問の論理のなかにどう位置づけるか。これまで当たり前に確立していると思われてきた「方法論」の語り方が再審査され，再組織される必要が議論されているからである。

　その背後に，コンピュータの集計・整理・再表象能力の飛躍的な発展や，ネットワーク環境として展開した疑似環境の拡張と機能充実，テキストマイニングなどの新たな技法の発展などがある。そうしたなかで進行していった社会学の対象の存在形態の変容も大きな主題だが，その歴史的な転換についてはここでは深入りしない。まずは，それぞれの研究者という主体の個々の実践において，社会調査の論じ方を根本から検討すべき時期にきていることだけは確認しておきたい。

　すなわち，事実を把握し理解する一連の「調査」のプロセスの必要性を，それぞれの具体的な研究の実践のなかで「見つめなおす」という課題である。1970 年代のライフヒストリーの実践が主題化した「調査者／被調査者関係」や，80 年代に文化人類学の文化論が問題提起した「調査実践がもってしまう権力性」なども，そうした課題の具体的な一部であった。

「方法」を問うという課題

　1 人ひとりの研究者の方法の意識化という点で，この課題はまさしく，それぞれの社会学の実践と方法を支える認識論的な問題として問われている。

　そもそも社会学の研究の実践は，大きく 6 つの方法論上の局面においてとらえることができると私は考えている。すなわち，

　①問題を組織化・明確化する

　②対象を設定する

終章　方法としての社会学　　277

③資料・データを収集する

　④資料・データを処理する

　⑤資料・データを分析する

　⑥結果を論文に書く

である。この諸局面はまた，社会学が当初から対象としてきた〈社会的なるもの〉に対する認識を生産するプロセスでもある。

　もちろん，それぞれの局面は排他的なものではない。また，すでに「論理的秩序」の論点で触れたとおり，時間不可逆性において一方向的に並べられた工程でもない。むしろ重なりあい，行きつ戻りつしながら展開することもめずらしくない。

　とりわけ②～⑤の局面が，狭い意味で「社会調査論」として，さまざまな技法書が論じている領域となる。興味深い論点は数多いけれども，ここでは3つだけ，調査研究の考え方・とらえ方をめぐる重要な論点に触れておきたい。

　第1は，②の局面における「代表性」という概念の不用意な拡大において生みだされた議論のゆがみである。第2は，③の局面における「質問紙調査」の可能性と限界をどう位置づけるかの基本的な認識の調整について，そして第3に，②～⑤の「対話としての調査」のなかで思い起こすべき「理論的対象」設定の重要性である。最後の3点目の課題は，社会とはなにかという大きな問題につながっていく。

「代表性」概念の濫用　　まず，調査すべき対象をどう設定するかは，研究の基本的な問題であるが，そこでしばしば論じられる「代表性」概念をどう位置づけるか。それをめぐって克服すべき誤解が生みだされた。

　いうまでもなく対象設定は，①の問題意識・問題設定の具体化であり，操作化の作業でもある。しかし，これを「対象をどう選ぶか」と言い換えてしまうと，気づかないままに問題が矮小化される。

1950年代から80年代に書かれた社会調査論の多くのテクストは，調査対象の選択における「ランダムサンプリング」の優越を基本に据えて議論を組み立てている。しかしながら，なかにはサンプルの「代表性」の考え方を，分析全体の「科学性」に直接的に結びつけているかのような粗雑な理解も混じって論じられているので，注意深い読解が必要である。

「代表性」という概念を再検討するなら，あらためて「サンプル（標本）」と「ケース（事例）」とが，異なる概念であることの確認から始めなければならない。

ポイントは，全体との関係である。対象の全体がすでに事前に見えていて，あるいは具体的なリストとして押さえられていて，そこから調べるべきサンプル（標本）を抽出するという枠組みにおいては，たしかに調査すべき標本としての「代表性」が問われる。代表性は「母集団」が理論的にも操作的にも具体的に確定できるなかで，抽出された「標本の集合」が，なんらかの偏りを帯びていないかを検証するための概念だからである。たとえば，選挙結果を予測する目的の社会調査にとって，投票の権利を有する者（有権者）は「全体」を構成し，具体的にはある地域の有権者リストとしての「選挙人名簿」によって把握できる。全体が明確に把握できるとき，標本調査は有効で効率的である。

これに対して社会学の研究対象には，最初からは全体が見えていない現象・主題も多くある。現象としては見えていても，調査すべき全体が理論的にも操作的にも，最初からは把握できないような調査対象が含まれる。

たとえば「不法滞在の外国人」や「ある特定の性自認・性的指向を有する人びと」の全体を網羅的に押さえることはまことに難しく，組織的なリストもまた存在しないだろう。そこで調査できる対象は，どう選んだとしても「ケース（事例）」としてしか位置づけられな

終章　方法としての社会学　　279

い。いかなる集合を代表しているのかの事前の保証は不可能であるし、さらにいうなら必要がないからである。むしろ、いま見渡すことができない全体が、どのように存在しているのかの解明それ自体が研究の課題となりうる。

こうした局面にしばしば「典型性」という概念が動員される。特徴を最もよくあらわしているという点で、対象の選択の基準として主張されることがあるが、これも不必要な弁明である。解明すべき全体がいかなるものかを記述することは、なるほど重要な課題であるが、それは必ずしも最初から描き出せるものとは限らない。事例がその全体のなかのどこに位置するものであるかもまた、研究において解明すべき事実であって、あらかじめの弁明を必要とするものではない。

すなわち「その事例に代表性があるのか」は、ごく限定的にしか意味をもたない問いである。それを「あなたの事例選択は科学的ではない」という批判であるかのように聞きなし、本質的な問題の指摘であるかのように受けとめてしまうのは間違いである。「代表性」概念が不用意に拡張させられ、対象設定のプロセスもしくは対象選択の手法だけで論じようとした結果として、そうした早とちりが生まれていることを正しく認識する必要がある。

質問紙調査の「革命」 質問紙調査も、誤謬に汚染されたさまざまな断定にまみれている。その効用を、しばしば用いられる「数量的／質的」「定量的／定性的」アプローチの疑似的な対立に結びつけ、数量的・定量的・統計的な方法としてだけ固定化して評価してしまう向きもあるが、適切な理解とはいいがたい。自由回答として収集された記述の分析などには、質問紙という技法のなかにおいてではあるが、質的・定性的・事例的な要素がある。そのように収集された反応を、どう処理するかも分析の課題だろう。そもそも方法論のレベルで、「量的／質的」の二項対立

の分類概念が必要なのかどうかを問い，慎重に再審査したほうがいい。

　あらためて質問紙調査の導入が，すでに触れた狭い意味での社会調査における，1つの効率性の「革命」であった事実から理解を組み立て直してみたい。そのためには，質問紙という形式が調査対象者（被調査者）においてもつ意味だけでなく，調査者としての研究者に対して生みだす効能も見つめておく必要がある。

　質問紙の効用の根源は，それが「リスト」であり，あるいは「カード」であり，また「マニュアル」である，という形態的・機能的な特質にある。

　すなわち第1に，調査者が調べようとする問題のリストであり，問題意識の目録あるいは一覧表である。その意味で，質問紙の作成は「①問題を組織化・明確化する」という実践の成果である。散文の文章の連続性においてではなく，箇条書きや表の簡潔な並列において見渡すことで，新たに全体を把握する視覚を構成することができる。それはまた第2に，対象者1人ひとりの反応を，1つひとつ記録するカードの形式を備えている。情報を記入する場所が，選択肢や空欄で規定されていることによって，記録単位の「用紙」として整備されデータ化しやすい。また，電子化される以前の段階で，すでに並べかえたり分類したりすることができた。その意味でまさしく，データの収集・処理・分析（上記プロセスでいう③・④・⑤）を支える個々のカードである。そして第3に，調査者が被調査者に言うべきこと示すべきことが，逐一書かれていて細かく指導する手引きであり，別な表現で要約するならばマニュアルである。その役割によって，上記の「③データの収集」のプロセスを，どんな調査者であっても遂行でき，あるいは調査者が介在しなくてもよいほどにまで自動化している。

　これらの3つの特質は，調査票としての質問紙という複製印刷物

終章　方法としての社会学　　281

のもっていたメディア性に根ざしている。

　1冊の質問紙調査票が，調査対象者（組織の場合もある）1人ひとりと対応した，いわば医療現場における「カルテ」のような形式を有していることを，社会的な存在形態として理解の基本に据えるべきである。そこに記載された，調べるべき「変数」が組み込まれている質問文によって，「値」となる回答をシステマティックに，調査者が聞き漏らすことなく被調査者から収集することができる。さらに調査票の複製による集団的な共有（初期には印刷の複製技術で，やがて画面での電子的・視覚的共有も含めて）によって，複数の調査者が同時にデータ収集に関わる（のちに通常化する郵送による自記式の調査以降のかたちでは調査者の介在自体が不要になるが）大規模で広範囲の調査が可能になった。その歴史的事実も見過ごしてはならない。そうした収集の仕掛けによって，すでに④資料・データの処理と，⑤資料・データの分析という段階を，まさに「数量的」「統計的」に標準化しえたのである。

　さらに，この調査票によって収集しえたさまざまな変数の値の「分布」の状態を，ある主題・問題に対する「社会」の様態をあらわすものだと措定することができた。その点で，まさに社会調査という認識生産プロセスの効率化の革命だったのである。

質問紙調査の「弱点」

その一方で，質問紙によるデータ収集には，弱点というべき問題もある。

　第1に，質問紙が組織する調査が，そのつど1回限りの「問いかけ」と「回答」の収集でしかないことは，聞きとりの対話のなかから問題を発見したり深めたりしたいという立場からすれば，無視できない制約である。生じた疑問をその場で確かめることはできないし，盛り込めなかった変数はあらためて別な調査を組織して検証する以外にはない。

　第2に，G. A. ランドバークは質問紙調査について，「文字を解す

る人びとに与える一組の刺激であって，その刺激の下で彼らがなす言語的行動を観察するものである」と規定している。つまり収集できているのは「ことば」による反応であり，観察できるすべての領域をカバーしているわけではない。このことは，ことばや声にしにくい問題領域（たとえば性に関する問題，犯罪やタブーに関わる領域，プライベートな事情などさまざまなものがあろう）については，相対的に把握しにくいことを意味する。また，行動の把握にも限界が生じる。もちろんことばで行動の有無を問うことはできるが，意識しないままに行っている行動は収集されずデータ化されないからである。

　第3に，郵送調査や通常のインターネット調査では「対面」の現場は介在しないが，調査者が対象者と面接しコミュニケーションする「場」が意味をもちにくいことも，調査の目的次第では弱点となる。自宅や職場を訪問しての面接調査の場合，その活動の場の観察や印象が調査者の認識の素材となる可能性もあるが，そうした経験は質問紙調査ではノイズとして排除される。調査研究を担う主体が，調査者（調査員）と研究者に分裂せざるをえず，調査研究者の感覚的・身体的・個性的な対象認識が活かしにくい。

> **質問紙調査以外の手法について**

しかし，訪問・対面の現地調査や「聞き書き」のヒアリングならば，これらの弱点を必ず克服できるかといえば，問題はそれほど単純ではない。なるほど「フィールドワーク」は，1回限りの刺激／反応のやりとりではない「対話としての調査」の実質を備えうる機会ではあるが，この手法をとりさえすれば自動的に対話が成立すると考えるのは思慮が足りない。

　「参与観察」からいわゆる「内容分析」や「会話分析」まで，その進め方の現場で必要になるかもしれない「ちょっとした知識」や「コツ」を挙げようとすれば，無数にあるだろう。これも，具体的な問題に直面してみないと，どのようにうまく書かれたマニュアル

終章　方法としての社会学　　**283**

でも理解することはできない。そう覚悟して向かいあう必要がある。社会学の多様に展開したすべての手法にさまざまな有効性があり，そこでの弱点を補う工夫がある。

　既存の統計類を把握しようとする場合，総務省をはじめとする国の行政機関が実施するさまざまな基幹統計以外にも，主題に応じて民間や地方のいろいろな団体がまとめた記録や調査が活用できる。なかには，国立女性教育会館が提供している Winet などのような男女共同参画社会形成に主題をしぼった情報ポータルサイトなどもある。

　文献調査にもとづく先行研究の検討もまた「①問題を組織化・明確化する」段階から不可欠だが，これもまた現代はオンライン蔵書目録である OPAC（Online Public Access Catalog）や科学技術振興機構（JST）が運営する電子ジャーナルの無料公開システムである J-STAGE，あるいは国立国会図書館デジタルコレクションの充実のなかで，活用できる範囲が大きく拡がっている。

　さらに，新聞記事についても，「朝日新聞クロスサーチ」や読売新聞の「ヨミダス」などによって，明治時代からの蓄積が一定の精度で検索できるようになっている。毎日新聞記事データベースの「毎索」は，戦前の記事検索がまったく役立たないという重大な欠点を抱えているものの，画面として原資料を参照できる点は充実に一役買っている。ただ，この便利が地方紙に全面的には及んでおらず，『都新聞』や『二六新報』や『国民新聞』といったすでに存在していない新聞は，まだマイクロフィルムの状態にとどまっている。国会図書館所蔵の主要全国紙の「地方版」の部分も含め，デジタルアーカイブスの整備はもっと深められてよいように思う。

　また，現代の世論や社会意識を考えるとき，無視できないインターネット空間での言説や「データ」については，もういちど社会調査の考え方の基本から検討し直す必要がある時代に突入している。

すでに触れたように，1936年のアメリカ大統領選挙において200万人以上を調査したリテラリーダイジェスト社に対して，諸説あるが30万人以下しか調べなかったギャラップ社が予測を的中させ，「クォータ法（割当法）」の有効性が実感された。皮肉なことではあるが，その導入の時代と重ねて考えてよいような再検討の時期を迎えつつある。その後の1950年代以降の「ランダムサンプリング法」の主流化を受けて，ある種の効率化として導入された電話調査（RDD調査）の回収率が2000年代に入って10%前後にまで低下したことともあいまって，インターネット調査が選挙予測を現実に的中させる現象まで生みだされているからである。

　もちろん，この論点をサンプリングの局面でだけ解決しようとするのは，ブルデューの親切な忠告に反する。さらにメカニズムが解明されていない「的中」は，方法の有効性を正当化するものではない。方法論的な検証のためにも，現象が社会学によって深く分析されなければならない。

> 「理論的対象」と認識生産のプロセス

最後に，対象「全体」をいかにとらえるかという論点は，実は「理論的対象」をどう構築するかという問題でもあることに触れておこう。シカゴ学派の「生態」にこだわろうとする調査実践は，のちにM.カステルらのいわゆる「新都市社会学」の研究者たちによって，「都市」を理論的対象として明晰に把握していないと批判された。しかし，まったく同じ批判が実は「都市」という対象を「集合的消費」にやや性急に置きかえてしまった，カステル自身にも向けられるものであった。

　あらためての確認だが，「全体」とここで表象しているものは，必ずしも単位としての「個体」の集合ではない。いささか比喩的な表現になるが，たとえば化石の「爪」のような1つの部分が見つかったとして，全体である「恐竜」は見つかった部分を均質な単位と

終章　方法としての社会学　　285

みなして積算できるようなものではない。これまでに蓄積してきた恐竜研究の「爪」の比較・分類や，他の必要部分である「背骨」や「頭」や「脚」などを含めた骨格や生態をめぐるさまざまな理論の拡がりを参照することなしに，総合として存在するであろう活きた全体を推定することは不可能であろう。社会学における研究対象も，単に個物として実在しているわけではない。把握すべき理論的対象すなわち「全体」の一部分として，そこに現出している。

　もういちど，質問紙調査の革命的な「効率化」の形式が，私たちに与えたものに戻ろう。この調査票の形式は，たしかに調査者が設定した変数の値の「分布」状態を，先ほど論じたようにある「社会」のありようとして対象化し分析することを可能にした。しかしながら，そうした分布の理解が，対象として認識すべき社会の本質の解明なのかといえば，明らかにそうでない。把握された分布を生みだす諸要因の構造やメカニズムに，分析者の認識が深まっていかなければ「社会」は把握されたとはいえない。あるいは静態的な「分布」ではなく，「ひしめき」や「きしみ」や「矛盾」という動きを，その内に含む「関係＝構造」として動態的にとらえ直すことなしに，社会の分析はリアリティをもたないだろう。「理論」が必要なのは，まさしくその局面においてである。

　「理論的対象」とは，理論の枠組みあるいは理論の語りによって指定され直した対象である。

　新たな認識を生産するプロセスにおいては，「対象」も「理論」もともに等しく素材である。そして対象も理論も，無垢な純粋な素材としてそこに存在しているわけではない。人間がつくりあげた社会のなかで，さまざまな既存の物語あるいは説明にとりつかれて，色づけられた意味づけとともに存在している。だからこそ，すでに述べたようなさまざまな局面における重層的な「切断」が必要になる。

観察で得られた資料・データは，いわば認識生産の実践の「素材」となる表象であり知識であり事実である（L. アルチュセールのいう「第一の一般性（GⅠ）」）。そこに，道具性・手段性という特質をもつ概念や理論，あるいは先行研究，さらに研究者という主体が「生産手段」として関わる（「第二の一般性（GⅡ）」）。それは別な表現を選ぶならば「問題設定」という枠組みでもある。この枠組みのもとで，研究者が問いを立てて解をつくる操作が構造的に決定される。この生産手段は，歴史的・社会的に形成されたもので無意識を含む重層的な特質をもつ。それゆえに，手段すなわち方法それ自体が，素材としての表象と同じく再帰的反省という実践の対象となる。このプロセスが，新しい認識としての「生産物」（「第三の一般性（GⅢ）」）を生みだす。

対象としての社会と方法としての社会

あらためて「方法としての社会学」にとって，「社会」とはなにかを，すこしだけ論じておこう。上述のアルチュセールの「理論的実践」すなわち「認識生産の実践」論で整理し直すなら，社会は「第一の一般性」すなわち「対象（素材）」の水準に存在しているとともに，「第二の一般性」すなわち「方法（生産手段）」の水準にもある。

人間という動物は，この長い進化の歴史を通じて，たしかに他の生物のそれとは比べものにならないほど，精密で巨大で自由度に満ちた「社会」をつくりあげてきた。それは，いわば人間の身体的・経験的実体としての社会である。私たちは実在する組織的・関係的な現象として，その実態を観察し，そこにはらまれている矛盾や問題の構造を把握することができる。しかし，実体的な現実だけが，社会学の対象ではない。集合的で無形の精神的な現象もまた，社会学の重要な対象である。人間は言語という非物質的で精神的な媒体を発明し，これまた他の生物が共有していない理念的・ユートピア

終章　方法としての社会学　　287

・・・
的構想としての社会をも構築してきた。それはまだ形になっていない，現実にはあらわれていない兆しであり，未来でもあることにおいて実在していない。にもかかわらず，人類固有の方法である言語において観察することができ，ことばによって把握することができる。

　もういちど原点に戻ろう。

　科学においては，自然の存在である「対象」をその外に立つ「主体」が観察し，分析する。社会を対象とする社会学における，研究者という主体の位置づけも，同じように考えられてきた。しかしながら「方法」という論点は，「対象」と「主体」の2つの間に位置する。現象の科学的分析に，「対象／主体」の2つの格（文法的・機能的位置）の関係のあり方を規定する，技法あるいは様式という新たな要素をもちこんだのである。「方法」という媒介機能をもつ技術は，「対象」と「主体」の双方に作用し，双方を存立させ，双方を変えていく。

　そこで生みだされる関係性としての「方法」は，まぎれもなく個性的なものだが，個人的で孤独なものではないだろう。他の人びととの実践的な共有に開かれ，当該の対象以外に対しても一般化して応用しうる可能性をもつ点において，実は社会的・公共的なものを含んでいる。その力能は，すでに「第二の一般性」の特質として解説したとおりである。であればこそ社会学においては，実体・現象としてあらわれる対象の理解と，方法としての実践との両方において，「社会」の理解が重要になる。

　たとえば，すでに論じたように「ことば」を重要な媒体とする質問紙調査においても，身体的・経験的実感としての「幸福」を相対的な比較の表現において測ることができるとともに，どんな社会が望ましいか，なにが理想的かのユートピアを問うて，分析の素材とすることができる。まだ存在していない対象へのユートピア的想像

力の実践としての社会学はありうるし，あるいは，オルタナティブな社会をつくる方法を知り深めるための社会学も，取り組まれてよい課題としてありうるのである。

戸田貞三『社会調査』時潮社，1933 年。
　日本の社会学における最初期の社会調査論。シカゴ学派をはじめとするアメリカの社会調査論を踏まえ，日本における国勢調査など当時の社会学における実証的な方法を論じている。

安田三郎『社会調査ハンドブック』有斐閣，1960 年。
　社会調査の教育用につくられたコンパクトな 1 冊で，第 3 版まで改訂増補された。原純輔・海野道郎『社会調査演習』（東京大学出版会，1984 年）の原型となった資料とともに，基礎が学べる。

真木悠介（見田宗介）『人間解放の理論のために』筑摩書房，1971 年。
　社会学者が書いた「人間的欲求」「未来構想」「コミューンと最適社会」「解放の全体理論」をめぐる独自の考察。社会学の実践がユートピア的想像力と深く結びついていることを示す。

佐藤健二『社会調査史のリテラシー』新曜社，2011 年。
　日本における社会調査のさまざまな実践について，方法論の立場から論じている。都市社会学の実践，質的／量的方法の対立，ライフヒストリー，社会調査の教科書などを分析している。

社会調査協会編『社会調査事典』丸善出版，2014 年。
　社会調査士資格の制度化とともに生まれた社会調査協会が編集委員会をつくって，社会調査に関わる諸概念，関連する理論，多様な手法について概説している。

あとがき

　本書は社会学の入門書をめざしている。最初この企画が持ち上がったのは，2016年ころだったと思う。有斐閣の松井智恵子さんからの話では，アルマ・シリーズの「Interest＝教養科目として学ぶ人に」のなかの一冊として，社会学の概要がわかる教科書をつくりたいとのことだった。どの本だったかは忘れてしまったのだが，すでに絶版になっている有斐閣刊の社会学の教科書がそのとき示され，これが手本だとも言われた。ある経営学者がその本を，社会学以外の人間が社会学の概要を知るうえで非常に良い本だと高く評価していたからだということだった。

　要するに，本書の想定読者は，初めて社会学を学ぶ学生と，社会学以外の専門家として企画されたのであった。

　当時，同僚だった佐藤健二さんと相談のうえ，松井さんからの提案を引き受けることにした。最初は軽く考えていて，武岡暢さんと米澤旦さんにも加わってもらい，編者4人で章立てを考え，あとは若手研究者に各章を分担執筆してもらうつもりでいた。ところが有斐閣編集部としては，共著のほうが望ましいということで（経験上の智恵のようだ），4人の年齢バランスも考えて，常松淳さんにも加わってもらい，5人で全ページを執筆するという方針に変わった。また担当編集者に堀奈美子さんも加わった。

　全体の章構成と執筆分担は2016年の段階で決まっていたのだが，その後の編集会議は紆余曲折があった。対面での編集会議を重ねるうちに，各章の内容は次第に具体化してきたのだが，コロナ禍もあり，編集会議はしばし中断した。編者がそれぞれ就職したり，転職したり，退職したりすることが続いた，といった事情もあった。ポストコロナの時代となって，会議が遠隔（オンライン）で再開され

ることになるのだが，初稿を執筆したころと世界の情勢は大きく変わっていたため各章は大幅なアップデートが必要となった。

　私が担当したグローバル化の章でいうと，2016 年には，ブレグジット（英国の EU 離脱）とトランプ氏の大統領当選があり，グローバル化が減速する可能性を指摘していたのだが，編集会議の席では，ブレグジットはともかく，トランプ氏当選はそれほど重要ではなかろうとの意見も出た。トランプ氏は 2020 年にはグローバル化推進者のバイデン氏に大統領選挙で負けるのだが，2024 年秋に再選を果たし，2025 年 1 月から大統領職に就いた。グローバル化に関しても，従来とはまったく異なる政策が実行されることが予想される。

　社会学は社会学者の数だけある，否，それ以上ある，と自虐的に語られることがある。これは社会学の学問としての未熟さを語ったものとして受け取られることが多い。とはいえ，その良し悪しは別として，世にある社会学の教科書の多くの扱っている内容が似通っているというのも事実である。家族やジェンダーや階級・階層や都市を扱わない教科書はない。社会学とは社会学とは何かを探究する学問だと言われることもあるが，社会学とは何かを追究すると，おのずと共通するカテゴリーに到達するということでもあるのだろう。その意味では，社会学者のあいだに一定の共通認識が成立していると言えるかもしれない。

　私が大学院生のとき，ある経済学の先生から，社会学は学会で教科書（有斐閣双書）を作っているんだね，と驚かれたことがあった。経済学では学会編（ということは学会公認）の教科書というのは当時ありえなかったらしい。

　とはいえ，社会学が一つだとしても——そこまで言えず，もう少し控えめに，社会学は社会学者の数ほどはないにしても——その語り口は社会学者の数ほどあるとは言えるかもしれない。本書も，章によって文体や書きぶりが異なっていることに，読者はすぐに気づ

くであろう。執筆者による用語法も章によって異なっている場合がある。1人で書いた教科書ではないので，やむをえないことなのだが，これを各章が分裂しているというのでなく交響していると受け止めてくれるならば幸いである。

　　2025年1月

　　　　　　　　　　　　　　　　　　　　　　武川　正吾

索　引

●事項索引●

◆あ　行

愛　64
ICF（国際生活機能分類）　115
ICT（情報通信技術）　158
アイデンティティ　44, 45
IとMe　37
アクティブ・オーディエンス　171
アソシエーション　65, 236
集まりの構造　62
アノミー　3, 130, 132
アーバニズム　234
アンダークラス　113
イ　エ　239
育児休業制度　57
生ける法　262
意思決定　17
逸　脱　22, 100, 127, 128
一般化された他者　38
移動体通信　179
移　民　150
移民労働者　161
医療化　100, 140
医療社会学　92, 94
医療専門職　96, 98
医療における社会学　102
医療についての社会学　101
印象管理　43
インセスト・タブー　63
インターセクショナリティ　→交差性
インターネット調査　285
インタビュー　4
インターフェース　180

インフォームドコンセント　97
インフォームドチョイス　97
ウェストファリア体制　149
埋め込み　80
AR（拡張現実）　186
エージェント・ベースト・モデル
　25
SSM調査　200, 204, 207
SDGs（持続可能な開発目標）　112,
　155, 163
エスニシティ　150, 228
エスノグラフィー　4
エスノメソドロジー　41
エートス　47
エポケー　9
LGBTQ＋　219
エレファント・カーブ　154
エンゲル係数　60
エンコーディング　172
エンジェル係数　60
OEDトライアングル　193, 197
オイルショック　155
応報主義　259
表局域／裏局域　44
オリエンタリズム　182

◆か　行

階　級　190, 196
介護保険　120
階層帰属意識　206
階層構造　207
開　発　242

科学的管理法　75
課業（タスク）　75
核家族　52, 55
格　差　190
学習理論　134
獲得的地位　197
学歴主義　197
隠れたカリキュラム　217
カースト制　189
「火星人の襲来」　170
家族社会学　59
家族周期論　60
家族主義　125
価値合理的行為　16
価値自由　3
GAFA　159
カリスマ　3
カリスマ的支配　256
カルチュラル・スタディーズ　183
環境問題　29, 159
観　察　184
監視医学　101
慣　習　30
慣習法　258
感情的行為　16
感情労働　82, 118
官僚制　256
危害原理　267
機会の平等　192
機会の不平等　210
疑似環境　175, 176
規　則　257
機能障害（インペアメント）　115
規　範　128
客我（Me）　37
逆機能　257
キャピタル・フライト　153, 162

教　育　193, 216
教育機会の拡大　198
行政村／自然村　239
共有地の悲劇　29
規　律　256
儀礼的無関心　43
均　衡　25
近代家族　52, 56
近代家族論　51, 55, 57
近代化理論　154
近代社会　149
近代世界システム　151
緊張理論　131
近隣効果　249
クィア　219
グラウンデッド・セオリー・アプロー
　チ　94
グリーフ　63
クレイム申し立て活動　137, 138
グローカル化　159
グローバル化　113, 151
グローバルガバナンス　161, 163
グローバル企業　→多国籍企業
グローバル・ケア・チェーン　157,
　226
グローバルサウス　7, 155, 159
グローバル文化　157
訓練された無能力　257
ケ　ア　110, 117
ケアの社会化　225
ケアの倫理　118
ケア流出　157
ケアリング　118
ケア労働　225
ケアワーク　157
経営者　75
経済人　18

索　引　295

経済政策　109
刑　罰　22, 140, 259
刑　法　259
計量テキスト分析　175
ケーススタディ　4
ゲゼルシャフト　69, 236
結　果　15
結果の不平等　190, 192
ゲマインシャフト　69, 236
ゲーム理論　18
権威主義的パーソナリティ　46, 177,
　266
原　因　15
限界集落　240
現金給付　114
健康で文化的な最低限度の生活
　108
現象学的社会学　39
現物給付　117
権　力　254
行　為　253
行為者　13
行為主体　13
交響圏　66, 68, 69
公共圏　37, 56, 65, 70
公共圏／親密圏の構造転換　184
公共財　19
公共政策　109
公共性の構造転換　52
拘禁刑　260
交差性（インターセクショナリティ）
　228
工場法　119
更　生　260
構造移動　207
構築主義　41, 51, 100, 137, 138, 215,
　273

公的年金　119
公的扶助　110, 120
行　動　14
行動経済学　19
高度経済成長　155
合法的支配　256
効　用　18
合理的選択理論　17
合理的配慮　121
国際障害分類　115
国民皆保険　102
国民国家論　51, 149
ゴシップ　181
誇示的消費（見せびらかしの消費）
　79
50 歳時未婚率　57
個　人　13
固定電話　179
コーディング　173, 174
孤独な群衆　169
子ども・子育て支援制度　121
子どもの貧困　59, 114
コミュニケーションの二段の流れ
　171
コミュニティ　235, 236
コミュニティとしての企業　84
根拠（エビデンス）　8
コンテンツ　169, 174

◆さ　行
再帰性　10
罪刑法定主義　259
再生産労働　224
財政福祉　124
搾　取　195
サード・プレイス　238
サプライチェーン　152

産業社会 149

サンクション →制裁

ジェンダー 125, 206, 215

　　——の社会化 216

ジェンダー・アイデンティティ
　　216

ジェンダー・イデオロギー 55

ジェンダー格差 221, 224

ジェントリフィケーション 243

シカゴ学派 4, 131, 233, 240, 275

資　源 111

自　己 37

自己成就的予言 23

仕　事 73

市　場 80

自然状態 20

自然的態度 39

自然法 258

失　業 110

実　験 19

実証主義 274

実定法 258

疾病構造の変化 115

質問紙調査 280

私的年金 119

視　点 15

児童虐待 58

ジニ係数 190

支　配 255

自文化中心主義 183

資本家 75

資本主義 3, 74

シミュレーション 8, 23, 248

市民権（シティズンシップ） 122

社会移動 192

社会移動表 207

社会化 21, 31

社会階層 190

社会解体 131

社会学 1, 2, 11

　　方法としての—— 287

社会学的想像力 5, 167

社会関係資本（ソーシャル・キャピタ
　　ル） 83, 102, 145, 196, 202, 206,
　　237, 238

社会規制 119

社会規範 30, 263

社会心理学 19

社会政策 109, 118

社会調査 3, 8, 49, 131, 275, 276

社会調査法 276

社会手当 118

社会的企業 83

社会的行為 15, 16

社会的コントロール理論 134

社会的自己論 37

社会的事実 30

社会的ジレンマ 28, 223

社会的選好 19

社会的地位 197

社会的排除 126, 140

社会的パーソナリティ 46

社会的不利（ハンディキャップ）
　　115

社会的包摂 126

社会統制 21

社会ネットワーク分析 81

社会の階層（化） 189

社会の原形質 54

社会保障 109

社会民主主義レジーム 124

シャドウワーク 56, 82

主意主義 4

就業率 73

索　引　297

集合表象　167	人口変動　64
自由主義　267	新自由主義　→ネオリベラリズム
自由主義レジーム　124	心性（マンタリテ）　47
従属理論　154	身　体　103
住宅政策　110	身体の再生産　62
集　団　14	新都市社会学　241
柔軟な専門家　78	新聞データベース　173
修復的司法　260	シンボリック相互作用論　40
自由貿易　150	親密圏　36, 37, 52, 56, 65, 70, 71
重要な他者　37	スタグフレーション　155
受益圏・受苦圏　243	スティグマ　120, 136
主観的　15	ステレオタイプ　177, 213
主　権　149	スラム　132, 232
主権国家　150	生活構造論　60
出身階層　192	生活困窮者自立支援制度　120
循環移動　208	生活の質（QOL）　98, 117
障　害　110, 114, 228	正義の倫理　118
障害学　115	生権力　101, 143
障害者差別解消法　121	制裁（サンクション）　22, 259
障害者総合支援法　121	生殖家族　59
障害の社会モデル　115	生殖テクノロジー　63
状　況　266	生成 AI　88
消極的自由　266	生存権　108
消費社会　79	制定法　258
情報の流れの一方向性　169	性的指向　219
剰余価値　195	正当性　256
職域福祉　124	成文法　258
職住分離　56	性別違和　216
所得再分配　110	性別職域分離　223
所得保障　110	性別役割分業　52, 56, 220, 224
ジョブ型雇用　84	生命の再生産　60
自律性　31	生命倫理　105
人　格　13	世界都市（グローバル都市）　151
新型コロナウィルス　92, 152, 164	セクシュアリティ　218
シングル　58	セグリゲーション　→分離
神経科学　268	世　帯　206
人口転換　56	世代間社会移動　193, 203, 207, 209

世代内社会移動　192
積極的自由　268
積極的労働市場政策　87
セックス　215
絶対貧困　111, 155
選　好　17
全制的施設　142
専門家　10
専門家支配　97
粗移動　207
層　189
相互行為　117
相互作用　94
相乗性／相克性　66
想像の共同体　51, 52, 157, 180
相対的剥奪としての貧困　112
相対貧困　112
相対貧困率　113
創　発　23
属性的・生得的地位　197
組　織　14, 74
ソーシャル・キャピタル　→社会関係
　　資本

◆た　行
第一次集団　22, 236
第一次貧困　111
大学進学率　198
第三空間　238
第二次集団　22
代表性　278
多国籍企業（グローバル企業）　151,
　　153, 159, 244
他　者　38
ただ乗り（フリーライド）　19
脱家族化　125
タックスヘイブン　153

脱グローバル化　164
脱商品化　123
弾丸理論　169
男女雇用機会均等法　57
男性学　228
地　域　232
小さな政府　122
中産階級　195
中　絶　64
中範囲の理論　4
調　査　184, 271
町内会　237
沈黙の螺旋　171
創られた伝統　181
定位家族　59
ディコーディング　172
底辺への競争　162
テクストマイニング　172, 175
データの質　174
伝統的行為　16
伝統的支配　256
討　議　184
統計的差別　223
同心円モデル　234
到達階層　193
道　徳　30
党　派　195
都　市　231
都市への権利　244
ドメスティックバイオレンス　58
ドラッグ　7
トランスジェンダー　216
トランプ政権　165

◆な　行
内発的発展　184
内面化　21

内容分析　172, 174
南北問題　154
ニクソン・ショック　155
二重構造　84
日本的雇用慣行　83, 85, 223
人間関係論（学派）　76
ネオリベラリズム（新自由主義）
　　155, 159
ネットワーク分析　25
脳　死　104
農　村　239
能　力　197
能力障害（ディスアビリティ）　115
ノーワーク・ノーペイの原則　123

◆は　行
ハウジング　245-247
パノプティコン　142
ハビトゥス　31, 196
パラサイトシングル　60
バリアフリー　115
晩婚化　58
犯　罪　22, 127, 128, 259
　　被害者なき――　136
犯罪化　139, 140, 261
犯罪学　129
判例法　258
非　行　144
非正規雇用　57, 113, 206, 221
非正規労働者　85
非 - 犯罪化　139
ピープルズ・チョイス　171
標準家族　55
表　象　241
病人役割論　92, 94
貧　困　4, 59
貧困線　111

貧困の女性化　113
VR（仮想現実）　186
フィールドワーク　95, 184
フェアトレード　7
フェミニズム　226
フォーディズム　77
福　祉　107
　　狭義の――　107
　　広義の――　108
　　――の社会的分業　124
福祉国家　122
　　規制国家としての――　122
　　給付国家としての――　122
　　国家目標としての――　122
福祉国家レジーム　123, 126
福祉サービス　107
福祉三法　109
福祉多元主義　125
福祉レジーム　125, 126
福祉六法　109
二つの文化　183
不払い労働　→シャドウワーク
不平等　189
不文法　258
フランクフルト学派　47
ブランディング　7
フリーアクセス　102
フリーライダー　20
フリーライド　→ただ乗り
ブルーカラー　204
ブルジョワジー　194
フレイル　116
プレカリアート　113, 206
ブレグジット　161
ブレトンウッズ体制　155
プロレタリアート　194
文　化　181

文化産業　159
文化資本　196, 202, 206
文化相対主義　183, 184
文化的再生産論　202
分化的接触理論　132
紛　争　261
分離（セグリゲーション）　23, 248
ベヴァリッジ報告　109
ベーシック・インカム　120
ペット　63
ペットロス　63
偏　見　177, 213
保　育　62
法　30
法意識　261
法実証主義　258
法的パターナリズム　267
法的モラリズム　267
法の支配　258
保守主義レジーム　124
ポストフォーディズム　78
ホーソン実験　76
ホワイトカラー　204
ホワイトカラー犯罪　133
本質主義　40

◆ま　行
マクドナルド化　80, 158
マスコミュニケーション　169
マスメディア　168
未婚化　58
身　分　195
身分制　189
ミーンズテスト　120
無　業　110
ム　ラ　239
メッセージ　169

メディア　167
メディア論　178
メリトクラシー　197
メンバーシップ型雇用　84
目的合理的行為　16
目標の転移　258
モデル　24
モノカルチャー化　153
モビリティ　246

◆や　行
役　割　38
役割距離　43
役割取得　38
夜警国家　122
ヤングケアラー　59
誘　因　29
ユートピア論　66
抑　止　260
世　論　168
世論調査　168
弱い紐帯　81

◆ら　行
ライフコース　118, 144
ライフコース犯罪学　145
ライフステージ　59
ライフヒストリー　49
ラディカルフェミニズム　227
ランダムサンプリング　276, 279
利己主義　18
利他主義　19
理念型　3, 16
リベラルフェミニズム　226
リーマン・ショック　164
流出率　209
流動性　193

索　引　301

流入率　209
ルサンチマン　161
ルール　128
ルール圏　66, 68, 69
レイベリング論　135, 137, 138
労働者　75
労働者派遣法　162

労働法　75
労働問題　159, 161

◆わ　行

ワーキングプア　86, 113
ワークライフバランス　224
割れ窓理論　145

●人名索引●

◆あ　行

アイヒマン，A.　263
アドルノ，T.　46, 159
アリエス，P.　47
有賀喜左衛門　5
アルチュセール，L.　175, 287
アーレント，H.　264
アンダーソン，B.　51, 157, 180
磯村英一　238
ウィークス，J.　218
ウィレンスキー，H.　123
上野千鶴子　117
ヴェーバー，M.　2, 3, 15, 16, 47, 73,
　195, 233, 254-256, 274
ヴェブレン，S.　79
ウォーラーステイン，I.　151
ウルストンクラフト，M.　226
エスピン＝アンデルセン，G.　123,
　125
オークレー，A.　224
落合恵美子　56
オリバー，M.　115
オルデンバーグ，R.　238

◆か　行

カステル，M.　240, 250, 285
ガリレイ，G.　127

川島武宜　261
カンター，R. M.　220
キツセ，J.　137
ギデンズ，A.　6, 36
ギリガン，C.　118
グラノベッター，M.　81
クーリー，C. H.　236
グールドナー，A.　10
グレイザー，B.　94
ゴフマン，E.　42-45, 136, 142
ゴールドソープ，J. H.　204
コント，A.　1, 2, 233, 273, 276
コンラッド，P.　100

◆さ　行

齋藤純一　70
サザランド，E. H.　132, 133
サッセン，S.　244
サン＝シモン，C. H.　274
サンプソン，R.　145, 146
シェリング，T. C.　23, 248
清水幾太郎　2, 5
シャー，E. M.　136
シュナイダー，J. W.　100
ジンメル，G.　234, 274
末廣昭　156
スコット，W. R.　74

鈴木榮太郎　5, 239, 276
ストーファー，S.　275
ストラウス，A.　94
ズナニエッキ，F. W.　275
スノー，C. P.　183
スペクター，M.　137
スペンサー，H.　233, 276
セネット，R.　78
セーブル，C. F.　78

◆た　行
タウンゼント，P.　112
高橋徹　5
建部遯吾　276
タルド，G.　129
ティトマス，R.　104, 124
デイビス，G. F.　74
テイラー，F.　75, 76
デカルト，R.　35
デュルケム，E.　2, 3, 30, 73, 129,
　　274
テンニース，F.　236
ドーア，R.　84
戸田貞三　5, 276
トーマス，W. I.　275
外山正一　276

◆な　行
ノエル‐ノイマン，E.　171

◆は　行
パーク，R. E.　233, 275
ハーシ，T.　134
バージェス，E.　234, 275
パーソンズ，T.　4, 21, 92
パットナム，R. D.　83
ハーディン，G.　29

ハバーマス，J.　36, 52, 184-186
バーリン，I.　266, 268
パール，R.　241
ピオーリ，M. J.　78
日高六郎　5
フォード，H.　77
福武直　5, 276
フーコー，M.　101, 142, 218, 255
ブース，C.　274
フリーダン，B.　227
フリードソン，E.　96-98
ブルデュー，P.　10, 31, 195, 196,
　　202, 271, 272
ブルーマー，H.　40
ブレイヴァマン，H.　78
ブレヒト，B.　127
フロイト，S.　35
フロム，E.　46, 177
ベーコン，F.　10
ベッカー，H. S.　135
ベンサム，J.　142
ボーヴォワール，S.　215, 227
ホックシールド，A.　82, 224
ホッブズ，T.　20, 21
ボードリヤール，J.　79
ポランニー，K.　80
ホール，S.　172

◆ま　行
マクルーハン，M.　178
マーシャル，T. H.　122
マッキーヴァー，R. M.　236
松原岩五郎　274
マートン，R. K.　4, 23, 131, 132,
　　257
マルクス，K.　4, 172, 194
見田宗介　65-67, 69

ミード，G. H.　　37, 38, 45
ミラノヴィッチ，B.　　154
ミル，J. S.　　267
ミルグラム，S.　　264, 266
ミルズ，C. W.　　5
ムーア，R.　　246
メイヨー，E.　　75, 76

◆や 行
安田三郎　　276
ヤング，M.　　197
横山源之助　　275

◆ら 行
ラウブ，J.　　145

ラザースフェルド，P.　　171
ランドパーク，G. A.　　282
リースマン，D.　　46, 169, 186
リッツァ，G.　　79, 158
リップマン，W.　　175, 176
リントン，R.　　197
ルフェーブル，H.　　241, 244
ルーマン，N.　　52
レックス，J.　　246
ロウントリー，B. S.　　59
ロバートソン，R.　　159
ロンブローゾ，C.　　129

◆わ 行
ワース，L.　　231, 240, 275

304

【有斐閣アルマ】

社会学概論──何をどのように考えてきたのか

Introduction to Sociology

2025 年 3 月 10 日 初版第 1 刷発行

著　者	武川正吾・佐藤健二・常松淳・武岡暢・米澤旦
発行者	江草貞治
発行所	株式会社有斐閣
	〒101-0051 東京都千代田区神田神保町 2-17
	https://www.yuhikaku.co.jp/
装　丁	デザイン集合ゼブラ＋坂井哲也
印　刷	大日本法令印刷株式会社
製　本	大口製本印刷株式会社
装丁印刷	株式会社亨有堂印刷所

落丁・乱丁本はお取替えいたします。定価はカバーに表示してあります。

©2025, Shogo Takegawa, Kenji Sato, Jun Tsunematsu, Toru Takeoka, Akira Yonezawa.
Printed in Japan. ISBN 978-4-641-22242-7

本書のコピー，スキャン，デジタル化等の無断複製は著作権法上での例外を除き禁じられています。本書を代行業者等の第三者に依頼してスキャンやデジタル化することは，たとえ個人や家庭内の利用でも著作権法違反です。

[JCOPY] 本書の無断複写（コピー）は，著作権法上での例外を除き，禁じられています。複写される場合は，そのつど事前に，（一社）出版者著作権管理機構（電話03-5244-5088，FAX03-5244-5089, e-mail:info@jcopy.or.jp）の許諾を得てください。